DIÁLOGOS SEMANALES CON JESÚS

Libro 6: Ciclo C

Tiempo Ordinario

HACIA UNA ESPIRITUALIDAD
Y FORMACIÓN EN LA FE
ENCARNADAS EN EL MUNDO ACTUAL
Y LA LITURGIA DOMINICAL

Libros de la serie
DIÁLOGOS SEMANALES CON JESÚS

Ciclo litúrgico A

LIBRO 1 Adviento, Navidad, Cuaresma y Pascua
25 sesiones para jóvenes, grupos y comunidades juveniles

LIBRO 2 Tiempo Ordinario
34 sesiones para jóvenes, grupos y comunidades juveniles

Ciclo litúrgico B

LIBRO 3 Adviento, Navidad, Cuaresma y Pascua
25 sesiones para jóvenes, grupos y comunidades juveniles

LIBRO 4 Tiempo Ordinario
34 sesiones para jóvenes, grupos y comunidades juveniles

Ciclo litúrgico C

LIBRO 5 Adviento, Navidad, Cuaresma y Pascua
25 sesiones para jóvenes, grupos y comunidades juveniles

LIBRO 6 Tiempo Ordinario
34 sesiones para jóvenes, grupos y comunidades juveniles

Manuales

LIBRO 7 Eucaristías Dominicales animadas por *Diálogos Semanales con Jesús*
Guía para preparar misas juveniles

LIBRO 8 *Diálogos Semanales con Jesús* como proceso catecumenal
Guía para catequistas y agentes de pastoral juvenil

DSJ

DIÁLOGOS SEMANALES CON JESÚS

Libro 6: Ciclo C

Tiempo Ordinario

HACIA UNA ESPIRITUALIDAD
Y FORMACIÓN EN LA FE
ENCARNADAS EN EL MUNDO ACTUAL
Y LA LITURGIA DOMINICAL

34 sesiones para:
Jóvenes
Grupos
Movimientos
Comunidades

José Antonio Medina Arellano
Carmen María Cervantes

Instituto FE Y VIDA
Institute for Faith & Life

evd
verbo divino

Nihil obstat: Claudio M. Burgaleta, S.J., S.T.L., Ph.D.
Censor Librorum
9 de octubre de 2006

Permiso eclesiástico: The Most Reverend Stephen E. Blaire, D.D.
Obispo de Stockton, CA, EUA
27 de octubre de 2006

El *nihil obstat* es la declaración oficial de que un libro o panfleto está libre de errores doctrinales y morales, según las enseñanzas de la Iglesia católica. El permiso eclesiástico es la aprobación que da la autoridad eclesiástica para publicar un escrito.

Citas bibliográficas: (1) *Llamados y dotados para el tercer milenio* (Washington, D.C.: United States Catholic Conference, 1996). (2) Adaptación de Juan Pablo II, "Follow Jesus with Open Hearts" (Discurso completo preparado para ser pronunciado en la reunión de jóvenes en el Superdome, Nueva Orleans, LA, 12 de septiembre de 1987) de *John Paul in America* (Boston: Daughters of St. Paul, 1987), nos. 1 y 4. Traducción al español por Carmen María Cervantes.

2ª edición revisada (año 2012)
2ª reimpresión (año 2016)

Impresión: GraphyCems
Depósito legal: NA. 2.841-2006
ISBN (obra completa): 978-84-8169-705-6
ISBN (este volumen): 978-84-9945-180-0

Printed in Spain – Impreso en España

DIÁLOGOS SEMANALES CON JESÚS

DSJ

Queridos jóvenes,

Diálogos Semanales con Jesús ha sido preparado con gran cariño para ustedes, como una respuesta a muchos jóvenes que nos han pedido materiales que los ayuden a desarrollar su espiritualidad y den sentido a su vida. Con gran ilusión meditamos sobre las lecturas dominicales y buscamos cómo acercarlas a su realidad juvenil para ayudarlos a conocer la Palabra de Dios y vivirla a lo largo del año.

Se han preguntado alguna vez, ¿quién era Jesús de Galilea? y ¿cómo sabemos que Jesús resucitó y está vivo? ¿Sienten curiosidad de saber cómo se relaciona la Sagrada Escritura con las tradiciones de la Iglesia católica y nuestras celebraciones litúrgicas? ¿Les gustaría conocer lo que dice Jesús sobre quiénes somos, nuestra sexualidad, la vida familiar, los amigos?

Todas éstas son preguntas a las que pocas veces encontramos respuesta en el ámbito familiar, escolar, del trabajo e incluso de la Iglesia. En estos libros de *Diálogos Semanales con Jesús*, él les platica sobre los ideales que tiene para ustedes y nosotros les ofrecemos preguntas y ejercicios para que conversen con él sobre sus planes, dudas e inquietudes.

De todo corazón deseamos que Dios los bendiga con la acción de su Espíritu en su diálogo con Jesús, y pedimos que María los acompañe en su jornada de fe y desarrollo espiritual,

José Antonio Medina Arellano
Carmen María Cervantes

Equipo editorial

Escritores
José Antonio Medina Arellano
Carmen María Cervantes

Colaboradores
María Pilar Cervantes Gutiérrez
María de los Ángeles de la Parra
Rafael de la Parra
Ken Johnson-Mondragón
Edith Vega

Corrección de estilo
Aurora Macías Dewhirst
María Puy Ruiz de Larramendi

Instituto FE Y VIDA
Institute for Faith & Life

Apoyo financiero

PRINCIPAL FINANCIAL SPONSOR
SUBSIDIO PRINCIPAL FINANCIERO

KNIGHTS OF COLUMBUS
CABALLEROS DE COLÓN

The Valparaiso Project on the Education and Formation of People in Faith *a project of Lilly Endowment, Inc.*

Diseño, ilustraciones y fotocomposición

Diseño
Alicia María Sánchez

Ilustraciones
Alicia María Sánchez
Martha Elena Sánchez
Gabriel Chávez de la Mora

Fotocomposición
Michäel Boudey
Aranza Ruiz

OCUS
Comunicación visual

ÍNDICE

CARTA A LOS JÓVENES

INTRODUCCIÓN METODOLÓGICA

SESIONES PARA EL TIEMPO ORDINARIO

(*) El primer domingo del Tiempo Ordinario cierra el ciclo de Navidad; ver *DSJ,* Libro 5, p. 78.

ÍNDICE

INTRODUCCIÓN
METODOLÓGICA

Aportes para dialogar con Jesús y enriquecer la fe y la vida

Formas para utilizar este libro

Los ciclos litúrgicos y la Eucaristía dominical

Evaluación de los diálogos semanales con Jesús

Formulario de evaluación

Guía para manejar la Biblia

APORTES PARA DIALOGAR CON JESÚS Y ENRIQUECER LA FE Y LA VIDA

En la serie DIÁLOGOS SEMANALES CON JESÚS encontrarán variedad de oraciones, reflexiones, comentarios, actividades y celebraciones para su crecimiento espiritual y madurez en la fe. Estos aportes pueden usarlos como:

- Material para sus grupos de oración, movimientos apostólicos, grupos parroquiales y pequeñas comunidades juveniles.
- Lectura individual para enriquecimiento de la vida espiritual.
- Apoyo a la catequesis sacramental.
- Recurso para retiros y sesiones de reflexión.

Este libro de *Diálogos Semanales con Jesús* está diseñado para nutrir su vida en el Tiempo Ordinario del Ciclo litúrgico C. Otro libro semejante, con contenidos ligeramente diferentes, presenta sesiones para los tiempos de Adviento, Navidad, Cuaresma y Pascua de este mismo ciclo.

Al igual que *La Biblia Católica para Jóvenes (BCJ)*, estos *Diálogos Semanales con Jesús* tienen como meta: conocer la Palabra de Dios, orar con ella y vivirla desde el corazón. Además los ayudará a vivir con más sentido, profundidad e intensidad la liturgia de nuestra Iglesia católica, en particular la Eucaristía dominical, centro y cima de nuestra espiritualidad.

Para entrar en diálogo con Jesús, les ofrecemos: oraciones y meditaciones, pautas para captar el mensaje de las lecturas dominicales, preguntas para reflexionar sobre su vida, aportes para comprender la liturgia, comentarios para enriquecer su fe y su vida. También encontrarán instrucciones para llevar a cabo actividades comunitarias que los ayuden a encarnar el evangelio en su vida y para preparar celebraciones de fe que nutrirán su vida espiritual con la oración comunitaria.

La siguiente sección presenta los diferentes tipos de aportes para su diálogo con Jesús. Los primeros están presentes en todas las sesiones y dan continuidad a los diálogos; los segundos se encuentran sólo en algunas sesiones y tienen por objeto enriquecer y dar variedad a la gran aventura de conversar con Jesús sobre diversos temas. Los terceros ofrecen un camino para fortalecer y vivir mejor nuestra fe. Todos buscan una mayor integración entre la fe y la vida.

APORTES COMUNES A TODAS LAS SESIONES

EMPIEZA TU DIÁLOGO CON JESÚS

Sitúa en ambiente de oración mediante un diálogo informal con Jesús sobre el tema de la sesión.

CONTINÚA ORANDO DESDE TU CORAZÓN

Prosigue el diálogo con Jesús, al pasar de un diálogo informal sobre el tema de la sesión a una oración más formal.

CONOCE LA PALABRA DE DIOS

Reflexiona sobre el evangelio del domingo, con una pregunta que te ayude a centrarte en su mensaje y un comentario para comprenderlo mejor.

TE PRESENTAMOS A...

Contiene la breve narración de una persona que vivió de manera extraordinaria el mensaje del evangelio. Puede ser un santo canonizado, alguien que está en proceso de canonización o una persona reconocida públicamente por su testimonio.

SIGAMOS LA OBRA DE JESÚS

Motiva a continuar la obra de Jesús al poner en práctica el mensaje del evangelio y ser animado por la vida del testigo recién presentado.

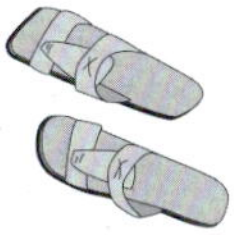

ACTIVIDAD COMUNITARIA

Ofrece una actividad que lleva a profundizar en algún aspecto clave del mensaje dominical.

CELEBRAMOS NUESTRA FE

Presenta una celebración ritual para desarrollar la espiritualidad y hacer vida el mensaje dominical, ayudados por el Espíritu Santo.

TEXTO RESALTADO

Destaca un mensaje suministrado por alguna de las lecturas dominicales, para hacerlo vida de manera especial durante esa semana.

USTEDES RECIBIRÁN LA FUERZA DEL ESPÍRITU SANTO

APORTES QUE VARÍAN DE SEMANA A SEMANA

¿SABÍAS QUE...?

Ayuda a entender el significado del texto al explicar hechos y conceptos propios de la época y la cultura en que se escribió la Biblia.

VIVE LA PALABRA

Señala qué debemos hacer para caminar con Jesús y ser profetas de esperanza.

ENRIQUECE TU FE Y TU VIDA

Ofrece pautas para profundizar en el mensaje de Jesús y encarnarlo en la vida diaria.

ENCARNEMOS EL MENSAJE DE...

Brinda pasos para actualizar el mensaje de la primera lectura dominical a la vida de hoy.

ACTUALICEMOS EL SALMO

Da una guía de cómo actualizar el salmo dominical a la vida de hoy.

HAGAMOS VIDA...

Proporciona pasos para actualizar el mensaje de la segunda lectura dominical a la vida de hoy.

COMPRENDE ESTE SÍMBOLO

Da a conocer símbolos bíblicos de uso común en la liturgia o el arte católicos, con la ilustración y una breve explicación del mismo.

REFLEXIONA

Presenta varias preguntas relacionadas con el tema o las lecturas dominicales.

ENTRA EN ORACIÓN

Ofrece alguna oración escrita por otras personas para ayudar en la vida espiritual.

EJERCICIOS PARA CONOCER Y VIVIR MEJOR NUESTRA FE

El proceso de cada sesión contiene todos los elementos del Círculo Pastoral según el modelo Profetas de Esperanza: ser-ver-juzgar-actuar-evaluar-celebrar. El Círculo se repite una y otra vez, en un proceso espiral que genera una profundización de la vivencia de la fe, una expansión de horizontes y deseos de crecimiento y superación continuos.

En comparación con los libros para los Tiempos Fuertes, que presentan el Círculo de manera explícita, los correspondientes a los Tiempos Ordinarios lo hacen a lo largo del proceso de la sesión. Otra diferencia está en que, mientras en los Tiempos Fuertes los ejercicios se encuentran concentrados al final de la sesión, en los Tiempos Ordinarios los ejercicios escritos están insertados en los comentarios presentados a lo largo de ésta.

SER. Enfatiza la formación y fortalecimiento de nuestra identidad cristiana.

VER. Acercamiento a la realidad del joven en su ambiente inmediato; su entorno sociopolítico, económico y religioso, y/o su situación en la iglesia y en el mundo.

JUZGAR. Iluminación a la vida con la Palabra de Dios, el testimonio de los santos y otros personajes que son ejemplo extraordinario del seguimiento de Jesús y algunas enseñanzas de la iglesia, con énfasis en aportes que sirven para llevar una vida diaria al estilo de Jesús.

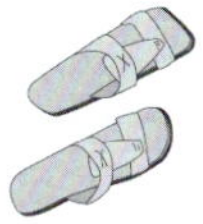

ACTUAR. Invitación de Jesús a seguirlo, siendo y actuando como él y con disposición personal para responderle.

EVALUAR. Oportunidad de revisar el recorrido de varias sesiones para evaluar los frutos que dieron, y señalar dudas y reflexiones que quedaron para el futuro. El formulario de evaluación se encuentra en la página 19 y se recomienda usarlo mensualmente.

CELEBRAR. Pistas para expresar la fe mediante la elaboración de una oración con ritual que recoge la sesión entera.

LECTURA ESPIRITUAL INDIVIDUAL

Estas meditaciones te ayudarán a acercarte más a Jesús y gozar de su presencia en ti. Conforme te habitúes a la lectura de la Palabra de Dios, él hará su obra en ti y tú podrás responder de una manera más profunda a su amor dador de vida.

Toda oración o meditación la hacemos por medio del Espíritu Santo, quien habita en cada uno de los cristianos desde el día de su bautismo. Por eso, conforme converses más con Jesús, el amor, la bondad y la justicia misericordiosa de Dios llenarán tu vida.

Te recomendamos que empieces y termines cada sesión persignándote con mucha reverencia diciendo: "En el nombre del Padre, del Hijo y del Espíritu Santo". De esta manera inicias poniéndote en la presencia de Dios para dialogar con Jesús, y terminas confesando que con la ayuda del Padre, el Hijo y el Espíritu Santo, llevarás a la vida lo que Jesús te indicó en el diálogo que tuviste con él.

¿Estás listo/a? ¡Manos a la obra! ¡Lánzate a la bella aventura de dialogar semanalmente con Jesús!

Este diálogo con Jesús lo puedes hacer de varias maneras:

+ ANTES DE LA EUCARISTÍA DOMINICAL, para que cuando participes en ella lo hagas plenamente y obtengas más fruto de la celebración dominical.

+ DESPUÉS DE LA EUCARISTÍA DOMINICAL, si por alguna razón no pudiste hacerlo antes de ella, para así profundizar en el mensaje que escuchaste.

+ SI NO PUEDES PARTICIPAR EN LA EUCARISTÍA DOMINICAL, ya sea que vivas en un lugar donde no hay misas a tu alcance o si te encuentras en una situación que te impide participar en ella.

+ CUALQUIER DÍA DE LA SEMANA, cuando desees acercarte y conocer mejor a Jesús y su Palabra.

Puedes aprovechar la sesión entera o elegir las partes que te gusten. Lo vital es que hagas una oración sincera, leas por lo menos uno de los pasajes de la Escritura, de preferencia el evangelio, y respondas con sinceridad a las preguntas que te ayudan a reflexionar sobre su mensaje. Esta conversación semanal con Jesús enriquecerá, dará sentido y llenará de esperanza tu vida.

Te recomendamos que lleves un diario espiritual, en el que escribas tus respuestas a las preguntas de reflexión, en particular a las que te llegan al fondo del corazón y las que son motivo de transformación y crecimiento para ti. Ocasionalmente vuelve a leer lo que escribiste y reflexiona sobre ello. Te ayudará a notar cómo va tu relación con Jesús y te servirá para dar sentido a tu vida.

SESIONES PARA GRUPOS Y COMUNIDADES

Cada sesión puede ser utilizada como temática de formación en la fe, desarrollo espiritual o reflexión teológico-pastoral en un grupo, movimiento apostólico o comunidad de fe juvenil. Se recomienda llevar a cabo las sesiones antes de la Eucaristía dominical o en lugar de ellas, en sitios donde no se celebra misa todos los domingos.

La variedad de comentarios y actividades permiten usar el material de distintas formas. Lo importante es usarlo bien, lo que significa:

+ Planificar la sesión con tiempo y leerla completa, para seleccionar los comentarios y las actividades para el grupo, según las metas y el tiempo del que se disponga, y preparar los materiales necesarios.

+ Hacer la sesión en ambiente de oración y reflexión personal, así como de conversación y celebración en comunidad.

+ Preparar la proclamación de la Palabra de Dios para hacerlo de manera clara y con la puntuación y la entonación adecuada. Conviene que algún compañero/a escuche al lector, para que corrija su proclamación, si es necesario.

+ Alternar cantos populares con cantos relativamente nuevos. Se sugiere que los cantos nuevos sean usados a manera de meditación y que sean ensayados previamente para familiarizarse con ellos.

+ Tener listos los materiales para las actividades y las celebraciones de fe. Para las actividades, se recomienda siempre tener a mano: papel grande, de 80x70 cm (papelógrafo); papel tamaño carta y lápices; marcadores, pegamento, cinta de pegar y tijeras. Para el altar: mantel blanco y algunos sarapes o telas típicas; un crucifijo, una imagen de Jesús y una imagen de María; la Biblia y velas. Las sesiones que requieren materiales específicos los tienen indicados en las mismas.

RECURSOS PARA LA PASTORAL JUVENIL

Este material también puede ser utilizado como un recurso para una pastoral juvenil organizada con base en temas, retiros, programas de formación, procesos de Rito de Iniciación Cristiana de Adultos (RICA), coros parroquiales, catequesis, etcétera. Los sacerdotes que deseen preparar una homilía centrada en la juventud pueden valerse de este material para encarnar el mensaje en la realidad juvenil.

Al final del ciclo litúrgico, en los libros del Tiempo Ordinario, se encuentra un índice temático que permite identificar el material de dicho ciclo. Además, cuando toda la serie esté terminada, el Instituto Fe y Vida ofrecerá un índice global en su sitio www.bibliaparajovenes.org

LOS CICLOS LITÚRGICOS Y LA EUCARISTÍA DOMINICAL

La iglesia proclama los cuatro evangelios durante las misas dominicales en tres ciclos litúrgicos: A, B y C. Si asistes a la misa dominical tres años seguidos, recibirás una catequesis completa de la vida, obra y mensaje de Jesús para guiar tu vida.

En el Concilio Vaticano II (1962-1965), los padres conciliares aprobaron un *leccionario litúrgico*, conocido como "libro de lecturas para la misa". Su objetivo es ayudar a conocer y amar a Jesús y su obra salvadora, a través de la Palabra de Dios.

LAS LECTURAS DOMINICALES

Para las misas dominicales, el leccionario presenta tres lecturas y un salmo responsorial cuya numeración litúrgica está entre paréntesis. Las lecturas están organizadas para acercarnos al misterio de Cristo y su obra de salvación, que tiene su pleno cumplimiento en él.

+ LA PRIMERA LECTURA está tomada del Antiguo Testamento, salvo durante el tiempo pascual (siete semanas después del Domingo de Pascua), en que pertenece al libro de los Hechos de los Apóstoles.

+ Respondemos a la primera lectura con un SALMO, generalmente del libro de los Salmos.

+ LA SEGUNDA LECTURA viene de las cartas de San Pablo y otras cartas del Nuevo Testamento. A estas cartas también se les llama "epístolas".

+ La lectura del EVANGELIO varía según los ciclos litúrgicos:

- En el Ciclo A se lee a Mateo.
- En el Ciclo B se lee a Marcos.
- En el Ciclo C se lee a Lucas.
- El evangelio de Juan se lee en los tiempos especiales del año litúrgico: Adviento, Navidad, Cuaresma y Pascua.

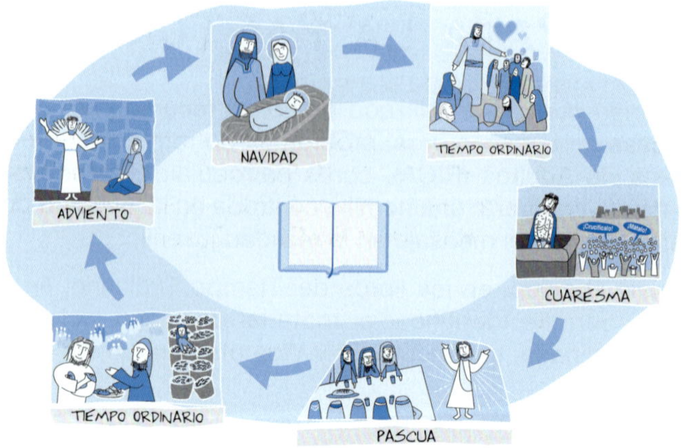

LOS TIEMPOS LITÚRGICOS

La liturgia eucarística siempre celebra el misterio de la vida, pasión, muerte y resurrección de nuestro Señor Jesucristo. De ahí que nos ofrezca lecturas del Antiguo Testamento, durante el cual se prepara la llegada del Mesías, y del Nuevo Testamento, que nos centra en la etapa de Jesús y las primeras comunidades cristianas.

Si bien todo el año tenemos puesta nuestra atención en el misterio de la vida, pasión, muerte y resurrección de nuestro Señor Jesucristo, la liturgia nos invita a vivir cada uno de estos aspectos durante un tiempo especial. La iglesia organiza los domingos del año alrededor de la Pascua. Divide el "año litúrgico" en "Tiempos Fuertes" y "Tiempo Ordinario".

+ EN EL TIEMPO DE ADVIENTO nos centramos en la próxima venida de Jesús al final de los tiempos y en la preparación para la celebración de la Navidad, con la que termina este tiempo. El año litúrgico siempre se inicia con el Adviento.

+ EL TIEMPO DE NAVIDAD, también llamado de la manifestación del Señor, empieza el 24 de diciembre y finaliza con la fiesta del Bautismo del Señor. Este tiempo nos recuerda la venida histórica de Jesús dos milenios atrás, y fortalece nuestra fe y esperanza en la *parusía* o venida gloriosa de Jesús al final de los tiempos.

+ EL TIEMPO DE CUARESMA inicia el Miércoles de Ceniza y termina el Jueves Santo, antes de la misa de la Cena del Señor. En este tiempo, la Iglesia recuerda la entrega de Jesús por nuestra salvación, nos llama a la conversión y nos invita a renovar nuestra opción por Cristo y su Reino.

+ EN EL TRIDUO PASCUAL vivimos con gran solemnidad la muerte y resurrección de Jesús, según el espíritu del Nuevo Testamento y la tradición cristiana primitiva, que unían la pasión, muerte y resurrección de Jesús en una experiencia vital. Comienza con la misa de la Cena del Señor, alcanza su cima en la vigilia pascual y concluye con la Misa de Pascua.

+ EN EL TIEMPO DE PASCUA nos centramos en tener un encuentro con Cristo resucitado, como lo vivieron los primeros testigos de la resurrección. Empieza con la liturgia del Domingo de Pascua, dura cincuenta días y acaba con la fiesta de Pentecostés, la gran celebración del Espíritu Santo.

+ EL TIEMPO ORDINARIO se celebra durante todos los otros domingos del año. Dura alrededor de treinta semanas en dos periodos. Inicia después del Bautismo del Señor; se interrumpe con los tiempos de Cuaresma y Pascua, y continúa después de Pentecostés para terminar con la fiesta de Cristo Rey.

EVALUACIÓN DE LOS DIÁLOGOS SEMANALES CON JESÚS

Evaluar es un paso indispensable en el Círculo Pastoral. Los libros dedicados al Tiempo Ordinario contienen un formulario de evaluación más completo que los libros dedicados a los Tiempos Fuertes, cuyas sesiones son más amplias. Ambos tipos de evaluación pueden ser usados a lo largo del año, según se considere adecuado. Lo importante es acostumbrarse a evaluar para hacer una revisión de vida y mejorar la manera en que se conducen las sesiones.

PROCESO EVALUATIVO

El formulario de evaluación está diseñado de tal manera que puede ser fotocopiado y los títulos de las sesiones escritos en el lugar adecuado. Éste contiene tres partes:

Evaluación de una sesión. Su objetivo es ayudar a que cada joven reflexione sobre el fruto que obtuvo de su diálogo personal con Jesús y de su reflexión con la comunidad de fe. Esta evaluación es la misma que se encuentra en los Tiempos Fuertes, la cual está integrada en las páginas tituladas "Caminos para conocer y vivir mejor nuestra fe". En el Tiempo Ordinario conviene hacer esta evaluación después de la celebración de la fe, para poder incluirla.

Evaluación de un ciclo de sesiones. Su objetivo es revisar la vida de la comunidad de fe, con el fin de ver si los diálogos semanales con Jesús están dando frutos comunitarios además de personales.

Evaluación formativa. Su objetivo es revisar periódicamente la manera como se conducen las sesiones, con el fin de mejorar la facilitación de los distintos componentes en las sesiones. Se recomienda hacerla al terminar el Tiempo de Navidad, la primera parte del Tiempo Ordinario, el Tiempo Pascual y la segunda parte del Tiempo Ordinario.

DIARIO DE LA COMUNIDAD DE FE

Para ayudar a que el grupo o comunidad juvenil madure, se recomienda que las evaluaciones no se queden a nivel personal, sino que se analicen periódicamente en grupo y obtengan un resumen. Es importante que la comunidad guarde estos resúmenes, formando una especie de "Diario de la comunidad de fe".

Este diario permite reflexionar sobre los tres tipos de evaluación anteriores y darse cuenta de cómo avanza la comunidad en su vida de fe, su organización comunitaria y su compromiso cristiano. También sirve para mantener la historia de la comunidad y su proceso de crecimiento, dándole un sentido de identidad propia, lo cual es muy útil para dialogar con nuevos miembros y ayudarlos a integrarse en su caminar.

FORMULARIO DE EVALUACIÓN

DSJ

Evaluación de una sesión

Domingo ______________ **Tema de la sesión** ______________

Revisa el contenido de la sesión y tus notas, y dibuja:

Un ▲ en el mensaje que más me ayuda a estrechar mi relación con Dios.

Un ♥ en el mensaje que me ayuda a relacionarme mejor con mis semejantes.

Una ☺ en el mensaje que me cuestionó y desafió más.

Unos signos de ¿? en aquello que no entendí bien.

Unos ... en lo que dejé para reflexionar después.

Evaluación de un ciclo de sesiones

Ciclo que abarca del domingo ______________ **al domingo** ______________

Vida comunitaria [1 = pobre 2 = mediocre 3 = buena 4 = excelente]

• Corresponsabilidad de todos los miembros	1	2	3	4
• Estilo comunitario de liderazgo	1	2	3	4
• Oración y espiritualidad como comunidad	1	2	3	4
• Evangelización y esfuerzos misioneros	1	2	3	4
• Superación personal de los miembros	1	2	3	4
• Compromiso de vida cristiana de los miembros	1	2	3	4
• Espíritu comunitario fuera de las reuniones	1	2	3	4

Evaluación formativa

Periodo comprendido entre ______________ **y** ______________

1 Identifica los componentes de las reuniones que pueden ser mejorados y proporciona algunas recomendaciones:

+ Aspectos a mejorar: ______________

+ Recomendaciones: ______________

2 Señala áreas que necesitan algún taller formativo y sugiere quién puede facilitarlo:

+ Talleres necesarios: ______________

+ Facilitadores sugeridos: ______________

GUÍA PARA MANEJAR LA BIBLIA

Para citar un texto de la Biblia se indica en forma abreviada de qué libro se trata (ver lista de abreviaturas en la página 224, el capítulo y versículo donde comienza y termina la cita, separados por un guión. Con el objeto de distinguir más fácilmente entre los capítulos y los versículos, en este libro los capítulos se separan de los versículos por una coma. Ejemplo:

Gn 12, 8-12

Cuando se citan capítulos enteros, no aparecen los versículos. Ejemplo:

Mt 5 – 7 = Mateo, capítulos del 5 al 7

Cuando la cita es del mismo libro, no se repite éste. Ejemplo:

Mt 5, 43-48; 7, 12-18 = Mateo, capítulo 5, versículos del 43 al 48, ambos incluidos, y Mateo, capítulo 7, versículos del 12 al 18

Cuando se abarcan dos o más capítulos, se indica el capítulo y versículo en que comienza y el capítulo y versículo en el que termina, separados por un guión largo. Ejemplo:

Mt 6, 19 – 7, 12 = Mateo, desde el capítulo 6, versículo 19, hasta el capítulo 7, versículo 12

Cuando se citan dos párrafos de un mismo capítulo, que no van seguidos, los versículos de ambos párrafos están separados por un punto. Lo mismo ocurre si, en lugar de ser un párrafo, son versículos sueltos. Ejemplo:

Mt 6, 1-4. 16-18 = Mateo, capítulo 6, del versículo 1 al 4 y del versículo 16 al 18

Mt 6, 1-4. 16. 24 = Mateo, capítulo 6, versículos del 1 al 4 y versículos 16 y 24

Cuando se hacen varias citas de un mismo libro, aunque sean párrafos separados, no se repite el nombre o la abreviatura del libro, y si se trata del mismo capítulo, no se repite éste. Ejemplo:

> La primera parte del Salmo 19 alaba la armonía de la naturaleza con las leyes que le dio Dios... **(Sal 19, 1-7)**. Después menciona cómo la creación anima la vida de las personas **(vv. 8-11)**. Finalmente, señala nuestra actitud ante las obras de Dios **(vv. 12-15)**

Cuando se cita textualmente un pasaje, se escribe entre comillas, seguido de su cita. Ejemplo: "El Señor hace pública su victoria" (Sal 98, 2)

Cuando se hace referencia a un pasaje, sólo se escribe la cita. Ejemplo: Oseas profetiza contra la infidelidad del pueblo y los sacerdotes (Os 4, 1-10)

CICLO LITÚRGICO C

Tiempo Ordinario

Segundo
Domingo
Ordinario

JESÚS NOS TRANSFORMA PARA DAR VIDA

Isaías 62, 1-5 • Salmo 96 (95) • 1 Corintios 12, 4-11 • Juan 2, 1-12

EMPIEZA TU DIÁLOGO CON JESÚS

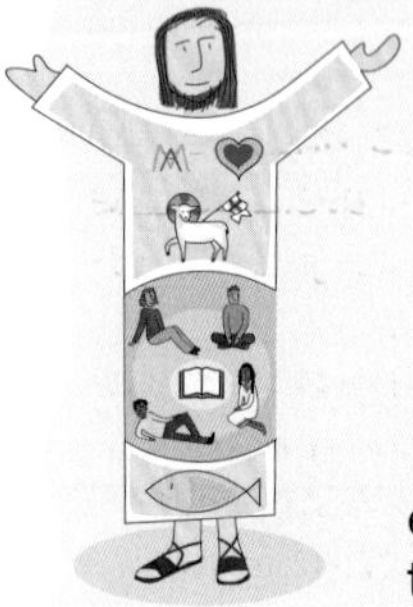

—Jesús, quisiera saber: ¿cuál es la novedad del cristianismo frente al judaísmo y a otras religiones?

—Piensa desde tu propia experiencia y escribe tu respuesta:

+ ¿CÓMO DESCRIBES TU FE EN MÍ?

+ ¿QUÉ VALORAS MÁS EN EL CRISTIANISMO?

—Fíjate en cómo la vida cristiana enfatiza y valora el amor por encima de los ritos y el cumplimiento de las leyes. Te lo mostraré a través de un milagro y del testimonio de un seguidor mío.

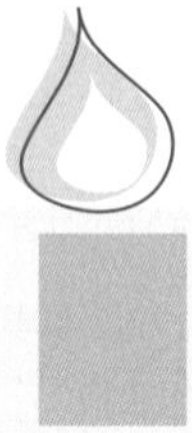

CONTINÚA ORANDO DESDE TU CORAZÓN

¡Transfórmame en vino nuevo!

Jesús, Señor y Salvador mío, tú eres el único que puede darme una vida nueva:

TENGO ESTA PREOCUPACIÓN

A VECES ME CONFORMO CON

EN LUGAR DE HACER ESTO QUE TÚ QUIERES

Transfórmame en vino nuevo:

QUE NO SEA AGUA DESABRIDA, APÁTICA Y PEREZOSA ANTE

QUE NO ME SEQUE Y SEA INCAPAZ DE AMAR A

QUE NO ME QUEDE ESTANCADO/A EN

María, madre de Jesús y madre mía, ilumíname para hacer la voluntad de tu Hijo. Intercede por mí ante él, porque necesito su vida nueva. Amén.

CONOCE LA PALABRA DE DIOS

Leer Juan 2, 1-12

✚ ¿QUÉ SIGNOS TIENEN QUE VER CON LA NOVEDAD DE JESÚS RESPECTO AL JUDAÍSMO ANTIGUO? ____________

____

Juan presenta a Jesús realizando el primer milagro, de los siete que narra en su evangelio, para confirmar que Jesús es el Hijo de Dios. El milagro tiene un simbolismo muy profundo: el agua de las purificaciones simboliza el judaísmo, que se convierte en el vino de la más alta calidad, que es Cristo.

Aparece María, quien tiene una función muy importante en la iglesia. Su indicación: "Hagan lo que él les diga" (v. 5), recuerda la frase de la alianza del Sinaí, cuando el pueblo se compromete a hacer lo que Dios ha dicho.

Jesús manifiesta su gloria para que sus discípulos crean en él. Sus acciones desafían a todos sus seguidores al invitarnos a transformar tradiciones que nos dan vida en acciones dadoras de vida nueva, según el corazón de Dios.

COMPRENDE MEJOR

LOS RITOS DE PURIFICACIÓN ENTRE LOS JUDÍOS

✚ Busca la palabra "puro" en la *BCJ*, p. 1688, o en otro vocabulario bíblico, y lee el comentario en la *BCJ*, p. 183. Anota lo que te ayudó a comprender mejor el milagro de Caná.

____

____

____

____

¿SABÍAS QUE...?

Jesús es el vino nuevo

Sólo Juan relata el milagro de las bodas de Caná. Jesús se presenta como el vino nuevo que sacia nuestra sed de confianza, servicio, alegría, amor y paz. Ésta es la novedad de Cristo.

En Jesús se superan los antiguos ritos de purificación y Dios se revela de una manera nueva, renovándonos y transformándonos en lo cotidiano de nuestra vida. La mesa servida es un modelo para nuestra iglesia. Ahí están los hermanos reunidos con Jesús y sus discípulos, celebrando en comunidad y obedeciendo al Maestro. Los católicos vemos en este milagro la alusión al poder de Jesús para convertir el vino en su sangre durante la celebración eucarística.

Piensa qué aspecto de tu vida necesita transformación. Pídesela a Jesús y haz lo que él te diga para que realmente cambie tu vida.

TE PRESENTAMOS A...

Dietrich Bonhoeffer (1906-1945)

Dietrich fue un cristiano luterano alemán que supo hacer lo que Jesús en las bodas de Caná. Cambió el agua sin sabor, de un cristianismo sin compromiso vivido por muchas personas durante la persecución nazi a los judíos, por el vino nuevo de su identificación con Cristo y su misión dadora de vida.

Dietrich estudió teología en Berlín y Nueva York, sirvió como pastor en Alemania y como teólogo en Inglaterra. En 1935 regresó a Alemania para enseñar en el seminario, que fue cerrado por los nazis por oponerse al nazismo y ayudar a escapar a los judíos.

A Dietrich lo mandaron a trabajar en una unidad de inteligencia militar, desde donde siguió luchando contra el gobierno de Hitler. En 1943 los nazis lo descubrieron y lo ejecutaron por traición dos años después.

Mientras estuvo en la cárcel escribió cartas, poesías y oraciones en las que expresa su espiritualidad. Su experiencia con la guerra, la injusticia y la muerte de miles de judíos inocentes lo llevó a centrarse en la cruz de Cristo. Descubrió que Cristo es débil y lo sentía cercano al pueblo, compartiendo su pobreza en la impotencia de la cruz.

Dietrich encuentra una vida nueva y la alegría de ser solidario con quienes sufren la injusticia y la violencia de quien tiene el poder. Sus escritos reflejan una profunda mística y riqueza espiritual, así como una severa crítica a la pasividad de las iglesias cristianas contra las atrocidades del nazismo.

El siguiente mensaje, para el hijo de un buen amigo, en el día de su bautismo para que lo leyera posteriormente, resume su pensamiento:

Las palabras se marchitan... Nuestra vida de cristianos sólo tiene en realidad dos aspectos: orar y hacer justicia entre las personas. No nos toca predecir el día en que de nuevo habrá profetas que pronuncien la Palabra de Dios para que el mundo sea renovado por ella. Hasta entonces, la actividad de los cristianos será oculta y callada, pero habrá personas que rezarán, actuarán con justicia y esperarán el tiempo de Dios.

HAGAN LO QUE ÉL LES DIGA

Jn 2 5

SIGAMOS LA OBRA DE JESÚS

Luchando contra la injusticia y la violencia

Jesús y Dietrich vieron la injusticia y la violencia que ejercían quienes estaban en el poder en su época. Anota los TIPOS DE INJUSTICIAS Y DE VIOLENCIA QUE VES A TU ALREDEDOR O EN EL MUNDO HOY DÍA.

+ VEO ESTAS INJUSTICIAS: racism discrimination will cause death

+ VEO ESTOS TIPOS DE VIOLENCIA: a violence execution form this

Con relación a lo que veo y a la luz de la transformación que Jesús puede hacer en mí y del testimonio de Dietrich,

+ ME SIENTO LLAMADO/A A...

ENCARNEMOS EL MENSAJE
DE ISAÍAS 62, 1-5

Para profetizar a la juventud

1 Leer Isaías 62, 1-5.

2 Reflexionar sobre el versículo 4: ¿hay jóvenes a tu alrededor que se sienten abandonados o desolados en la vida? ¿Por qué? Completar la primera frase.

3 Isaías anuncia la liberación de Jerusalén. ¿Qué necesitan los jóvenes para ser liberados de sus ataduras? ¿Cómo puedes ayudar a traerles la liberación que les ofrece el Señor? Completar la segunda frase.

4 Compartir la reflexión.

EL ABANDONO Y DESOLACIÓN DE LOS JÓVENES VIENE DE Because of the Brain memories, tricks, they way they think or falta de dios.

TENEMOS QUE ANUNCIARLES to Just leave the Past to make adventure

Y DENUNCIAR TO Just leave those certain people cuz they happens in life.

VIVE LA PALABRA

La fortaleza de la vida interior

Las personas llenas de Dios son fuente de alegría, esperanza y vida, incluso ante la muerte. Juan Pablo II se conservó activo y compartiendo su vida hasta el final. La Madre Teresa mantuvo su alegría y la sonrisa que iluminaban su cuerpo encorvado por los años al servicio a los pobres. San Francisco de Asís pedía golosinas y cantaba poco antes de morir, aunque su superior veía impropio prepararse así para la muerte.

Todos los santos son optimistas, pues saben que la vida siempre vence a la muerte. Jesús quiere que tengamos una vida interior fuerte, para superar con entereza y alegría nuestras dificultades y continuar su misión. ¡Qué honor que Jesús nos fortifique para hacernos sus colaboradores, capaces de dar vida a otras personas!

En un funeral, la viuda y sus hijos lloraban desconsolados ante el féretro de un buen padre. Cuando llegó una religiosa, amiga de ellos, el panorama cambió; la familia empezó a sonreír y a dialogar con voz normal. Su sola presencia llenó a la familia de paz y alegría, pues era una persona llena de paz.

Jesús era así, pero en grado superlativo. Todos tenemos muchas oportunidades para adquirir y ofrecer nueva vida. ¡Hay tanta necesidad de vida nueva a nuestro alrededor! Pide a Jesús que te fortifique y ayude, para que seas portador/a de esperanza con tu presencia, palabras, actitudes y acciones.

ACTIVIDAD COMUNITARIA

Hacia la eliminación de la violencia y la injusticia

1 Formar grupos pequeños y compartir su reflexión personal. Después, en un papelógrafo, hacer cuatro listas:

- Injusticias que ven a su alrededor
- Injusticias que ven en el mundo
- Violencia que ven a su alrededor
- Violencia que ven en el mundo.

2 Leer Juan 2, 1-12 y escribir:

+ ¿QUÉ PROBLEMA VIO MARÍA Y QUÉ HIZO PARA SOLUCIONARLO? ______

______

+ ¿QUÉ HIZO JESÚS Y QUÉ RESULTADOS TUVO SU ACCIÓN? ______

______

3 En la biografía de Dietrich, cada uno:

+ Subraya el mensaje más motivador.

+ Circula el mensaje más desafiante a salir de su comodidad para ayudar a transformar una situación de injusticia o violencia.

4 Reflexionar en silencio: ¿hay algo que podríamos hacer como grupo para aminorar la injusticia y violencia?

5 Compartir lo que pensaron y hacer una propuesta efectiva y a su alcance para el grupo completo.

6 En sesión plenaria, compartir las propuestas y decidir una acción a ser realizada por el grupo.

ESCRIBIR LO QUE SE PROPUSIERON:

______

______

CELEBRAMOS NUESTRA FE

Transformándonos en vino nuevo

Preparación

Llevar varias jarras, unas regulares para poner agua, y otras elgantes para poner jugo de uva, simbolizando el vino, el cual deberá ser suficiente para llenar los vasos de todos. También llevar una imagen de Jesús, otra de María y un vaso transparente desechable para cada uno de los participantes.

Erigir el altar para la celebración con estos materiales. Llenar los vasos con una tercera parte de agua; el jugo de uva será añadido durante la celebración.

Celebración

1 Colocarse alrededor del altar y ponerse en espíritu de oración, tocando música de fondo o entonando una canción apropiada al tema de hoy.

2 Invitar a que cada joven piense en un aspecto insulso, mediocre, sin sabor, de su vida cristiana que desee que Jesús transforme en “vino nuevo”, vital, delicioso, energético, capaz de generar felicidad en las personas con quienes convive.

3 Cada joven pasa al altar y, conforme vacía un poco de jugo de uva en un vaso, hace su oración, la cual consta de tres momentos:

- El/la joven ora: “Jesús, transforma mi vida de... en...”
- Todos lo cuestionan: “¿Te comprometes a hacer lo que Jesús te indique?”
- El/la joven responde: “Como María indicó, haré lo que él me diga”.

4 Terminar con un canto de compromiso con Jesús y con quienes sufren injusticias o violencia.

Tercer Domingo Ordinario

LA MISIÓN DE JESÚS ES NUESTRA VOCACIÓN CRISTIANA

Nehemías 8, 1-10 • Salmo 19 (18) • 1 Corintios 12, 12-30 • Lucas 1, 1-4; 4, 14-21

EMPIEZA TU DIÁLOGO CON JESÚS

—Hoy quiero platicar contigo sobre los planes que tienes para tu futuro.

—¿Mi futuro?

—Sí, porque siempre debes tener presente el gran horizonte de la vida. Dime:

+ ¿QUÉ TE GUSTARÍA LOGRAR EN TU VIDA?

Pass School and game for my Bros.

+ ¿A QUÉ QUIERES DEDICAR TU VIDA?

gamer or were for the gov.

—¿A esto se refiere el título de la sesión? ¡Será interesante el diálogo!

—Así es. Lucas y el papa Juan Pablo II iluminarán nuestra conversación.

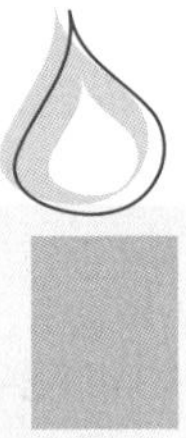

CONTINÚA ORANDO DESDE TU CORAZÓN

Pongo mi futuro en tus manos

Señor Jesús, ¡qué difícil es prever el futuro! No tengo idea de cómo va a transcurrir mi vida ni de qué acontecimientos la afectarán de manera radical.

PUEDO VER QUE SI SIGO EN EL CAMINO EN QUE VOY Yo no se Cerro que malo Pepdo no se

POR ESO QUIERO DECIRTE QUE mi das help Por favor

QUIERO SEGUIR TUS HUELLAS, EN ESPECIAL ME ATRAE Cambines the peoples lives, Made People happy

DIME QUÉ QUIERES DE MÍ

(Medita un poco; después escribe lo que vino a tu corazón)

Dame tu Santo Espíritu, el mismo que te llenó cuando comenzaste tu obra redentora, y permíteme ocuparme de servir y amar como tú. Amén.

CONOCE LA PALABRA DE DIOS

Leer Lucas 1, 1-4; 4, 14-21

+ ¿QUÉ OPINAS DE LA INTRODUCCIÓN DE LUCAS A SU EVANGELIO Y DEL PROYECTO DE VIDA QUE SE PROPONE JESÚS?

En los primeros versículos, Lucas explica que su evangelio es una recopilación de lo que dijeron y escribieron los testigos de Jesús, puesta en orden por él. Está seguro de que Dios habla a través de este texto y ofrece su salvación en Cristo a todos los que reciban y acepten su Palabra.

En los siguientes versículos, Lucas habla del impacto que tenía el mensaje de Jesús y de la importancia de su misión:

- Señala cómo Jesús, lleno del Espíritu, atraía a las multitudes con la fuerza de su mensaje.
- Muestra a Jesús participando en la liturgia de la sinagoga, leyendo e interpretando los pasajes de la Escritura, como era costumbre entonces.
- Presenta a Jesús explicando su misión en el mundo a partir de un pasaje del profeta Isaías. Esto significaba magníficas noticias para los pobres, pecadores y marginados, y un desafío para quienes tenían el poder y permitían que siguieran esos sufrimientos en el pueblo.

ENRIQUECE TU FE Y TU VIDA

Jesús vino a liberarnos

Según la legislación judía, en el "año de gracia" se liberaba a los esclavos, se devolvían las prendas dadas en garantía de pago ante un préstamo, se perdonaban las ofensas y se absolvía de sus culpas a los presos. Era la expresión del ideal de reconciliación.

Jesús vino a liberarnos de lo que nos evita vivir como hijos e hijas de Dios, haciendo presente el reino de Dios entre nosotros a través de su persona. Él es la Buena Noticia de Dios para los pobres, los ciegos, los olvidados del mundo y todos los que necesitan restablecer su relación con Dios.

Si somos conscientes de que necesitamos su salvación urgentemente, ¡no lo rechacemos como lo hicieron en Nazaret!

Piensa de qué pobrezas necesitan liberación tú y los jóvenes con quienes convives:

- ¿Están cautivos de una vida sin sentido, mediocre o con vicios?
- ¿Qué pasa con los jóvenes presos en las cárceles y reclusorios para menores?
- ¿Qué cegueras evitan descubrir que Jesús vino para todos y está presente en nuestra vida?

—BCJ, Adaptación, Lc 4, 16-30

TE PRESENTAMOS A...

Karol Józef Wojtyla (1920-2005)

Juan Pablo II, *el Papa de la juventud*

Karol Józef nació en una pequeña ciudad de Polonia. Fue el segundo hijo y su madre murió cuando él tenía nueve años.

Ingresó en la universidad en 1938. Pero cuando los nazis la cerraron al siguiente año, trabajó en una cantera y en una industria química para ganarse la vida y evitar ser deportado a Alemania.

En 1942 ingresó en el seminario clandestino de Cracovia, pues quería ser sacerdote. Al mismo tiempo, se inicia en el "teatro rapsódico", cuyas representaciones se efectuaban de forma clandestina.

Tras la Segunda Guerra Mundial, continuó sus estudios en el seminario mayor y en la universidad, nuevamente abiertos. Fue ordenado como sacerdote en 1946, trasladándose poco después a Roma, donde se doctoró en teología.

Ya en Polonia fue vicario parroquial y capellán de los universitarios. A los treinta y ocho años fue nombrado obispo auxiliar de Cracovia; seis años después, arzobispo de Cracovia, y tres años más tarde, cardenal. En el Concilio Vaticano II (1962-1965), contribuyó a la elaboración de la constitución *Gaudium et spes,* sobre la iglesia en el mundo moderno.

Fue elegido Papa en 1978 y se le reconoce como el "Papa viajero", pues realizó 104 viajes pastorales a 129 países diferentes. Pidió la Nueva Evangelización de América y la unidad de todo el Continente Americano.

Enfatizó la lucha por la dignidad humana, la libertad y la justicia. Inauguró las jornadas mundiales de la juventud, presidió 19 de ellas y resaltó la importancia de abrir espacios para que los jóvenes puedan vivir su fe y ser evangelizadores de sus compañeros. Invitó continuamente a los jóvenes a "no tener miedo" de vivir a plenitud su vocación cristiana, a ser profetas de esperanza y proclamar el año de gracia del Señor.

JESÚS... ENSEÑABA EN LAS SINAGOGAS Y TODO EL MUNDO HABLABA BIEN DE ÉL (Lc 4 14-15)

SIGAMOS LA OBRA DE JESÚS

Usando nuestra energía para extender el reino de Dios

Jesús tiene una misión difícil pero hermosa. Su Padre lo ha enviado a hacer que todas las personas del mundo superen su miseria, su tristeza y sus diversas formas de esclavitud, y a que vivan el año de gracia de Dios.

Él quiere que ocupemos nuestra energía en hacer presente aquí y ahora el reino de Dios, que puede ser descrito con estas cuatro características: libertad, justicia, amor y paz.

+ ¿CÓMO USAS TU ENERGÍA? ANOTA LOS PORCENTAJES EN UNA SEMANA TÍPICA.

_____% EN MI DESARROLLO COMO PERSONA DE BIEN

_____% EN MI ESPIRITUALIDAD CRISTIANA

_____% EN PROMOVER LA LIBERTAD, LA JUSTICIA, EL AMOR Y LA PAZ

_____% EN ACTIVIDADES AGRADABLES Y SALUDABLES

_____% EN ACTIVIDADES DAÑINAS PARA MÍ O LOS DEMÁS

+ ¿QUÉ NECESITAS HACER PARA QUE TU VIDA FUTURA SEA FUENTE DE AMOR, LIBERTAD, JUSTICIA Y PAZ?

HAGAMOS VIDA

1 CORINTIOS 12, 12-30

Para ser Cristos jóvenes para otros jóvenes

1 Leer en silencio 1 Corintios 12, 12-30.

2 Identificar la enseñanza que más te llena de alegría, la que más te desafía y la que despierta mayores deseos de ser miembro activo del cuerpo de Cristo. Completar las tres primeras frases a la derecha.

3 En grupo, decidir cómo pueden ser Cristo joven para la juventud que los rodea. Completar la última frase a la derecha.

LO QUE MÁS ME LLENA DE ALEGRÍA ES ______

LO QUE MÁS ME DESAFÍA ES ______

LO QUE ME MOTIVA MÁS A SER MIEMBRO ACTIVO DE CRISTO ES ______

PODEMOS SER UN CRISTO JOVEN PARA OTROS JÓVENES ______

¿SABÍAS QUE...

Jesús te llama y llena de dones para el tercer milenio

En su documento, *Llamados y dotados para el tercer milenio,*[1] los obispos de Estados Unidos resaltan cuatro llamados de Jesús para el tercer milenio. A cada llamado corresponden dones para que podamos responder a ellos. ¿Cómo estás aprovechando estos dones y respondiendo a estos llamados?

El llamado a la santidad nos lleva a una unión cada vez más íntima con Cristo, requiere un esfuerzo y compromiso a vivir el evangelio de Jesús, y se logra gracias a la acción del Espíritu Santo.

El llamado a la comunidad nos lleva a formar grupos y comunidades de fe, asociaciones y movimientos laicos, institutos y sociedades de vida apostólica, que nacen de nuestra comunión con Cristo.

El llamado a la misión y el ministerio nos lleva a participar activa y corresponsablemente en la misión salvífica de la iglesia, a través de la vivencia de los sacramentos del bautismo, confirmación, eucaristía, orden sacerdotal y matrimonio.

El llamado a la madurez cristiana nos lleva a dar siempre más fruto en la vida cotidiana: en la familia, los estudios, el trabajo y los deberes cívicos, los cuales nacen de nuestra misión como sacerdotes, profetas y reyes-servidores adquirida en nuestro bautismo.

ACTIVIDAD COMUNITARIA

Juan Pablo II nos cuestiona

1 Formar grupos de cuatro o cinco jóvenes. Invitar a que cada uno responda a las siguientes preguntas hechas por el papa Juan Pablo II a los jóvenes en las jornadas de la juventud. Anotar las respuestas en un papelógrafo:

- ¿Quién es Jesús para ti?
- ¿Qué tipo de hombre o mujer vale la pena ser?
- ¿Qué espera Cristo de ti?

2 Diseñar un escudo o banderín que capte sus respuestas con símbolos y palabras clave. Al terminar, presentarlos en sesión plenaria.

3 Realizar el siguiente análisis: ¿qué elementos se repitieron?, ¿cuáles son distintos?

4 Con los aportes de todos, diseñar un escudo o banderín de todo el grupo. Al terminar, reflexionar y anotar sus conclusiones:

+ ¿QUÉ TANTO HONRA NUESTRO GRUPO ESTE BANDERÍN O ESCUDO? ____________________

____

+ ¿CÓMO NECESITAMOS VIVIR PARA HONRARLO? ____________________

____

+ ¿CÓMO NOS PODEMOS APOYAR PARA LOGRARLO? ____________________

____

CELEBRAMOS NUESTRA FE

Convirtiéndonos en instrumentos de Jesús

1 Colocar el escudo o banderín del grupo en el altar.

2 Reunirse en círculo y tomarse de las manos para indicar que son un solo cuerpo en Cristo Jesús y que están dispuestos a honrar lo que pusieron en él.

3 Orar con la oración de San Francisco de Asís, "Hazme un instrumento de tu paz", relacionando lo que dicen con lo plasmado en su escudo o banderín.

4 Dos personas leen la oración en voz alta, alternando las estrofas y haciendo una pausa entre cada una.

HAZME UN INSTRUMENTO DE TU PAZ

Oh, Señor, hazme un instrumento de tu paz.

Donde haya odio, siembre amor;
donde haya ofensa, lleve el perdón;
donde haya discordia, lleve la unión;
donde haya error, lleve la verdad;
donde haya duda, lleve la fe;
donde haya desesperación, lleve la esperanza;
donde haya tristeza, lleve la alegría;
donde haya tinieblas, lleve la luz.

¡Oh, Divino Maestro!
Que no busque ser consolado, sino consolar;
ser comprendido, sino comprender;
ser amado, sino amar.
Porque es dando, que se recibe;
perdonando, que se es perdonado;
olvidándose de sí mismo, que uno se encuentra a sí mismo,
muriendo, que se resucita a la vida eterna.

5 Como signo de su deseo de ser profetas de esperanza, al estilo de Jesús, escribir su nombre en el escudo o banderín, mientras entonan la oración de San Francisco de Asís.

Cuarto Domingo Ordinario

ANUNCIAR EL EVANGELIO IMPLICA RIESGOS

Jeremías 1, 4-5. 17-19 • Salmo 71 (70) • 1 Corintios 12, 31 – 13, 13 • Lucas 4, 21-30

EMPIEZA TU DIÁLOGO CON JESÚS

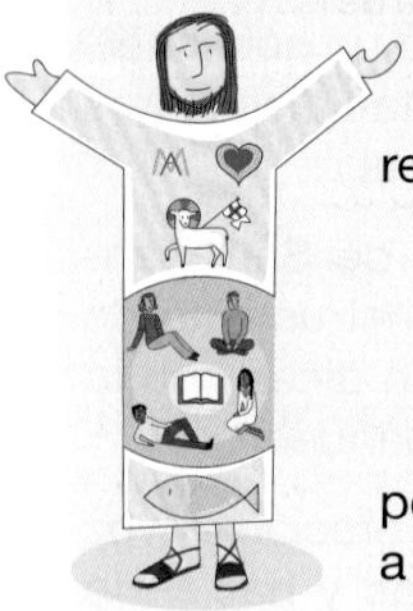

—Jesús, tengo que contarte que a veces me siento rechazado/a...

—Te comprendo; a mí también me rechazó mucha gente y me sigue rechazando hoy día. Dime, ¿por qué te rechazan?

+ TE DOY UNOS EJEMPLOS:

rejected By a girl

—A mí me rechazaron por cuidar de los pobres, marginados y pecadores; por miedo ante los cambios... Por cierto, ¿tú no rechazas a nadie?

—¡Qué pregunta! Me da pena admitirlo.

—RECHAZO A ________ POR ________ ; A ________ POR ________ ;

A ________ POR ________ , Y NO SIGO, PORQUE NO ACABO.

—¡Qué bueno que eres consciente de ello! Te invito a cambiar tu actitud; así no causarás el dolor que otros causan en ti. ¡No vale la pena! ¿No crees?

CONTINÚA ORANDO DESDE TU CORAZÓN

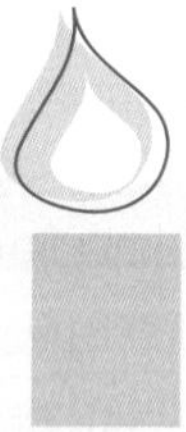

Quiero aceptar a quienes tú aceptas

Señor Jesús,

¡Me admira que hayas venido a superar los peores rechazos en tu tiempo! ¡Qué misión tan singular, tan noble y de tanto alcance!

GRACIAS PORQUE ME ACEPTAS COMO SOY; ESTO ME ________________

____

TE PIDO PERDÓN POR NO ACEPTARTE CUANDO ME DICES ________________

____

Perdóname por rechazar a tantas personas, en particular a las que acabo de recordar.

AYÚDAME A ________________________________

Lléname de tu Espíritu, sólo así podré lograr lo que quieres de mí. Amén.

CONOCE LA PALABRA DE DIOS

Leer Lucas 4, 21-30

✚ ¿POR QUÉ CAMBIAN DE ACTITUD LOS PAISANOS DE JESÚS, PRIMERO LO ESCUCHAN ENTUSIASMADOS Y DESPUÉS QUIEREN MATARLO?

Este texto es parte de la introducción de Lucas a la obra de Jesús, que empezamos a leer el domingo pasado. Jesús anuncia la Buena Noticia, que atrae y entusiasma a muchas personas, pero la misma Palabra suscita controversia y rechazo entre otras. A pesar de eso, Jesús sigue adelante para cumplir su misión.

Estos versículos sintetizan la historia de salvación: ➔ Dios ofrece vida, amor, cuidado, libertad, salvación... ➔ En un primer momento el pueblo acepta, pero después rechaza el amor divino, rompiendo su relación con Dios. ➔ Dios perdona el pecado cometido contra él y contra las personas, y continúa su obra salvadora a pesar de la ingratitud humana. ➔ De nuevo ofrece Dios vida, amor, cuidado, libertad, salvación... ➔

ENRIQUECE TU FE Y TU VIDA

La misión universal de la iglesia

El texto de hoy tiene varias interpretaciones:

- Describe la condición humana de los paisanos de Jesús —que pudiéramos ser nosotros— poniéndole piedras en el camino, cuando debieran ser sus mejores colaboradores.
- Presenta una visión adelantada de la misión universal de la iglesia, al señalar Jesús la atención a la viuda de Sarepta y la curación del sirio Naamán, sin importar su cultura o la región en que viven.
- Es una inspiración para reorientar la propia vida, al tomar conciencia de lo fácil que es entusiasmarse por Jesús ante su bondad y rechazarlo ante las exigencias de nuestra fe en él.
- Invita a aceptar como nuestra la misión universal de la iglesia, al llevar el mensaje de Jesús a todas las personas que conozcamos, incluso a quienes pareciera que no lo van a aceptar.

La evangelización se realiza de formas muy variadas, pues lleva la Buena Nueva de Jesús a personas en distintas circunstancias y sedientas de ciertos aspectos de su evangelio.

- ¿A qué viudas, enfermos o personas en situaciones difíciles les puedes tú llevar la Buena Nueva? ¿Cómo puedes ser misionero/a en la vida diaria?
- ¿Te pide Jesús que dediques tus veranos, una temporada de tu vida al terminar tus estudios, o tu vida entera a llevar su evangelio a otras personas en tu propia nación o en tierras lejanas?

TE PRESENTAMOS A...

San Francisco Regis Clet (1748-1820)

Francisco aceptó los riesgos que implica el evangelio. Nació en Grenoble, Francia, en una familia de quince hermanos. Vivió durante la Revolución Francesa y vio morir a San Vicente de Paúl, el fundador de la Congregación Misionera a la que pertenecía.

Fue sacerdote, profesor de teología, y sus estudiantes lo llamaban "biblioteca ambulante" por la amplitud de sus conocimientos. Su gran ideal era ser misionero, y después de varios años fue enviado a China, con gran pesar de toda su familia.

Vivió en extrema pobreza. Se dedicó a predicar el evangelio, visitar comunidades cristianas, auxiliar a los enfermos, acompañar a los moribundos, e ir a comunidades lejanas para celebrar la Eucaristía donde no se había celebrado por generaciones.

Siempre quiso entregar la vida por Dios; vivió durante muchos años perseguido, sabiendo que el mandarín había ofrecido por su cabeza 3,000 *tails* y la condecoración nacional. Evitó la muerte que dejaría a muchos cristianos sin sacerdote, huyó de las persecuciones chinas, se refugió con sus cristianos en las montañas, se escondió en pozos y cuevas, se refugió de casa en casa.

Con frecuencia veía la muerte muy cerca. Así que reflexionó profundamente sobre el significado de morir, asumiendo el pensamiento de Pablo, el cual expresaba diciendo: "Para mí, vivir es Cristo, y morir es una recompensa que vendrá cuando Dios quiera".

A los 70 años de edad fue apresado y torturado. Murió ahorcado, atado a una cruz, al estilo chino, siendo asfixiado hasta casi morir tres veces. Nunca perdió la alegría, pues sabía que Dios le concedería la gloria de los fieles que dan todo por amor a Cristo.

SIGAMOS LA OBRA DE JESÚS

Siendo profetas evangelizadores

Los profetas en el Antiguo Testamento eran personas comunes y corrientes, con cualidades y defectos, fidelidad a Dios y limitaciones humanas. Sus paisanos los conocían bien y por eso a veces desconfiaban de lo que decían.

En el caso de Jesús, sus vecinos sabían que era hijo de un carpintero, y lo conocían como un ser humano, cercano a ellos. No alcanzaban a percatarse de su incondicional fidelidad a Dios ni de la grandeza de su misión.

Los profetas denuncian el pecado y la opresión, rompen esquemas del *statu quo* (mantener la situación como está) con su estilo de vida diferente al señalar caminos de conversión y dar esperanza a quienes viven según el corazón de Dios. Por eso los profetas son incomprendidos y muchos de ellos son perseguidos y ejecutados.

+ ¿QUÉ ASPECTOS DEL STATU QUO HAY QUE DESAFIAR HOY EN DÍA? __________

+ ¿QUÉ ESTILO DE VIDA NECESITAMOS CREAR URGENTEMENTE PARA TENER UNA SOCIEDAD SEGÚN EL CORAZÓN DE DIOS? __________

TODOS LO APOYABAN Y SE ADMIRABAN DE LAS PALABRAS QUE HABÍA PRONUNCIADO Lc 4 22

HAGAMOS VIDA
1 CORINTIOS 12, 31 - 13, 13

Para seguir madurando en la fe

En este bello pasaje de su carta a los Corintios, Pablo enfatiza la prioridad del amor sobre todos los carismas.

1 Leer 1 Corintios 12, 31 – 13, 7, identificar el mensaje más importante y completar la primera frase a la derecha.

2 Leer los versículos siguientes, del 8 al 13. Completar el resto de las frases a la derecha.

3 Compartir la reflexión.

EL MENSAJE MÁS IMPORTANTE PARA MÍ ES

EL AMOR NUNCA PASARÁ PORQUE

LOS RASGOS MÁS IMPORTANTES EN MI PROCESO DE MADUREZ:

- DESPUÉS DE MI PRIMERA COMUNIÓN SON
- DESPUÉS DE MI CONFIRMACIÓN SON
- EN EL ÚLTIMO AÑO SON

COMPRENDE MEJOR

LAS CUALIDADES DE UN PROFETA

+ Busca en la *BCJ*, p. 733, los “Diez criterios del profetismo auténtico”. Recuerda que desde tu bautismo estás llamado a ser profeta como Jesús. Anota los criterios que están más fuertes y los que están más débiles en ti, como profeta joven.

CRITERIOS FUERTES

CRITERIOS DÉBILES

Entreguémonos a la misión de Jesús
Vayamos hacia quienes lo necesitan
Andemos de prisa para llevarles su amor
Nulifiquemos el poder del mal
Gozosos hagamos el bien
Elevemos los ideales que guían la vida
Levantemos el espíritu y el ánimo
Incrementemos la fe y la esperanza
Confortemos a quien padece tristeza
Enunciemos convencidos la Buena Nueva
Motivemos a levantarse y seguir adelante
Oremos por constancia en el camino
Seamos siempre profetas del Reino

ACTIVIDAD COMUNITARIA

Evangelizar como Jesús, profeta por excelencia

1 En un papelógrafo, hacer cuatro columnas tituladas: "profeta evangelizador", "audiencia principal", "corazón de su mensaje" e "incomprensiones y riesgos sufridos".

2 En silencio, cada joven piensa en dos o tres personas para poner en la lista, sean santos reconocidos o cualquier persona viva o muerta.

3 Hacer la lista, escribir un nombre ofrecido por cada joven.

4 Contemplar la lista en silencio por unos minutos. Pensar en su profetismo personal entre la juventud, preguntarle a Jesús cómo quiere que lo realicen, y marcar con una ✓ la opción a la que se sienten llamados:

___ De manera abierta y desafiante como Jesús, con un énfasis en su propio ambiente, sin descuidar otro ambiente y culturas.

___ De manera constante, oculta y silenciosa, como lo hizo Dietrich durante años, dado que las circunstancias le impedían operar abiertamente.

_√_ De manera entusiasta, luchando por acabar la cultura de la muerte y crear la Civilización del Amor, como el papa Juan Pablo II.

___ De manera activa, preparándose a través de misiones cortas, para llevar el evangelio un día a tierras lejanas, como San Francisco Regis Clet.

___ De otra manera; explica: ____________________

____

5 Para terminar, compartir espontáneamente los pensamientos que nacieron de su reflexión durante esta actividad.

CELEBRAMOS NUESTRA FE

Enviándonos mutuamente a evangelizar

1 Empezar con un canto profético.

2 Entrar en ambiente de oración, para reflexionar con la primera lectura de este domingo.

3 Proclamar Jeremías 1, 4-5. Dejar unos momentos de silencio y volver a proclamar el texto, para que cada joven se deje impactar por el mensaje particular que Dios tiene para él/ella hoy día.

4 Hacer lo mismo, ahora con Jeremías 1, 17-19.

5 En parejas, compartir lo que Jesús les comunicó a través de sus reflexiones en esta sesión y cómo piensan responderle.

6 Hacer un círculo y pasar la siguiente bendición a su compañero/a de la derecha: "Recuerda que eres profeta desde tu bautismo. Ve y proclama la Buena Noticia de Jesús, en el nombre del Padre, del Hijo y de Espíritu Santo". Quien recibe la bendición contesta: "¡Así sea!"

7 Terminar con el mismo canto o uno diferente.

Quinto Domingo Ordinario

LLAMADOS A SER PESCADORES DE PERSONAS

Isaías 6, 1-8 • Salmo 138 (137) • 1 Corintios 15, 1-11 • Lucas 5, 1-11

EMPIEZA TU DIÁLOGO CON JESÚS

2/7/19

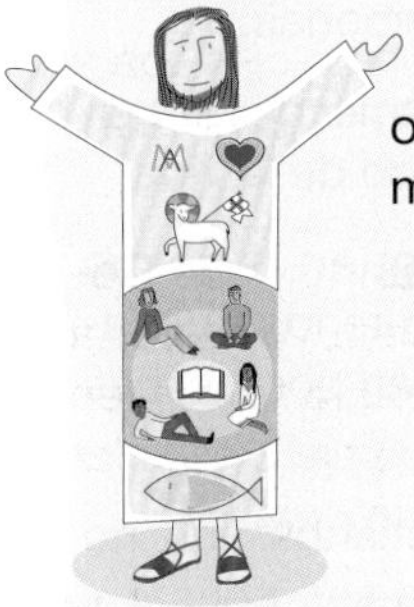

—Fíjate cómo presenta Lucas la evangelización como la tarea más importante de todo cristiano.

—A veces me choca la idea de "pescar" personas.

—Tienes razón. Siempre hay que respetar la libertad de la otra persona. Pero, ¿te gusta ser "pescador/a" en mi nombre y a mi estilo?

+ ME GUSTAN ESTOS ASPECTOS:

Spread our religon

+ ME CUESTA TRABAJO...

Talk in public

+ Y REALMENTE NO ME ANIMO A...

Share people that have a religon

—Es lógico que te pase eso, pero si cuentas con el Espíritu Santo, te convertirás en un evangelizador/a al estilo mío.

CONTINÚA ORANDO DESDE TU CORAZÓN

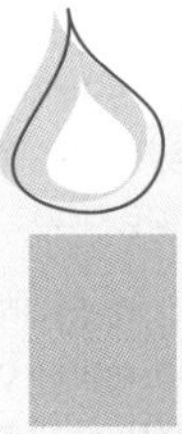

Dame lo que necesito para evangelizar

Señor Jesús,

Anoche cuando dormía soñé que sólo amor fluía de mi corazón.

DAME AMOR Y COMPASIÓN PARA Browse Dave

Mimes

También soñé que podía llevar esperanza a quien sufre mucho.

DAME VALOR Y PALABRAS SABIAS PARA Tanos my

Best Bu

Me miré creando justicia y paz en mi país.

DAME FORTALEZA Y ASTUCIA PARA lile to ear

food a or

Sentí que era capaz de tornar amarguras viejas en dulce miel.

DAME SENSIBILIDAD Y PACIENCIA PARA and your guy

Comprendí que tú me regalas estos sueños. Dame fe en tu Espíritu, para que pueda hacerlos realidad. Amén.

CONOCE LA PALABRA DE DIOS

Leer Lucas 5, 1-11

✚ ¿QUÉ IMPORTANCIA TIENE QUE SIMÓN Y SUS AMIGOS SE CONVIRTIERAN EN PESCADORES DE PERSONAS PARA EL REINO?

Lucas nos transmite su mensaje mediante muchas imágenes:

Genesaret es la región donde Jesús realizó la mayor parte de su ministerio.

- El agua era símbolo de las fuerzas incontrolables por el ser humano.
- La barca es de Pedro. Por eso se convertirá en un símbolo para hablar de la iglesia con Pedro (piedra) a la cabeza.
- Los primeros discípulos eran pescadores, gente sencilla, humilde, trabajadora, sin ninguna formación escolar.
- La obediencia de Pedro a Jesús, a pesar de que no esperaba buenos resultados, indica lo que debe hacer la iglesia.
- La red es imagen de la iglesia que acepta toda clase de peces y símbolo de las relaciones de unidad entre sus miembros.

Otro mensaje muy significativo está en la respuesta de Pedro al llamado de Jesús: "Apártate de mí, Señor, que soy un pecador" (Lc 5, 8). Ésta es una reacción muy humana y común en quienes temen seguir al Señor; se excusan diciendo que son indignos de él. Sin embargo, ¿no vino Jesús justamente para los pecadores y no rompió leyes y tradiciones para estar con ellos y entregarles su misericordia y amor?

NO TEMAS, DESDE AHORA SERÁS PESCADOR DE HOMBRES Lc 5 10

¿SABÍAS QUE...?

Hay cinco razones importantes para evangelizar

Evangelizamos por cinco razones:

1 Porque Jesús nos envió a llevar el reino de Dios a todas las personas.

2 Porque, al conocer el amor de Dios en Cristo, encontramos el sentido de la vida.

3 Porque quienes siguen a Jesús orientan su conducta con criterios que favorecen el bien común y velan por los más vulnerables y necesitados.

4 Porque muchos cristianos aún no han adoptado la manera de ser, pensar y actuar de Jesús.

5 Porque nuestra iglesia se fortalece y se renueva al amar. Al hacer presente a Cristo vivo y actual, y la sociedad tiene más posibilidad de mejorar.

COMPRENDE ESTE SÍMBOLO

La pesca milagrosa

La pesca milagrosa, en la que Jesús cambia los planes de los pescadores y les muestra la eficacia de confiar en él, tiene dos simbolismos. Lucas enfatiza el llamado a ser "pescadores de hombres", mientras que Juan enfatiza que es la presencia viva del Señor la que permite cumplir con la misión (Jn 21, 6).

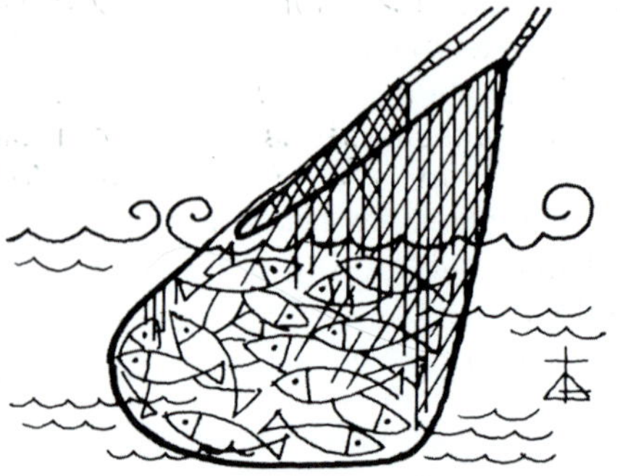

TE PRESENTAMOS A...

Nazaria Ignacia March Mesa (1889-1943)

Nazaria Ignacia nació en España, la cuarta hija de once hermanos. Desde niña le dio su "sí" a Jesús y trató de serle fiel toda su vida.

Por dificultades económicas, su familia emigró a México. Ahí entró en la comunidad de las Hermanitas de los Ancianos Desamparados y descubrió su llamado a fundar una congregación misionera.

La situación de la iglesia en Bolivia, con su escasez de sacerdotes y congregaciones religiosas nativas, la presencia de sectas religiosas y la dura realidad socioeconómica y política del país, la motivaron a dar una respuesta audaz. En 1925, Nazaria fundó en Bolivia el Instituto de las Misioneras de la Cruzada Pontificia, con un capital de 40 centavos y diez jóvenes bolivianas. Ella misma expresa el enfoque principal de su obra:

> Realizar la acción social de la mujer, con la mayor perfección posible... Predicar el Evangelio a toda criatura... con un espíritu guerrero, fiel, nada de cobardías, todo amor, amor sobre todo a Cristo y en Cristo a todos. Repartirse entre los pobres, animar a los tristes, dar la mano a los caídos; enseñar a los hijos del pueblo, partir su pan con ellos, en fin, dar toda su vida, su ser entero por Cristo, la iglesia y las almas.

Pronto creó talleres y escuelas para promover a niñas pobres; comedores y asociaciones populares para obreros y desempleados; un hogar para niñas paralíticas, dementes o ciegas, así como ancianitas inhábiles y discapacitadas. Todo esto caracteriza a Nazaria Ignacia como verdadera profeta de la Nueva Evangelización. Fue beatificada en 1992 por el papa Juan Pablo II.

SIGAMOS LA OBRA DE JESÚS

Respondiendo a los llamados de Dios

Si Jesús te llamara desde el salón contiguo, ¿estarías listo/a? ¿Te daría alegría o sentirías temor de ir a platicar con él?

En el evangelio de Lucas, Simón (Pedro) inicia un diálogo sencillo con Jesús, pero al reconocerlo como el Señor, le pide que se retire, pues se siente indigno ante él. Jesús le da confianza diciéndole "no temas" (v. 10).

Conserva en tu corazón estas palabras con que Jesús fortalece a Pedro. La Biblia repite "no temas" más de setenta veces, para renovar continuamente nuestra confianza en Dios. Sobre todo, "no temas" cuando sientas el envío a dar a conocer a Jesús.

+ ¿QUÉ REALIDADES CLAMAN AL CIELO POR MISIONEROS/AS QUE ENTREGUEN SU VIDA AL PUEBLO? ____________

+ ¿HAS SENTIDO ALGÚN LLAMADO MISIONERO? ¿CUÁNDO Y CÓMO RESPONDISTE? ____________

+ ¿CÓMO PUEDES COLABORAR AHORA Y CÓMO VISLUMBRAS AYUDAR EN EL FUTURO? ____________

HAGAMOS VIDA
1 CORINTIOS 15, 1-11

Para aceptar la gracia de Dios

1 Asignar a una persona para que se prepare y pueda proclamar bien el texto de 1 Corintios 15, 1-11.

2 Proclamar este pasaje para disfrutar el mensaje de Pablo.

3 Escribir el primer credo cristiano (vv. 3-4) a la derecha.

4 Poner atención a lo que dice Pablo sobre la acción de la gracia en él (vv. 9-11). Responder a la pregunta a la derecha.

5 Compartir la reflexión.

EL PRIMER CREDO DE LOS CRISTIANOS FUE:

¿PODRÍAS DECIR LO MISMO QUE SAN PABLO SOBRE LA ACCIÓN DE LA GRACIA EN TI? ¿POR QUÉ?

ENRIQUECE TU FE Y TU VIDA

El ABC de la evangelización

Jesús nos pide a todos los cristianos que seamos "pescadores de hombres y mujeres" para que reciban su Buena Nueva de salvación. Esta tarea tiene varias fases, que pueden darse en secuencia, al mismo tiempo o invertidas:

Pre-evangelización: Proveer testimonio de vida todo el tiempo y tener una relación cálida y servicial con todas las personas, despertando así su anhelo del amor liberador de Dios.

Proclamación del *kerigma:* Dar a conocer a Jesús y su mensaje, para que haya un encuentro con Cristo salvador, se genere un profundo deseo de seguirlo y se busque el reino de Dios.

Integración en la comunidad de fe: Acompañar a la persona conforme se integra en una comunidad donde compartir la fe y la vida o iniciar un proceso catecumenal, si no es católica o es mayor de edad.

Catequesis evangelizadora y desarrollo de la espiritualidad: Asegurar la oportunidad de conocer mejor a Jesús y tener apoyo espiritual para convertirse y mantenerse como su discípulo.

Compromiso en la misión: Ayudar a tomar conciencia de la vocación a ser pescadores de hombres y mujeres, y de la misión de llevar a Cristo Salvador a todos los confines de la tierra.

Algunas personas tienen más dones para una u otra fase. Por eso es clave ser miembro de una comunidad evangelizadora y misionera, asegurando así que la obra de Jesús siga viva.

ACTIVIDAD COMUNITARIA

Queremos echar las redes

Antes de morir, el papa Juan Pablo II escogió el texto del evangelio que leímos hoy para motivarnos a los cristianos del Continente Americano a no desfallecer en nuestra tarea evangelizadora. El Primer Encuentro Nacional de Pastoral Juvenil Hispana en Estados Unidos, que tuvo lugar en 2006, empleó este texto para motivar a los jóvenes que remen mar adentro y se atrevan a echar las redes para atraer a otros jóvenes al camino de Jesús.

1 Formar dos grupos. Hacer una lista de razones por las que urge llevar la Buena Nueva de Jesús a la juventud actual.

2 Cada grupo lee de nuevo Lucas 5, 1-11 y prepara una actualización dramatizada del evangelio. Esto quiere decir que, a través del teatro o de cuadros plásticos silenciosos, reproduce la escena del evangelio, pero en la realidad actual de los jóvenes que describieron en el paso anterior.

3 Cada grupo presenta su obra al otro.

4 Reflexionar:

- ¿Qué hubo de común en ambas representaciones? ¿Qué fue diferente?
- ¿Cuál fue el mensaje principal de cada grupo?
- ¿Qué tan dispuestos están a ser "pescadores" de otros jóvenes, al estilo de Jesús?

5 Pensar en alguna acción evangelizadora que puedan hacer como grupo y proponerse a llevarla a cabo.

CELEBRAMOS NUESTRA FE

Aceptando la misión de evangelizar a la juventud

Pedir que cada miembro del grupo lleve una barca y algunos utensilios necesarios para pescar. Pueden ser reales, de juguete, fotografías o dibujados. Antes de empezar la celebración, colocarlos en una mesa en la parte de atrás del salón, a la vista de todos.

Celebración

1 Invitar a tomar dos objetos de la mesa y sentarse sosteniéndolos en las manos, formando un círculo alrededor de un altar, el cual sólo tendrá la Biblia y una vela encendida.

2 Tocar música de fondo o un canto apropiada, como "Pescador de hombres" de Cesáreo Gabaraín, o "Pescador" de E. V. Mateu.

3 Meditar por unos minutos sobre el llamado de Dios a ser "pescadores de personas".

4 Proclamar Isaías 6, 1-8. Observar la manera en que Dios llamó a Isaías y cómo le respondió él.

5 Reflexionar en silencio sobre la invitación a evangelizar que les ha hecho Dios y elegir uno de los objetos que tienen en las manos como símbolo del llamado o de su respuesta. Crear una pequeña oración inspirados en dicho símbolo.

6 Pasar a colocar el artículo en el altar, haciendo en voz alta su oración.

7 Terminar con un canto misionero.

EL ESTILO DE VIDA QUE JESÚS NOS INVITA A VIVIR

Jeremías 17, 5-8 • Salmo 1 • 1 Corintios 15, 12. 16-20 • Lucas 6, 17. 20-26

EMPIEZA TU DIÁLOGO CON JESÚS

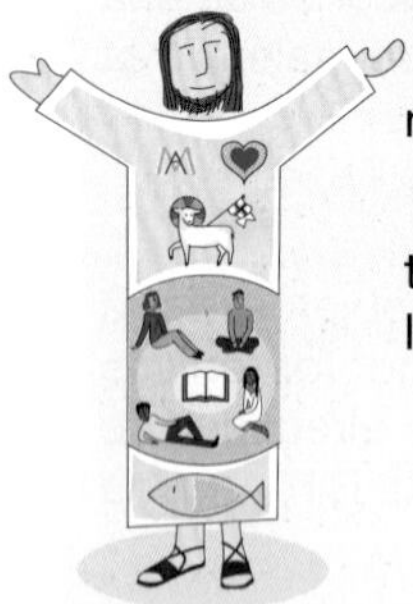

—Quiero platicarte sobre el padre Greg Boyle, quien se dedica a ayudar a los jóvenes a salir de las pandillas en un barrio pobre de la ciudad de Los Ángeles, en Estados Unidos. Es muy querido y respetado incluso por la policía y los políticos.

—¿Por qué hay tantas pandillas en Estados Unidos si es el país más rico del mundo?

—Bueno, el tener riqueza no implica crear las condiciones para que toda la gente se desarrolle y viva dignamente. ¿Qué piensas tú sobre los efectos de la riqueza y la pobreza en la vida de los jóvenes?

+ YO CREO QUE LA RIQUEZA

+ Y PIENSO QUE LA POBREZA...

CONTINÚA ORANDO DESDE TU CORAZÓN

¡Que tu mensaje me transforme!

Padre bueno, el diálogo con Jesús me lleva a:

DARTE GRACIAS POR

PEDIRTE PERDÓN POR

PONER EN TUS MANOS A

PEDIRTE QUE ME AYUDES A

Lléname de tu Espíritu para que el mensaje de hoy llegue a mi corazón, transforme mi mente y oriente mi vida. Amén.

CONOCE LA PALABRA DE DIOS

Leer Lucas 6, 17. 20-26

+ ¿QUIÉNES SON LOS PREFERIDOS DE DIOS EN ESTE PASAJE DEL EVANGELIO?

Lucas es el evangelista que mejor describe la preferencia de Jesús y la justicia de Dios por los que sufren, los pobres y los pequeños. Por eso equilibra las cuatro bienaventuranzas o bendiciones de Jesús con cuatro lamentaciones en tono de advertencias. Por ejemplo, al contraponer: "Dichosos los pobres" (Lc 6, 20) con "Ay de ustedes los ricos" (v. 24), muestra su cuidado tanto de los pobres como de los ricos, con preferencia por los pobres, a quienes da esperanza al mover a la conversión a los ricos.

Lucas no espiritualiza el mensaje de Jesús como Mateo, quien dice: "Dichosos los pobres en el espíritu" (Mt 5, 3). Al decir sólo: "Dichosos los pobres" (Lc 6, 20), mantiene el sentido de pobreza material. Esto no significa que Jesús alaba la pobreza, el llanto o la persecución, sino que sabe que quienes sufren anhelan la buena noticia del reino de Dios y gozan al recibirla.

Dios quiere hacer una nueva alianza basada en el amor y traducida en la justicia. Esto requiere de personas que amen a sus semejantes y no a la riqueza; que sufran con los que sufren y no sean indiferentes; que arriesguen su vida por Cristo y no se queden inmutables ante lo que destruye al ser humano.

Compara las bienaventuranzas según Mateo 5, 1-12 y Lucas 6, 20-26.

—BCJ, Adaptación, Lc 6, 20-26

ENRIQUECE TU FE Y TU VIDA

El estilo de vida según Jesús

Las bienaventuranzas muestran el estilo de vida al que Jesús nos invita. Sólo al ver al pobre con los ojos de Cristo podemos ofrecerle el amor que necesita y no sólo cosas materiales a través de organizaciones caritativas. Para eso necesitamos orar, pues ahí brota el amor a los pobres.

Las personas pobres y las que sufren nos recuerdan que Dios se hizo débil para llevarnos a su Reino. Por eso, al compartir la suerte de los últimos de la tierra con Jesús, compartimos su misión. En cambio, cuando pensamos sólo en nuestros problemas o en nuestro propio provecho, alejamos a Jesús de nuestra vida.

¡Ay de los ricos, los satisfechos y los que se ríen! Estas lamentaciones describen a quienes se olvidan del sufrimiento y del dolor en el mundo, presumen de sus propios méritos y creen que todo lo pueden solos.

El mensaje de vida en las bienaventuranzas se torna mensaje de muerte en las lamentaciones. No por castigo de Dios, sino porque quien es egoísta ha optado por arruinar su vida.

- ¿Qué es lo que más te impresiona de las bienaventuranzas de Jesús y qué de sus lamentaciones?
- ¿Qué tan actual es este mensaje de Jesús?
- ¿Qué tan abierto/a estás a sus palabras?

TE PRESENTAMOS A...

San Luis Gonzaga (1568-1591)

Patrono de la juventud

Luis nació en Italia, en una familia de la realeza. Se educó en las cortes de varias ciudades y aprendió el oficio militar, preparándose para cuando heredara los títulos paternos. Poseía tambien una inteligencia muy superior.

La vida cristiana de Luis se la debe a su madre. Sus virtudes eran conocidas por todos: era estudioso, amable, con un gran corazón y amor a los pobres.

A los diecisiete años cedió su título de príncipe a su hermano menor e ingresó en la Compañía de Jesús (jesuitas). Era un joven de profunda vida espiritual y con gran habilidad para la oración, al grado que sus profesores buscaban su consejo. También fue consultado por varios gobernantes para resolver controversias políticas y conflictos entre países.

Tenía un ingenio agudo y entretenía a los hermanos con su buen humor y su alegría. Su enorme caridad lo llevó a servir a los enfermos pobres en Europa durante la famosa "peste negra", de la cual se contagió al atenderlos.

Murió a los veintitrés años. Fue beatificado treinta años después, en una ceremonia a la que pudo asistir su madre. Fue canonizado en 1727 y el papa Pío XI lo nombró patrono de la juventud cristiana en 1926.

Cuando en la década de 1980 se propagaba el sida, como la peste, los enfermos convirtieron en lugar de peregrinación el altar de San Luis, en la parroquia de San Francisco Javier, en Nueva York. En él encontraron acogida y comprensión cuando poco se sabía de esta enfermedad y eran rechazados por sus familias y comunidades.

SIGAMOS LA OBRA DE JESÚS

Examinando nuestra conciencia a la luz de las bienaventuranzas

+ ¿EN QUÉ MEDIDA SIGUES EL ESTILO DE VIDA QUE JESÚS NOS PIDE?

- ¿Qué tan apegado/a estás a tus posesiones? Me pay adocon me vida
- ¿Qué tan generoso/a eres con las personas necesitadas? Si cerito
- ¿Qué sufrimientos llenan tu vida? Muchas cosas
- ¿Cómo aminoras el sufrimiento de otras personas? los doc help
- ¿Eres mal comprendido/a o despreciado/a por tu fidelidad a Jesús? no I love Jesus
- ¿Haces sentir mal a tus compañeros/as que tratan de llevar una vida cristiana? No se

+ REVISA LAS CUATRO LAMENTACIONES EN LUCAS 6, 24-26:

- ¿Hay alguna que te quede como anillo al dedo?, ¿cuál? No sl
- Pide perdón a Jesús por tus fallas, y la gracia de corregirte y ser feliz, o sea bienaventurado, por vivir según su corazón.

I know that I love a god.

ENCARNEMOS EL MENSAJE DE JEREMÍAS 17, 5-8

Para discernir en quién debemos confiar

1 Leer Jeremías 17, 5-6 y responder a la primera pregunta.

2 Leer los versículos 7-8 y responder a la segunda pregunta.

3 Compartir con sus compañeros lo que más les impactó al hacer esta reflexión.

PIENSA EN LA MERCADOTECNIA:

- ¿Qué te tratan de vender como si tuviera valor, cuando en realidad no lo tiene? me vende como cosas cada
- ¿Cómo te sientes cuando alguien te engaña? no se te pela
- ¿Estás dispuesto/a a confiar en quien te engaña y hace daño?, ¿por qué? me pongo muy orido

REFLEXIONA...

Decide si vale la pena el estilo de vida cristiano

+ ¿Quieres que el Espíritu de Dios esté activo en ti y te dé su paz, gozo, luz, libertad, protección y fuerza ante los desafíos de la vida?

+ ¿Te gusta ser parte de una comunidad que busca el amor, el servicio y apoyo mutuo, la reconciliación..., aunque le cueste trabajo?

+ ¿Qué valor le das al tener como meta hacer el bien, en especial a las personas más débiles, a quienes sufren pobreza, a quienes anhelan que alguien las quiera?

+ ¿Necesitas la misericordia, compasión y perdón de Dios ante tus fallas y la fuerza del Espíritu Santo para enfrentar las tentaciones?

+ ¿Consideras valioso descubrir los dones que Dios te ha dado, desarrollarlos y ponerlos al servicio de otros, para construir un mundo mejor?

+ ¿Te atrae ayudar a forjar una sociedad donde reinen la libertad, la justicia, la paz y la verdad, y donde las relaciones humanas se guíen por el amor y no por el egoísmo?

ACTIVIDAD COMUNITARIA

Impacto social del estilo de vida

Preparación

Llevar lo necesario para hacer varios periódicos murales o *collage* con imágenes de periódicos y revistas con diversas situaciones en la vida de la juventud.

Actividad

1 Formar grupos de cuatro o cinco personas; cada uno hará su propio *collage*. Dar un título general al *collage*: "Estilo de vida cristiana". Después dividirlo en dos partes y titularlas: "Testimonios y signos de esperanza" y "Obstáculos y signos de muerte".

2 Buscar en los periódicos y revistas: titulares, frases y fotografías, y pegarlos en la sección correspondiente.

3 Reflexionar sobre el mensaje y el *collage* de hoy. Escoger dos conclusiones para compartir.

4 Presentar su trabajo en sesión plenaria.

5 Reflexionar:

- ¿Qué testimonios de la juventud dan más esperanza para el futuro de su país?
- ¿Qué hechos son más preocupantes para el presente de los jóvenes y cuáles para su futuro?
- ¿Qué pueden hacer ahora, como jóvenes, para fomentar el estilo de vida cristiano en su medio ambiente?
- ¿Qué vislumbran poder hacer, cuando sean adultos, para que su impacto sea aún más fuerte?

DICHOSOS LOS POBRES,
PORQUE DE USTEDES ES
EL REINO DE DIOS

Lc 6 20

CELEBRAMOS NUESTRA FE

Viviendo las bienaventuranzas

1 Colocarse frente o alrededor de los diferentes *collages*. Arrodillarse para realizar la siguiente meditación. Hacer una pausa donde se indique y entre párrafos para permitir el diálogo con Jesús.

- Recuerda tu examen de conciencia y relaciónalo con el *collage*. *[pausa]* Deja que la frase de Jesús: "He venido para dar vida a los hombres y para que la tengan en plenitud" (Jn 10, 10) resuene en tu corazón.
- Reflexiona: ¿Vives plenamente como hijo/a de Dios y seguidor/a de Jesús? *[pausa]* ¿Qué te falta? *[pausa]* Pídeselo a Jesús y ábrete a la acción del Espíritu Santo en ti.
- Ahora piensa en la juventud de tu país: ¿Qué proporción de jóvenes estimas que viven con dignidad y tienen el apoyo necesario para desarrollar sus dones y ponerlos al servicio de los demás? *[pausa]* ¿Qué pasaría si toda la juventud viviera las bienaventuranzas?
- Regresa a ti mismo/a y piensa: ¿Tu estilo de vida ayuda a que otros jóvenes, en particular los más vulnerables, vivan las bienaventuranzas? *[pausa]* ¿Sientes que, por tus actitudes y acciones, alguna de las lamentaciones de Jesús podrían aplicarse a ti?

2 Hacer una oración comunitaria pidiendo a Jesús que, a ejemplo de San Luis Gonzaga, nos ayude a vivir las bienaventuranzas del reino de Dios. Dejar que los jóvenes participen espontáneamente. Todos responden: "Señor, venga a nosotros tu Reino".

3 Terminar con un abrazo, signo de la presencia del Reino en la vida personal y de la comunidad.

CON LA MEDIDA QUE MIDAS SERÁS MEDIDO

1 Samuel 26, 2. 7-13. 22-23 • Salmo 103 (102) • 1 Corintios 15, 45-49 • Lucas 6, 27-38

EMPIEZA TU DIÁLOGO CON JESÚS

—¿Qué piensas sobre la Regla de Oro: “trata a los demás como quieres que te traten”?

+ PUES PIENSO

—Me preocupan los malos tratos, las malas palabras y que se trate de hacer justicia según los propios puntos de vista y medios. ¡Cómo quisiera que todos reconocieran sus limitaciones y fueran comprensivos con los defectos de los demás!

—Como dice mi abuela: “¡Baja los humos, que sólo Dios es perfecto!”

—Te recomiendo otro proverbio: “Con la medida que midas serás medido”. Dame dos ejemplos de situaciones en que lo puedes aplicar.

1.

2.

CONTINÚA ORANDO DESDE TU CORAZÓN

Hazme misericordioso como tú

Jesús, me encanta la idea de ser misericordioso/a como tú, pero...

ME CUESTA MUCHO TRABAJO CUANDO

NO ME NACE COMPASIÓN ANTE a camtier coses

Lléname de tu amor. ¡Haz mi corazón semejante al tuyo!

SI TÚ REINAS EN MI CORAZÓN SERÉ CAPAZ DE da amor

ABLANDA MI CORAZÓN PARA PODER tene mas amor

Cuento contigo, Jesús; contigo todo lo puedo. Amén.

CONOCE LA PALABRA DE DIOS

Leer Lucas 6, 27-38

✚ ¿CUÁL DE TODOS ESTOS MANDATOS DE JESÚS TE PARECE MÁS IMPORTANTE?

El amor al enemigo es, sin duda, uno de los rasgos más originales del mensaje cristiano. Rompe radicalmente con la ley del talión o desquite: "ojo por ojo y diente por diente", y con todas las tradiciones judías que llevaban a odiar a quien rechazaba a Dios.

Jesús nos enseña a ver la vida de otro modo. Nos invita a no aferrarnos a nuestros derechos, sino a practicar el perdón y la misericordia cuando nos sintamos ofendidos por las fallas de nuestros hermanos.

SEAN MISERICORDIOSOS COMO SU PADRE ES MISERICORDIOSO

Lc 6 36

ENRIQUECE TU FE Y TU VIDA

Compasión, piedad, misericordia

La originalidad del cristianismo radica en Jesús, el Hijo de Dios hecho hombre, que con su estilo de vida nos señaló el camino al Padre. Con su manera de ser, pensar y actuar nos mostró lo que agrada a Dios. En su predicación dejó claro que las actitudes que nos traen la salvación nos hacen mejores personas.

Entre los rasgos de la personalidad de Jesús que debemos adquirir están el perdón y la misericordia. Esto no significa dejar que las otras personas abusen de nosotros, sino purificar nuestro corazón de todo sentimiento de revancha, represalia, odio o venganza. Si nos guiamos por el dicho: "el que la hace la paga", si creemos poseer la justicia humana y divina, si condenamos a quienes nos ofenden, desaparece el proyecto de Jesús ante valores contrarios al reino de Dios.

Jesús no se opone a la ley, pero nos enseña que la ley no lo es todo; la verdadera justicia sólo la puede ejercer Dios, porque sólo él conoce el fondo de los corazones. Para no equivocarnos, nosotros sólo podemos perdonar y ser misericordiosos. La intensidad de cómo perdonemos depende de nosotros, siempre tomando en cuenta la máxima de Jesús: "Con la medida con que midan, Dios los medirá a ustedes" (Lc 6, 38).

✚ ¿CON QUÉ MEDIDA QUIERES QUE MIDA DIOS TU COMPORTAMIENTO: CON COMPASIÓN Y MISERICORDIA, O CON DUREZA Y SIN PIEDAD?

TE PRESENTAMOS A...

San Esteban

Primer mártir de la iglesia

Esteban fue el primer mártir cristiano. Lo que sabemos de su vida está en el libro de los Hechos de los Apóstoles.

En los comienzos de la iglesia, los apóstoles se dieron cuenta de que en algunas comunidades cristianas había conflictos porque no trataban igual a los miembros pobres (viudas y huérfanos) de origen judío de lengua griega que a los de lengua hebrea. Para solucionar esta injusticia, los apóstoles pidieron a las comunidades que eligieran a "siete hombres de buena fama, llenos del Espíritu Santo y de sabiduría, a los cuales encomendaremos este servicio" (Hch 6, 3). Esteban fue uno de ellos.

Los apóstoles oraron sobre ellos y los ungieron para este servicio, naciendo así los primeros diáconos. Esteban predicaba con pasión a Jesucristo y tenía muchos seguidores, quienes lo tenían por santo. Su éxito molestó a un grupo de judíos, que lo acusaron falsamente de estar hablando contra Dios y contra Moisés.

Cuando Esteban fue llevado ante los ancianos para defenderse, aprovechó la oportunidad para predicar su mensaje a los judíos y echarles en cara su falta de fe en Jesús. Esto exasperó a sus acusadores y, azuzados por los líderes, la turba sacó a Esteban de la ciudad y lo apedrearon hasta darle muerte.

Saulo, quien aún perseguía a los cristianos, fue testigo de esta escena. Esteban en su agonía alcanzó a decir: "Señor, no les tengas en cuenta este pecado" (Hch 7, 60).

SIGAMOS LA OBRA DE JESÚS

Perdón, reparación y renuncia a la violencia

La violencia puede empezar del desprecio a personas de otra religión, como pasó con Jesús y Esteban. También se genera del racismo y el clasismo, la opresión política, la injusticia económica, la marginación social, la manipulación y la humillación sicológica.

Todas estas realidades destruyen al ser humano y los cristianos debemos trabajar para eliminarlas. Esto sólo se logra a través del perdón, la reconciliación y soluciones que no causen más violencia.

Jesús nos enseñó a no ignorar o cubrir lo sucedido, sino a reconocer la ofensa y perdonar con misericordia a quien hizo el daño. Para ayudarnos nos dejó al Espíritu Santo, quien sana nuestras heridas interiores, y el sacramento de la Reconciliación, que restablece y fortifica nuestra relación con Dios y nuestros hermanos.

Es difícil reconciliarse con quien no reconoce habernos ofendido. Pero Dios siempre perdona y ayuda a perdonar, aunque la persona a quien ofendimos no lo haga o quien nos ofendió no quiera reconciliarse con nosotros.

Haz una pequeña revisión de estos aspectos de tu vida:

+ NECESITO PEDIR PERDÓN A uher amigo e nina
+ URGE QUE PERDONE A Celia
+ DEBO INTENTAR RECONCILIARME CON Keven
+ ME ACERCARÉ AL SACRAMENTO DE LA RECONCILIACIÓN si creo
+ NECESITO AYUDA DEL ESPÍRITU SANTO PARA Power mas atention to the teacher and get good grades.

ACTIVIDAD COMUNITARIA

Hacia una mayor conciencia de los pecados que causan violencia

1 En silencio, analizar tu tendencia a cometer pecados que causan violencia y las heridas que has recibido por este tipo de pecados.

Pecados que causan violencia	Tendencia personal a cometerlos			Acciones que me han herido		
	Poco	**Regular**	**Mucho**	**Poco**	**Regular**	**Mucho**
Despreciо a personas de otra religión	Poco	Regular	Mucho	Poco	Regular	Mucho
Racismo *(Sentimiento de rechazo hacia otras razas distintas a la propia)*	Poco	Regular	Mucho	Poco	Regular	Mucho
Clasismo *(Actitud discriminatoria que defiende y mantiene las diferencias entre las clases sociales o de cualquier otra índole)*	Poco	Regular	Mucho	Poco	Regular	Mucho
Opresión política *(Privación de las libertades a una persona o un grupo social)*	Poco	Regular	Mucho	Poco	Regular	Mucho
Injusticia económica *(Explotación al débil en el trabajo, impedir su desarrollo y pagar salarios que no dan para vivir)*	Poco	Regular	Mucho	Poco	Regular	Mucho
Marginación social *(Impedir la participación de personas o colocarlas en condiciones sociales de aislamiento e inferioridad)*	Poco	Regular	Mucho	Poco	Regular	Mucho
Humillación sicológica *(Rebajar la autoestima, dignidad u orgullo de una persona)*	Poco	Regular	Mucho	Poco	Regular	Mucho
Manipulación *(Controlar útilmente a un grupo de personas, o a la sociedad, impidiendo que sus opiniones y actuaciones se desarrollen natural y libremente)*	Poco	Regular	Mucho	Poco	Regular	Mucho

2 Compartir con sus compañeros lo que aprendieron al hacer el ejercicio, en rasgos generales, *sin comentar cuestiones de índole personal ni confidencial.*

3 En sesión plenaria, identificar qué pecados existen más en: (1) su medio ambiente, (2) su país y (3) las relaciones internacionales. En un papelógrafo, hacer una lista para cada instancia, y pedir que cada joven identifique los dos pecados que considera más presentes en cada una. Al final, invitar a que dos o tres jóvenes hagan un análisis de lo visto por todos.

CELEBRAMOS NUESTRA FE

Midiendo con la medida de Dios

1 Formar un círculo alrededor del altar y sentarse cómodamente en el suelo, poniéndose en actitud de oracion. Tocar música de fondo e implorar la presencia del Espíritu Santo.

2 Invitar a que, en grupos de tres o cuatro personas, actualicen el Salmo 103 (102) en espíritu de oración. Este salmo es una expresión muy bella de cómo Dios nos mide con la medida de su amor sin igual por nosotros:

- Leer el salmo completo, dejando que su mensaje les llegue al fondo del corazón.
- Volver a leerlo, verso por verso, saboreando cada uno. Después, en silencio, cada quien hace la siguiente reflexión:

SEÑOR, TU MENSAJE PRINCIPAL PARA MÍ EN ESTA SESIÓN FUE que nos amen Dos el los forgive

Y AHORA ME REFUERZAS Y COMPLEMENTAS TU MENSAJE CON ESTAS PALABRAS DE ESTE BELLO SALMO Dois nos rescatar nostra vida

AYÚDAME A MEDIRME A MÍ MISMO/A CON LA MEDIDA DE TU AMOR, EN ESPECIAL CUANDO cando me porto bien nen

Y QUE TAMBIÉN APRENDA A MEDIR A LOS OTROS CON LA MEDIDA DE TU AMOR, LO QUE SUELE COSTAR TRABAJO, EN PARTICULAR cauw le grite a mis papas y cando mi ermans mi pagano e los ninos.

3 Entre las tres o cuatro personas, construir un verso adicional al Salmo, que nazca de la experiencia de todos. Elegir a una persona para que proclame su verso al final de la celebración.

4 En el grupo completo, el facilitador/a conduce la siguiente oración comunitaria:

- En ambiente de oración y con los ojos cerrados, recuerden a las personas —incluso a papá, mamá o hermanos— a las que han herido últimamente. Cuando estén listos, arrodíllense, pidan perdón a Dios y hagan el propósito de pedirles perdón a ellas, si aún no lo han hecho.
- Vuelvan a sentarse y traigan a su memoria a personas hacia quienes sienten rencor o deseos de venganza. Cuando estén listos, pónganse de nuevo de rodillas. Oren a Jesús para que los ayude a perdonarlas y al Espíritu Santo para que sane su herida.

5 Ponerse de pie. Una persona proclama el Salmo 103. Después un miembro de cada grupo pequeño proclama el verso que aumentaron al salmo.

6 Terminar cantando una mantra (palabras o frases, que se recitan o cantan como apoyo a la meditación), "Perdón, Señor, perdón", "Señor, ten piedad de nosotros", o algún canto de perdón que les guste.

Octavo Domingo Ordinario

DE LA ABUNDANCIA DEL CORAZÓN HABLA LA BOCA

Eclesiástico 27, 4-7 • Salmo 92 (91) • 1 Corintios 15, 54-58 • Lucas 6, 39-45

EMPIEZA TU DIÁLOGO CON JESÚS

—¿Qué sentimientos e ideales tienes en tu corazón? Platícame un poco sobre ellos y cómo han impactado tu vida en la última temporada.

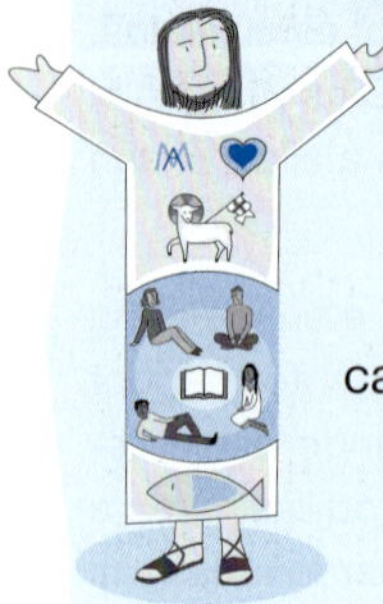

+ TE DIRÉ, LOS SENTIMIENTOS MÁS INTENSOS HAN SIDO

+ EN CUANTO A LOS IDEALES

—¿Cuáles le dan estabilidad y armonía a tu vida y cuáles te causan problemas o crisis?

+ LOS QUE ME DAN ESTABILIDAD Y ARMONÍA SON

+ LOS QUE ME CAUSAN PROBLEMAS O CRISIS SON

—Es importante que seas siempre consciente de lo que llena tu corazón, pues eso impacta tu carácter o manera de ser, tus acciones y las decisiones importantes que tomas. ¿Qué es lo que más te gusta de ti? ¿Hay algo que te disgusta o te preocupa?

+ EN CUANTO A LO QUE MÁS ME GUSTA

+ LO QUE ME DISGUSTA ES

+ LO QUE ME PREOCUPA ES

—Yo tomo todo eso en mis manos, con el gran amor de que soy capaz. Déjame estar a tu lado siempre y desarrollarás tu ser al máximo potencial.

CONTINÚA ORANDO DESDE TU CORAZÓN

Confío en ti 100%

Dios mío,

Me encanta que seas mi creador y Señor, el dueño de mi vida.

YA QUE AL SER OBRA DE TUS MANOS

Tú me conoces a fondo, sabes mis tendencias y pensamientos. Sé que me aceptas tal y como soy.

POR ESO QUIERO DECIRTE QUE

No tengo nada que esconderte ni deseo alejarme de tu presencia.

PUES ESTOY CONVENCIDO/A DE QUE

Reconozco que mi razón de ser eres tú y sin ti no soy nada.

LLÉNAME DE TU AMOR PARA

Amén.

CONOCE LA PALABRA DE DIOS

Leer Lucas 6, 39-45

+ ¿QUÉ MÁXIMAS Y CUESTIONAMIENTOS ENCUENTRAS EN ESTE TEXTO?

El evangelio de hoy tiene varias máximas y cuestionamientos incisivos. A través de ellos Jesús invita a los cristianos de todos los tiempos a revisar su propia vida, a autoevaluarse.

Los seguidores de Jesús solamente podemos transmitir su mensaje si somos un reflejo de él y estamos llenos del amor de Dios. Desde esa perspectiva debemos leer las frases "un ciego no puede guiar a otro ciego", "cada árbol se conoce por sus frutos", "de la abundancia del corazón habla la boca", etc.

EL DISCÍPULO BIEN FORMADO SERÁ COMO SU MAESTRO

Lc 6 40

VIVE LA PALABRA

Ser y actuar

A toda persona se le conoce por sus acciones, sin embargo, debemos distinguir las acciones de la persona. La persona es antes que sus acciones, por eso debemos conocer lo que somos, de modo que nuestro comportamiento sea un reflejo de nuestro ser.

Los cristianos afirmamos que somos hijos de Dios; éste es nuestro ser básico, enraizado en la fe. También somos personas redimidas por Cristo, de ahí nuestra esperanza en la vida futura con Dios. Además, por nuestro bautismo, somos profetas, sacerdotes y reyes, con una gran misión en el mundo. Así mismo, somos templos del Espíritu Santo, personas consagradas a Dios en el amor de Cristo.

+ ¿CUÁL DE ESTOS CUATRO ASPECTOS DE TU SER TE LLENA DE MÁS ALEGRÍA?

+ ¿QUÉ ASPECTO TE CUESTA MÁS TRABAJO PROYECTAR EN TU VIDA DIARIA?

Si esto somos, nuestras acciones deben proyectar nuestro ser, porque: "No hay árbol bueno que dé fruto malo" (Lc 6, 43), y la persona buena saca el bien del tesoro magnífico que hay en su corazón (v. 45).

El mensaje es muy bello. Jesús nos está invitando a descubrir y mostrar lo que somos; nos recuerda con estas imágenes que fuimos creados a imagen y semejanza de Dios, y que al descubrir esto no tendremos tanto problema con vivir según su corazón. Ciertamente que tendremos que luchar para vencer las tentaciones, pero en la medida en que conozcamos lo que somos y nos enriquezcamos con cosas buenas, nuestras actitudes y acciones serán buenas para nosotros y para las personas que estén alrededor de nosotros.

TE PRESENTAMOS A...

Gonxha Agnes o Madre Teresa de Calcuta (1910-1997)

Gonxha nació en Albania, junto a Grecia. Creció huérfana de padre y pobre. Su mamá cuidó con firmeza y amor su formación en la fe, asistida por su parroquia.

Gonxha deseaba ser misionera, entró con las Hermanas de Loreto y escogió el nombre de María Teresa. Fue enviada a Calcuta, India, donde fue profesora y directora de escuela, distinguiéndose por su alegría, generosidad, valentía, trabajo duro y capacidad organizativa.

En su retiro de 1946, recibió una gran sed de amor, su "llamada dentro de la llamada". En los meses siguientes Jesús le reveló su dolor por el olvido a los pobres, su pena porque no lo conocían y su deseo de ser amado por ellos. Lo escuchó decirle: "ven y sé mi luz entre los pobres... no puedo ir solo".

Dos años después dejó su convento para dedicarse a encontrar y a servir a Jesús en "los no deseados y no amados, aquellos de quienes nadie se ocupaba". Al poco tiempo se unieron a ella algunas antiguas alumnas, con quienes fundó una congregación de Misioneras de la Caridad. Después fundó otras siete obras centradas en los más pobres.

Recibió el Premio Indio Padmashri en 1962 y el Premio Nobel de la Paz en 1979. Los medios de comunicación comenzaron a seguir su vida con gran interés, lo que ella recibió "para gloria de Dios y en nombre de los pobres".

Al morir en 1997, existían 40,000 religiosas en 610 fundaciones de 123 países, incluyendo casi todos los países comunistas. La Madre Teresa nos dejó el ejemplo de una fe sólida, una esperanza invencible y una caridad exquisita. Fue beatificada en 2003.

SIGAMOS LA OBRA DE JESÚS

Demos fruto

¿Qué clase de fruto te pide Jesús que des? Lo sabrás cuando te conozcas mejor, descubras los dones que Dios te ha dado y te abras a escuchar a Jesús.

Como en las culturas latinoamericanas se enfatiza tanto la humildad, a veces la convertimos en inutilidad. Ser humilde es ver todo lo bueno que somos y tenemos como don de Dios y reconocer nuestras limitaciones y defectos. No se trata de ignorar nuestras habilidades y cualidades ni de considerar nuestras debilidades más grandes que nuestras capacidades. Todos estamos llamados a desarrollarnos y a dar fruto al máximo de nuestro potencial, el cual suele ser enorme.

+ ¿CUÁL ES TU POTENCIAL DE "AMAR" Y CÓMO LO DESARROLLAS DÍA A DÍA?

+ ¿CUÁL ES TU POTENCIAL DE "CONOCER" Y QUÉ HACES PARA APRENDER MÁS CÓMO DESARROLLARTE COMO PERSONA Y CRECER COMO CRISTIANO?

+ ¿CUÁL ES TU POTENCIAL DE "SER LIBRE" Y CÓMO ASUMES LA RESPONSABILIDAD DE ESA LIBERTAD?

+ ¿QUÉ FRUTOS DARÍAS SI TE APLICARAS ESTA FÓRMULA: "AMOR + CONOCIMIENTO + LIBERTAD?"

ENCARNEMOS EL MENSAJE
DE ECLESIÁSTICO 27, 4-7

Para ayudarnos en la vida

1 Leer Eclesiástico 27, 4-7, que refuerza el mensaje del evangelio.

2 Cada versículo es como un dicho para ayudarnos a conocernos mejor, fortalecer nuestras virtudes o identificar actos que no debemos volver a hacer. Responde a las preguntas a la derecha.

3 Compartir la reflexión.

Recuerda alguna vez en que alguien tocó un punto sensible en ti y sus palabras te hirieron fuertemente. ¿CÓMO REACCIONASTE? ¿QUÉ LE CONTESTASTE?

Piensa en alguna vez que te enojaste al grado de parecer que ardías de ira. ¿CÓMO REACCIONASTE? ¿QUÉ PALABRAS SALIERON DE TU BOCA?

¿QUÉ COHERENCIA HAY ENTRE LO QUE DICES Y LO QUE HACES?

¿TE HA DESILUSIONADO ALGUNA PERSONA QUE TE HABÍA DESLUMBRADO POR SU DINERO, BELLEZA O SIMPATÍA?

¿PUEDEN DECIR LO MISMO DE TI OTRAS PERSONAS?

ENRIQUECE TU FE Y TU VIDA

Practica la austeridad y la generosidad

Todos los santos han sido personas libres frente a los bienes materiales. Ha habido santos muy ricos, pero todos usaron el dinero para servir, no para presumir ni acumular poder. Más aún, la mayoría hizo voto de pobreza.

San Francisco llegó al extremo de desnudarse ante su padre para devolverle todo lo que tenía de él y ser libre para vivir en absoluta pobreza. La madre Teresa de Calcuta no tenía refrigerador en sus comunidades, segura de que Dios proveería la comida de cada día.

Ambos muestran que es posible vivir con poco. ¿Te llama Dios a vivir un desprendimiento radical? ¿Cómo quiere que lo vivas?

Dios nos pide a todos la virtud de la austeridad, que consiste en usar adecuadamente los bienes materiales, ocupando lo necesario, sin ambiciones ni envidias. Por ejemplo, no siendo esclavos de la moda y evitando gastos superfluos y productos que se fabrican explotando a los obreros y pagándoles salarios de hambre.

La austeridad es más evangélica cuando compartimos con los más pobres lo que ahorramos con nuestras privaciones voluntarias. ¿Puedes ser más austero/a y generoso/a?

ACTIVIDAD COMUNITARIA

Ayudándonos a conocernos mejor

Preparación

En papeles de tonos del amarillo claro al naranja fuerte, llevar dibujado un sol para cada miembro del grupo, con un círculo en el centro y ocho rayos.

Actividad

1 Realizar la actividad con respeto y afecto mutuo. Repartir los soles y pedir que cada persona ponga su nombre en el centro y pegue su sol en la pared.

2 Cada joven escribe, en los rayos de los soles de sus compañeros, una cualidad o actitud general, la cual proyecta que es hijo/a de Dios, o una acción particular con la que hizo a Jesús presente en la comunidad eclesial o la sociedad. Escribir con letra legible para que otra persona pueda leerla fácilmente.

3 A los jóvenes que no tienen su sol lleno, hacerles una pequeña entrevista y escribir los rasgos de Jesús que ellos han descubierto en sí mismos.

4 Un/a joven pasa al frente y lee el sol de otra persona, diciendo: "[Nombre], reconocemos que el amor de Dios se refleja en ti...". El/la joven de quien se está hablando acoge esas palabras en su corazón con auténtica humildad y hace una pequeña oración interior. Pasa otra persona y así sucesivamente hasta terminar.

5 Invitar a reflexionar en los siguientes aspectos y, después de unos minutos, pedir que algunos jóvenes compartan su reflexión:

+ ¿QUÉ SIGNIFICA QUE TUS COMPAÑEROS VEAN EN TI EL RESPLANDOR DE DIOS?

+ ¿QUÉ APRENDISTE CON RELACIÓN A TU COMUNIDAD DE JÓVENES?

+ ¿CÓMO HACE PRESENTE A DIOS EN EL MUNDO TU COMUNIDAD JUVENIL?

CELEBRAMOS NUESTRA FE

Orando a Dios por su obra en nosotros

1 Tres personas se preparan para proclamar uno de los versos del salmo de abajo de manera alegre y solemne. Después de cada verso se harán algunas oraciones espontáneas basadas en la actividad comunitaria.

2 Ponerse de pie frente a los soles y entrar en ambiente de oración.

3 Proclamar el primer verso. Al terminar hacer la pregunta correspondiente. Todos responden: "Escucha nuestra oración". Seguir con el segundo verso, y así hasta terminar.

Salmo 92, 2-6. 13-16

¡Qué bueno es dar gracias al Señor,
y cantar para tu nombre, oh Altísimo!
Publicar tu amor por la mañana,
y tu fidelidad durante la noche.

¿Por qué queremos dar gracias
a Dios hoy?
Te damos gracias por...

Tú me alegras, Señor, con tus acciones,
y canto jubiloso por la obra de tus manos.
¡Qué grandes son tus obras, Señor,
qué profundos tus proyectos!

¿Por qué queremos alabar a Dios hoy?
Te alabamos por...

El justo florecerá como una palmera,
crecerá como cedro del Líbano.
Plantados en la casa del Señor,
florecerán en los atrios de nuestro Dios.

¿Qué le queremos pedir a Dios hoy?
Te pedimos...

Aún en la vejez seguirán dando fruto,
conservarán su verdor y lozanía,
para anunciar que el Señor es recto,
que en mi Roca no existe el engaño.

¿Qué le queremos ofrecer a Dios hoy?
Te ofrecemos...

4 Terminar dándose un abrazo de apoyo mutuo.

EL VALOR DE LA UNIDAD EN LA FE

1 Reyes 8, 41-43 • Salmo 117 (116) • Gálatas 1, 1-2. 6-10 • Lucas 7, 1-10

EMPIEZA TU DIÁLOGO CON JESÚS

—En su primera homilía como Papa, Benedicto XVI explicó que centraría su pontificado en la unidad, la paz y la reconciliación. Dijo que buscaría la unidad entre los cristianos y el diálogo, y la comprensión con religiones no cristianas. ¿Por qué es importante esto?

+ ES IMPORTANTE PORQUE

—Hoy día hay gran diversidad de estilos de vida, culturas y religiones, pero no todas tienen el mismo valor ante Dios. ¿En qué basas el valor de tu fe y cómo ves el rol de la Iglesia católica ante la diversidad religiosa?

+ PARA MÍ, MI FE

+ Y VEO QUE LA IGLESIA CATÓLICA

—Esta sesión te dará nuevas luces para valorar la unidad de la fe y el respeto a la diversidad.

CONTINÚA ORANDO DESDE TU CORAZÓN

Bendíceme para fomentar la unidad

Padre bueno,

Al pensar en que creaste por amor a todas las personas,

ESTOY SEGURO/A DE QUE SU DIVERSIDAD ____

Sé que te duelen los pleitos y las guerras entre personas de distintas religiones,

POR ESO QUIERO ____

Mi relación con Jesús, tu Hijo amado,

ME EXIGE QUE ____

Bendíceme con tu Santo Espíritu, para que sea capaz de amar y de buscar la unidad,

EN ESPECIAL DE ____. Amén.

CONOCE LA PALABRA DE DIOS

Leer Lucas 7, 1-10

✚ ¿QUÉ DICE EL OFICIAL ROMANO A JESÚS PARA CONVENCERLO DE CURAR A SU CRIADO?

Al relatar Lucas este milagro, nos quiere transmitir varios mensajes. En primer lugar, presenta al oficial romano como a una buena persona. Trata a sus criados humanamente, con cariño, y desea su salud de todo corazón. Además es benévolo con los judíos, por eso ellos interceden por él. Jesús también lo considera compasivo y lo presenta como modelo de fe.

En segundo lugar, Lucas muestra que no hace falta el contacto físico entre el enfermo y Jesús para realizar el milagro. La fe del oficial y de la comunidad garantizan la bondad del milagro.

Con este texto Lucas nos dice que las maravillas de Dios pueden suceder en cualquier lugar y, de muchas maneras, incluso fuera de la iglesia. Lo importante es tener los mismos sentimientos que Jesús y tener fe en él.

ALABEN AL SEÑOR TODAS LAS NACIONES

Sal 117 1

ENRIQUECE TU FE Y TU VIDA

El problema del relativismo

Lucas presenta a un soldado romano pagano pidiendo un milagro a Jesús, y a Jesús reconociendo su fe. Este ejemplo nos lleva a los católicos a confesar que Dios puede salvar a todas las personas no obstante su religión.

Si bien el evangelio nos pide que valoremos y seamos comprensivos unos con otros, también señala claramente que sólo Dios es y tiene la verdad absoluta. Al llevar el mensaje de Jesús hasta los últimos rincones de la tierra, como él lo pidió, confesamos que los valores del reino de Dios son sagrados, y que hay que vivirlos y proclamarlos hasta el final de los tiempos.

Una amenaza seria contra los valores de Jesús y, en consecuencia, contra el bien de la humanidad es el relativismo. En general no rechazamos abiertamente sus valores, pero sí nos dejamos influir por otras personas o los medios de comunicación hasta llegar a pensar que cualquier religión, acción y forma de vivir da lo mismo.

Tener relaciones sexuales fuera del matrimonio porque no hacerlo es anticuado; justificar que se puede defraudar o robar mientras no se descubra; despreciar a otros porque se cree que valen menos; considerar que algo está bien porque mucha gente lo hace, son ejemplos del relativismo.

✚ ¿QUÉ CREENCIAS O ACCIONES HAS ACEPTADO ÚLTIMAMENTE POR INFLUENCIA DE OTRAS PERSONAS O LOS MEDIOS DE COMUNICACIÓN, AUNQUE TU CONCIENCIA TE DICE QUE NO AGRADAN A DIOS, TE HACEN DAÑO A TI O HIEREN A OTRA PERSONA?

TE PRESENTAMOS A...

San Francisco Javier (1506-1552)

Patrono de las misiones

Francisco nació en el castillo de Javier, en España. Estudió en la Universidad de París, donde obtuvo el grado de licenciado. Siendo estudiante conoció a Ignacio de Loyola, con quien entabló una estrecha amistad y ayudó a fundar la Compañía de Jesús (jesuitas).

Un profundo discernimiento de la voluntad de Dios, bajo la guía de Ignacio en los Ejercicios Espirituales, despertó su vocación misionera. Tenía un ardiente deseo de llevar el evangelio a tierras musulmanas, pero el Papa lo envió a las colonias portuguesas, cerca de India.

Empezó su trabajo misionero en Goa y llevó el evangelio a varias islas de Indonesia. Instruyó en la fe a los portugueses y formó a los jóvenes en la práctica de la virtud. Atendió a enfermos y presos, y dio catequesis a niños y esclavos. Predicó la moral cristiana demostrando su armonía con el sentido común y la naturaleza humana.

También misionó en Japón y las principales ciudades chinas. Reflexionó profundamente sobre la evangelización en culturas distintas e insistió en que los misioneros aprendieran el idioma y se familiarizaran con la cultura, costumbres y ritos de los pueblos a los que se dirigían. Sus cartas tienen los inicios de la disciplina de la misionología.

Francisco Javier murió de fiebre después de once años en el Oriente. Se le considera el más grande misionero después de San Pablo, dejando a la iglesia el ejemplo de un hombre que no conoció frontera alguna para la causa de Cristo. Por eso el papa Pío X lo nombró patrono de las misiones.

SIGAMOS LA OBRA DE JESÚS

Llevando su evangelio a otros

Jesús nos enseña a afirmar y defender los valores esenciales de nuestra fe, incluso con la vida, al tiempo que llevamos el amor misericordioso de Dios también a otras personas. Trata de poner en práctica este equilibrio como lo hizo Francisco Javier:

+ ¿QUÉ VALORES DEL EVANGELIO NECESITAS DEFENDER ANTE TU FAMILIA O AMIGOS?

____

____

+ ¿QUÉ VALORES TE CUESTA TRABAJO VIVIR POR LA INFLUENCIA DEL MEDIO AMBIENTE?

____

____

+ ¿A QUIÉN TE PIDE JESÚS QUE LLEVES TU AMISTAD Y SU AMOR, FUERA DE TU CÍRCULO SOCIAL, GRUPO ÉTNICO O RELIGIÓN? ______

____

+ ¿TE LLAMA JESÚS A SER MISIONERO LAICO/A POR UNOS AÑOS, O A LA VIDA MISIONERA COMO RELIGIOSO/A? ______

____

REFLEXIONA...

Sobre los tres tipos de misión

El único mandato que Jesús añadió a su gran mandamiento del amor fue "evangelizar". En realidad ambos son una sola exigencia: llevar su amor a toda persona, hasta los confines de la tierra. Pregúntale a qué ámbito quiere que lleves su Buena Nueva:

- FUERA DE LA IGLESIA, en la sociedad y en culturas no cristianas.
- EN LA IGLESIA ACTIVA, mediante procesos de evangelización continua.
- ENTRE LOS CRISTIANOS ALEJADOS, realizando una Nueva Evangelización.

HAGAMOS VIDA
GÁLATAS 1, 1-2. 6-10

Para identificar el bien que llega a nosotros

1 Leer el texto de Gálatas. Observar el lenguaje fuerte con que Pablo habla de quienes presentan una buena noticia diferente a la de Jesús.

2 Reflexionar sobre la semana anterior y completar la primera sección. Después responder a la segunda parte.

3 ¿Qué conclusiones puedes obtener al hacer este ejercicio?

4 Si están haciendo el ejercicio en grupo, compartir unos con otros lo que más les impactó al hacer el ejercicio.

ESCRIBIR QUIÉNES TE PRESENTARON LA BUENA NUEVA DE JESÚS LA SEMANA PASADA, SEA DE MANERA VERBAL O CON SU TESTIMONIO DE VIDA.

LUNES: ______________________

MARTES: ______________________

MIÉRCOLES: ______________________

JUEVES: ______________________

VIERNES: ______________________

SÁBADO: ______________________

DOMINGO: ______________________

ESCRIBIR QUIÉNES TE PRESENTARON CREENCIAS, COSTUMBRES, VALORES CONTRARIOS AL EVANGELIO DE JESÚS, COMO POSITIVOS PARA TI Y LA SOCIEDAD.

¿SABÍAS QUE...

Evangelizar en cultura ajena tiene exigencias

Jesús reconoció la fe de varias personas que no eran judías, como sucedió con el hombre del evangelio de este domingo. De esta manera nos enseña cómo en personas de otras culturas y religiones también existen semillas del evangelio que hay que valorar y nutrir.

Descubrir los valores del Reino en culturas distintas a la nuestra requiere un profundo respeto hacia ellas, valorarlas, conocerlas, e incluso aprender el idioma si fuera necesario. Además, los misioneros deben ser testigos vivos de Jesús al servicio de la comunidad. De ahí que, en los países y zonas pobres, muchos de ellos se dediquen a proyectos de salud, educación, vivienda, nutrición y liberación social, pues es lo que más anhelan esas personas.

Los misioneros proclaman la Buena Nueva con su vida, acciones y mensaje, al estilo de Jesús. Así ganan la aceptación libre de Jesús y su evangelio, y se genera el deseo de formar comunidades cristianas.

Hoy día la iglesia busca entablar un proceso de interculturación o intercambio cultural conforme evangeliza. Trata de que el evangelio penetre las culturas no cristianas sin imponer la cultura occidental y busca enriquecer a la iglesia con lo bueno que hay en ellas, como el respeto a los antepasados en África y el amor a la tierra en culturas de América y Asia.

Conviene por lo tanto preguntarse: ¿Qué valores existen en la cultura juvenil que son semillas del Reino? ¿Cómo pueden enriquecer a la iglesia adulta y generar una iglesia más auténtica para el mañana?

ACTIVIDAD COMUNITARIA

Fortificación ante el relativismo de valores

Preparación

Hacer una encuesta entre los miembros del grupo sobre las tres canciones profanas (no religiosas) que piensan que son las más populares entre la juventud actual. Llevar las tres canciones más nombradas en un CD y su letra escrita en papel, fotocopiada para todos.

Actividad

1 Tocar el CD y pedir que todos los que se saben la canción la canten.

2 Formar tres grupos pequeños y dar a cada uno la letra de una canción. Pedir que analicen las creencias, valores, actitudes y conductas contrarias al reino de Dios que valida o fomenta la canción asignada.

3 Asignar de nuevo una canción diferente a cada grupo. Pedir que analicen las creencias, valores, actitudes y conductas afines al reino de Dios que valida o fomenta dicha canción.

4 En sesión plenaria, compartir el resultado del ejercicio a la luz de la reflexión realizada durante la sesión de hoy.

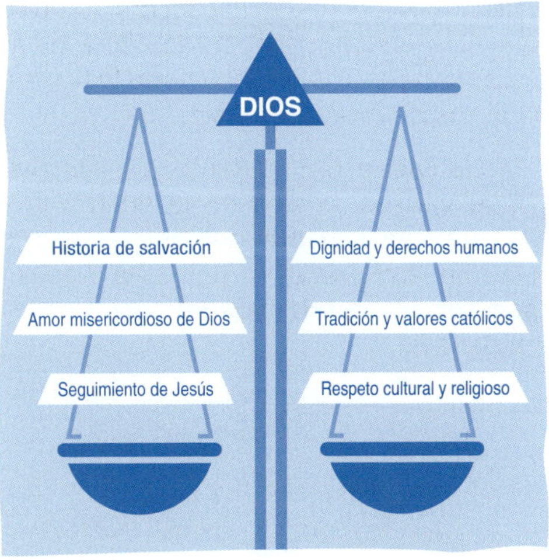

CELEBRAMOS NUESTRA FE

Reforzando el compromiso a ser misioneros y evangelizadores

Preparación

Llevar varias revistas populares entre los miembros del grupo, tanto entre las chicas como entre los chicos, así como periódicos de diversos enfoques y algunas revistas de negocios. Recortar imágenes que reflejan situaciones de muerte. Asegurarse de que hay dos o tres recortes por participante.

Celebración

1 Erguir un altar con un crucifijo, una vela y la Biblia. Poner alrededor de ellos los recortes.

2 Entrar en procesión entonando un canto misionero y colocarse alrededor del altar.

3 Pedir que cada joven pase a escoger las dos imágenes que más le atraen. Quitar las imágenes sobrantes.

4 Proclamar Lucas 7, 1-10.

5 Observar por unos momentos las dos imágenes y elegir aquella en la que es más obvia la necesidad de la acción salvadora de Dios.

6 Hacer unos minutos de meditación, relacionando la sanación del criado del centurión con esa imagen y reflexionar:

- ¿Qué tipo de Buena Nueva de salvación necesitan las personas en la imagen?
- ¿Qué me pide Dios con relación a las personas que se encuentran en este tipo de situación?

7 Reflexionar durante varios minutos, después cada persona pasa al altar y coloca la imagen al pie del crucifijo, junto a la Biblia o cerca de la vela, y hace una oración por las personas en dicha situación y por la misión personal que descubrió en su meditación.

8 Ponerse todos alrededor del altar y terminar con el mismo canto misionero.

Décimo Domingo Ordinario

JESÚS DA VIDA NUEVA A LOS QUE SUFREN

1 Reyes 17, 17-24 • Salmo 30 (29) • Gálatas 1, 11-19 • Lucas 7, 11-17

EMPIEZA TU DIÁLOGO CON JESÚS

—¡Hola! Hoy vengo a darte vida nueva ante tus preocupaciones y sufrimientos. ¿Cómo estás?

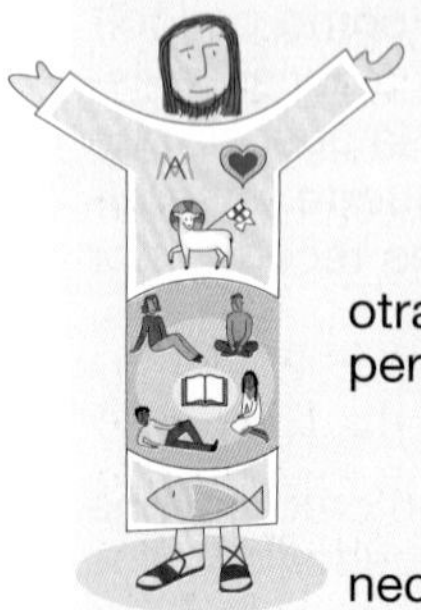

+ ESTOY ______________________________ , ME PREOCUPA ____________________

Y SUFRO ANTE ____________________

—Te diré cómo suelo ayudar. En algunas ocasiones hago un milagro, otras veces desaparece la causa de las preocupaciones o sufrimientos, pero en general mi ayuda funciona en el interior de la persona…

—¿Qué quieres decir con eso?

—Prefiero que la gente vea su realidad con fe y adquiera la fuerza necesaria para enfrentarla con espíritu positivo y esperanza. ¿Qué ventajas ves en esta manera de ayudar?

+ VEO QUE AL HACER ESTO ____________________

—Hoy aprenderás más al respecto y saldrás fortificado ante tus preocupaciones y sufrimientos.

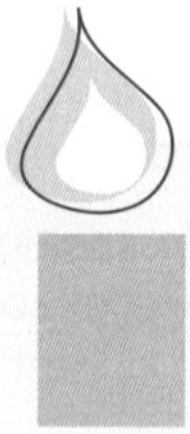

CONTINÚA ORANDO DESDE TU CORAZÓN

Dame un corazón lleno de vida

Jesús, veo lo que dices, pero ¡es tan fácil dejarse vencer por las circunstancias!

AYÚDAME A NO DEJARME VENCER POR ____________________

DAME CLARIDAD PARA HACER UNA BUENA DECISIÓN ANTE ____________________

TÚ QUE ERES EL SEÑOR DE LA VIDA, LLÉNAME DE TU SANTO ESPÍRITU, PARA ____________________

Te lo pido de todo corazón. Amén.

CONOCE LA PALABRA DE DIOS

Leer Lucas 7, 11-17

+ ¿POR QUÉ SE COMPADECE JESÚS DE LA VIUDA? ______

Este texto muestra las prioridades de Jesús en su ministerio; su amor por los pobres y abandonados, y su empatía con quien sufre. Jesús es defensor y apoyo de la viuda que, con la muerte de su hijo, había perdido todo y sufría un profundo dolor.

De esa empatía con quienes sufren nace la autoridad pastoral de Jesús, quien con el poder de Dios regresa al muerto la vida. Con esa autoridad moral, rompe las leyes que ponían barreras a su acción compasiva, se acerca al muerto y lo toca para regresarle la vida. De esta manera muestra la eficacia del amor de Dios y lo inútil de los rituales que prohibían tocar a los muertos por riesgo de quedar impuros.

Finalmente, Lucas señala la continuidad de Jesús con el Antiguo Testamento, al poner en boca de la multitud la frase: "Un gran profeta ha surgido entre nosotros" (v. 16).

ENRIQUECE TU FE Y TU VIDA

La grandeza de los milagros

Jesús realizó numerosos milagros que ratificaban su autoridad para anunciar la llegada del Reino, tan ansiado por los judíos. Sus milagros son signos de que el Reino se realiza parcialmente en la tierra, al vencer el poder del Enemigo y el reino de muerte que busca establecer entre nosotros.

Los milagros nacen de la fe y aumentan la fe. Son acciones de Dios que liberan a la persona de la enfermedad o la muerte, como signos de su poder de dar vida. La resurrección de Jesús y la nuestra propia es el milagro más grande. De ahí que Jesús fuera rechazado por quienes no tenían fe y por quienes se oponían al estilo de vida que proclamaba.

Milagro y magia no es lo mismo. Mientras que los milagros vienen de Dios, la magia es un acto humano que logra efectos extraordinarios mediante trucos o manipulación sicológica. Además, los milagros siempre están ligados a la historia de salvación, mientras la magia se usa tanto para lograr un bien como para hacer daño o entretener a la audiencia.

Al despertar, da siempre gracias a Dios por el milagro de la vida. Recuerda que la misión de Jesús no es resolver problemas, sino liberarnos del pecado que nos esclaviza y genera situaciones de muerte debidas a la injusticia, la violencia, el minusvalorarse, el egoísmo, la mentira...

Día y noche mantén tu fe en que Dios obrará milagros en tu vida, aunque a veces no sean los que tú esperas. Así se fortificará tu fe ante la grandeza de Dios, y serás testimonio vivo de su presencia siempre dadora de vida.

A TI TE DIGO: LEVÁNTATE (Lc 7 14)

TE PRESENTAMOS A...

San Scharbel Mackluf (1828-1898)

La vida del P. Scharbel fue humilde y callada. Nació al norte de Beirut, donde fue pastor de ovejas y trabajador del campo. A los veintitrés años entró en un monasterio dedicado a la Santísima Virgen María.

Como era costumbre, al hacer sus votos eligió un nombre para simbolizar su nacimiento dentro de la fraternidad. Escogió Scharbel en memoria de un mártir cristiano del siglo I. Después de ordenado sacerdote, fue misionero y director espiritual. A los 47 años decidió vivir como ermitaño.

Su vida y su misión consistieron en vivir la pasión de Cristo al experimentar el sufrimiento de su pueblo ante la persecución milenaria de los cristianos en Líbano. Murió 23 años después, de un derrame cerebral, en Nochebuena.

San Scharbel es conocido por los sucesos extraordinarios después de su muerte. A lo largo de un año, muchos testigos vieron caer una luz resplandeciente sobre su tumba, por lo que el superior del convento decidió abrir su sepulcro.

La sorpresa fue mayúscula al descubrir que del cuerpo incorrupto salía un líquido semejante a la sangre, como si desde la eternidad se mostraba solidario con el sufrimiento del pueblo libanés. El cadáver fue nuevamente vestido y colocado en una tumba limpia; el milagro se repitió nueve veces hasta su beatificación en 1965.

Aunque sólo se requerían dos milagros para su beatificación, se reunieron 1,200 milagros con certificado médico de personas ciegas, sordomudas e inválidas que declararon ser sanadas por su intercesión. El sufrido país de Líbano tiene en el P. Scharbel un hijo que dio su vida para que otros la tengan.

SIGAMOS LA OBRA DE JESÚS

Confiando en Dios y ofreciéndole nuestra vida

¿Por qué no hace Dios más milagros? Esta pregunta nace ante el sufrimiento y se reverdece al leer algún milagro en los evangelios.

Goza el milagro de la vida que Dios te dio al nacer y la que tienes día a día. Busca siempre la vida, incluso en medio de temporales indómitos, ambientes de violencia, en épocas de debilidad y ante la muerte. Tu amistad con Jesús te dará una "vida interior" sana, fuerte y alegre, anclada en la confianza de que Dios siempre nos da lo mejor para nosotros y fincada en la esperanza de la vida eterna.

Un director espiritual decía: "Hay que dar gracias a Dios por lo que no nos da". ¡Qué difícil ver la lógica de este pensamiento! Pero, ¡qué liberador saber que estamos en buenas manos y constatar que, aunque no entendemos la razón y la pasamos mal, todo es por nuestro bien!

+ ¿CÓMO ESTÁ TU FE EN QUE DIOS SÓLO QUIERE TU BIEN? ____________________

____

+ ¿QUÉ SUFRIMIENTOS TE HAN HECHO MÁS FUERTE Y COMPRENSIVO/A? ____________________

____

+ ¿QUÉ NECESITAS ACEPTAR, AUNQUE NO LO COMPRENDAS? ____________________

____

+ ¿TIENES RESENTIMIENTOS QUE ORIGINAN AMARGURA EN TI? ____________________

____

Cada noche, antes de dormir, entrégale a Jesús todo lo que te molesta. Pídele que te ayude a descansar y a despertar fortificado/a. Si necesitas que alguien te guíe, busca una persona sabia como el P. Scharbel. Dios nunca nos desampara cuando le pedimos vida y fortaleza interior.

HAGAMOS VIDA
GÁLATAS 1, 11-19

Para ser buenos evangelizadores

1 Leer Gálatas 1, 11-19.

2 Pensar en lo siguiente: Pablo era una persona buena que estaba en el error. Dios le dio la gracia para que, con la misma pasión con que había perseguido a los cristianos, se lanzara a evangelizar a los pueblos paganos.

3 Responder a las preguntas en el cuadro adjunto.

4 Compartir la reflexión.

¿QUÉ EXPERIENCIA TE HA AYUDADO A COMPRENDER MEJOR A OTRAS PERSONAS?

¿CÓMO HAS APROVECHADO ESA GRACIA PARA LLEVAR TU AMOR HACIA PERSONAS EN SITUACIONES SIMILARES?

¿QUÉ TE DICE DIOS A TRAVÉS DEL EJEMPLO DE JESÚS, SCHARBEL Y PABLO?

VIVE LA PALABRA

Compasión y acción van de la mano

Lucas es el evangelista que más habla de la relación de Jesús con la mujer. En este pasaje, Jesús siente compasión por la viuda de Naín y resucita a su hijo. Lee de nuevo Lucas 7, 11-17 y saborea las emociones de la madre, las acciones de Jesús y la reacción de los acompañantes de la viuda.

Descubre en qué consiste la misericordia de Dios. Jesús comunica vida porque se conmueve ante el padecimiento humano y pone todo su poder para remediarlo, sin limitarse sólo a expresar su compasión. Con frecuencia no está en nuestras manos remediar el dolor de otro, pero sí podemos aminorarlo al compartir su aflicción y transmitirle el amor misericordioso de Dios.

Pide a Jesús que sepas ponerte en los zapatos de los demás. Aprende a acompañar a quien sufre para hacerle la carga más ligera y busca ayuda si es necesario.

BCJ, Adaptación, Lc 7, 11

¿SABÍAS QUE...?

Aprende a sufrir y sufrirás menos

Sufrir es parte de la naturaleza humana. Sean aflicciones pequeñas o grandes, nadie se escapa.

Admira ver a las personas que llevan con entereza grandes sufrimientos, mientras otras se afectan ante la menor contrariedad. La razón es clara: unas saben sufrir y otras no.

Jesús nos enseñó que sufrir por amor tiene un valor infinito. Cuando sufrimos con serenidad y paciencia, sin rebeldía y coraje, el dolor nos purifica, ayuda a comprender a los demás y fortalece ante las adversidades. Nada de esto es malo; al contrario.

Trata de reducir tu sufrimiento y, si no es posible, únete al dolor de Jesús por amor a los más débiles. Esto te dará una vida nueva y sufrirás menos.

ACTIVIDAD COMUNITARIA

La compasión genera vida nueva

1 Formar cuatro grupos. Asignar a cada grupo un enfoque con el cual elaborar una oración a partir de la palabra "compasión"; tener en cuenta los títulos que se presentan a continuación. Estas oraciones serán la base de la celebración de fe.

Grupo 1: Haznos compasivos, Señor

Grupo 2: Gracias porque has mostrado tu compasión

Grupo 3: Te pedimos perdón por nuestra falta de compasión

Grupo 4: Jesús, sé compasivo ante la juventud actual

2 En cada grupo:

- Hacer una lluvia de ideas, dando a cada persona la oportunidad de contribuir con una idea. Escribir las ideas en un papelógrafo.
- Formar parejas. Cada pareja deberá redactar las dos ideas sugeridas por ellos.
- Organizar la oración, escribir una introducción dando un orden lógico a las frases y viendo que termine de manera adecuada.
- Decidir si quieren que la oración se haga en voz alta, por una persona del grupo pequeño o por toda la comunidad.
- Escribirla en un papelógrafo para que todos la puedan leer.

3 En sesión plenaria:

- Cada grupo presenta su oración.
- Leer en qué consistirá la celebración de fe.
- Entre todos eligen qué oración se usará: (a) para empezar la celebración, (b) después de leer el texto de Gálatas, (c) después de la proclamación del Evangelio y (d) para el ritual final.

CELEBRAMOS NUESTRA FE

Fortificándonos para ser portadores de vida nueva

1 Colocar las cuatro oraciones en la pared, detrás del altar, de modo que todos las puedan leer.

2 Invitar a sentarse en forma de medio círculo alrededor del altar y a entrar en ambiente de meditación. Tocar música suave de fondo para ayudar a crear un ambiente apropiado para meditar.

3 Hacer la primera oración y dejar unos minutos de silencio, invitando a la comunidad a que la hagan suya.

4 Leer Gálatas 1, 11-19 e invitar a recordar la reflexión que hicieron sobre este pasaje.

5 Hacer la segunda oración, dejando de nuevo tiempo para que la comunidad la haga suya.

6 Proclamar Lucas 7, 11-17 e invitar a recordar su reflexión sobre este pasaje.

7 Hacer la tercera oración, dejando otra vez tiempo para que la comunidad la haga suya.

8 Invitar a levantarse y a abrazar a los dos compañeros de al lado, como signo de apoyo mutuo ante su deseo de ser vida para los demás.

9 Hacer la oración final y terminar con un abrazo a todos los miembros de la comunidad.

11º Domingo Ordinario

JESÚS MUESTRA CÓMO VIVIR LA SEXUALIDAD

2 Samuel 12, 7-10. 13 • Salmo 32 (31) • Gálatas 2, 16. 19-21 • Lucas 7, 36 – 8, 3

EMPIEZA TU DIÁLOGO CON JESÚS

—Jesús, cuando cometo un pecado me siento mal, culpable, malo/a, enojado/a conmigo mismo/a o deprimido/a.

—Un sano sentimiento de culpa debe ayudarte a mejorar. No te dejes obsesionar por ella, pues destruirá tu paz y tu relación conmigo. Al contrario, confía en mí; no tengas miedo. Dime: ¿qué te reclama tu conciencia?

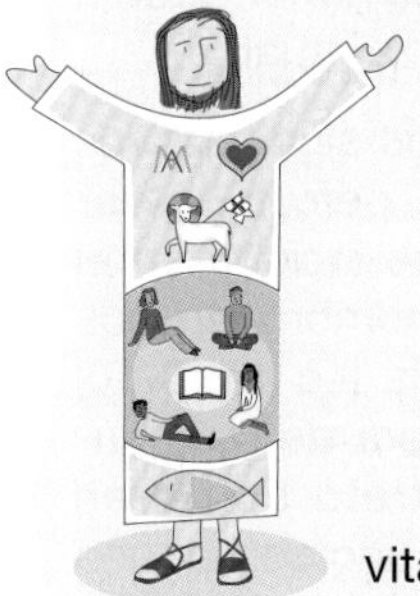

+ TE PLATICO

—¿No tengo que ir a confesarme?

—¿Qué tan grave es tu falta?

+ PIENSO QUE

—Siempre es bueno recibir el sacramento de la Reconciliación y es vital si tu pecado es grave. Pero, por lo pronto, arrepiéntete y esfuérzate por enmendarte. Yo te perdonaré, te mostraré el camino a la conversión y te ayudaré constantemente.

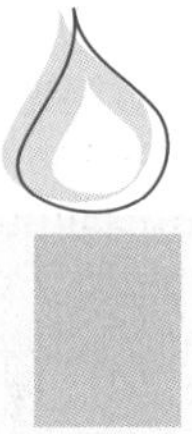

CONTINÚA ORANDO DESDE TU CORAZÓN

¡Señor, perdona mis pecados!

María, madre y compañera en mi vida, intercede por mí ante tu Hijo, para recibir su perdón, y ayúdame a ser su discípulo/a fiel, como tú.

JESÚS, TE PIDO PERDÓN POR ______

AYÚDAME A NO CAER MÁS EN ______

DAME FUERZAS PARA REPARAR EL MAL QUE HE HECHO, LO CUAL PIENSO HACER ASÍ

______

Que al saberme perdonado, me perdone a mí mismo y perdone a los demás. Amén.

CONOCE LA PALABRA DE DIOS

Leer Lucas 7, 36 – 8, 3

✚ ¿POR QUÉ JESÚS DEJA QUE LA MUJER LO TOQUE?

Jesús está en casa de un fariseo, un "hombre limpio y bueno". Mientras comían, una mujer "de mala vida" se le acerca, suelta su cabello, y con sus lágrimas y perfume le lava los pies, al tiempo que los besa. Los fariseos se escandalizaron, pues estaba prohibido que una mujer tocara a un judío, y el perfume y el cabello eran armas de seducción femenina.

En cambio, Jesús no se perturba, ni la usa como objeto de placer. La ve como una persona necesitada del amor de Dios y la trata como a una amiga. Muestra cómo puede haber momentos de intimidad con personas del otro sexo, con un espíritu de solidaridad y fraternidad, y no de atracción sexual.

Aprovecha la ocasión para señalar la mediocridad de los "buenos", pues el fariseo no le da el beso de bienvenida ni le ofrece agua y aceite, signos de hospitalidad. En cambio, la mujer le expresó un amor limpio. Por eso, ella es perdonada y el "bueno" queda en su miseria.

ENRIQUECE TU FE Y TU VIDA

Mujeres seguidoras de Jesús

En época de Jesús, era como si las mujeres estuvieran en perpetua minoría de edad. Debían quedarse en casa, sólo salían con permiso del marido y no podían hablar con hombres. No tenían derecho a la enseñanza de la ley ni a ejercer puestos de liderazgo social o religioso. No podían entrar al templo ni acudir a él durante su menstruación ni después de haber dado a luz, debido a leyes de pureza ritual.

Jesús introdujo cambios significativos con relación a las mujeres, pero su situación legal no cambió, ni las incluyó en el grupo de los Doce. Las nombró en sus parábolas de la misericordia (Lc 15, 8-10) y de la fuerza transformadora de su mensaje (Mc 5, 21-43). Las trató con gran libertad interior: aceptó ser ungido por una pecadora (Lc 7, 44-49); curó a una enferma rompiendo normas de pureza ritual (8, 40-56); llamó a la mujer encorvada "hija de Abrahán", título dado sólo a los hombres (13, 10-17); dialogó con una mujer cananea (Mt 15, 21-28); tuvo amistad con Marta y María (Lc 10, 38-41); evitó que apedrearan a una mujer adúltera (Jn 8, 1-9).

Muchas mujeres fueron seguidoras fieles de Jesús y participaron en su ministerio. María, su madre, lo educó y obtuvo su primer milagro (Jn 2, 1-11); la samaritana proclamó la Buena Nueva (4, 1-26); varias mujeres lo acompañaron en su pasión y muerte (Lc 23, 49), y fueron mujeres las primeras testigos de su resurrección (24, 9).

Jesús trató a las mujeres con la misma dignidad que a los varones y les comunicó el mismo mensaje de salvación, libertad y vida. Esto fue sumamente revolucionario en su época. ¿Cómo colaboras tú en la transformación de los sistemas sociorreligiosos para que la mujer adquiera el lugar que le corresponde, como hija de Dios, hecha a imagen y semejanza suya, igual que el varón?

—BCJ, Adaptación, Lc 8, 1-3

TE PRESENTAMOS A...

Jóvenes mártires de la pureza

Las jóvenes que se presentan están en distintos grados en el proceso de canonización. El título *Sierva de Dios* se da después de cinco años de morir, al introducir la Causa de Beatificación; el de *Beata* requiere un milagro y un Decreto de virtudes heroicas, y el de *Santa* requiere un segundo milagro después de la beatificación.

Santa María Goretti (1890-1902: 12 años). Italiana, huérfana de padre. Un joven, hijo de una familia amiga, quiso someterla, amenazándola con un cuchillo. Ella se negó, protestando que era pecado, y él la acuchilló catorce veces. Es considerada patrona de la pureza.

Sierva de Dios Josephina Vilaseca (1940-1952: 12 años). Española, murió perdonando al hijo de la familia con la que trabajaba, quien la hirió mortalmente por negarse a sus avances amorosos.

Beata Laura Vicuña (1891-1904: 13 años). Chilena, hija ilegítima, huyó con su madre y hermana a Argentina, donde su madre se unió a un hombre que le daba seguridad económica, pero la maltrataba y esclavizaba. Laura ofrece su vida por la salvación del alma de su madre.

Beata Antonia Mesina (1919-1935: 16 años). Italiana, muy querida por sus compañeros de escuela. Murió a pedradas, al defenderse de otro adolescente, que intentó violarla.

Beata Caroline Koska (1898-1914: 16 años). Polaca, era una catequista llena de vida. Un soldado nazi la asesinó a culatazos por resistirse a tener relaciones sexuales con él.

Sierva de Dios Isabel Cristina Mrad (1962-1982: 19 años). Brasileña, quería estudiar medicina. Un carpintero que remodelaba la casa la mató a cuchilladas por no dejarse seducir.

SIGAMOS LA OBRA DE JESÚS

Viviendo bien nuestra sexualidad

En su relación con la mujer pecadora, Jesús muestra que no debemos tener miedo a dejarnos querer y a responder con un amor puro. Trata a la mujer que lo atiende sensualmente con una amistad solidaria y compasiva, sin caer en una relación utilitaria y un placer pasajero.

Nuestra sexualidad genera sensualidad, lo cual, como todo sentimiento, es natural. El pecado se da al manejarla de modo desordenado, sin respeto hacia sí mismo/a y la otra persona.

+ ¿CÓMO MANEJAS TU ATRACCIÓN SEXUAL HACIA OTRAS PERSONAS?

Si has tenido relaciones sexuales ilícitas o utilizado a otra persona... al hacerlo, has ofendido también a Dios... Pide perdón y la gracia de no caer más.

+ ¿QUÉ NECESITAS HACER PARA VIVIR SANAMENTE TU SEXUALIDAD?

Acércate a Jesús en la oración. No se trata de recordar el daño hecho y cargar sentimientos de culpa, ni tampoco de olvidarlo y sentirse falsamente buenos, sino de contar con su ayuda para vivir bien tus relaciones humanas.

+ ¿CÓMO ES TU DIÁLOGO CON JESÚS RESPECTO A TU SEXUALIDAD?

ACTUALICEMOS EL SALMO 32 (31)

Para pedir perdón a Dios

Este salmo se atribuye al rey David, cuando pidió perdón por haber tenido relaciones sexuales con Betsabé. Ora con él.

+ ¿DE QUÉ LE QUIERES PEDIR PERDÓN A DIOS?

Déjate llenar de su misericordia y usa este salmo para orar sobre tu pecado y el perdón de Dios. Léelo lentamente, deja que sus palabras penetren en tu corazón y hagan un cambio en tu vida.

+ ESCRIBE LA PALABRA QUE MÁS RESUENE EN TU CORAZÓN

REFLEXIONA...

Sobre el trato con la mujer

+ SI ERES VARÓN, ¿TRATAS A LAS MUJERES CON EL BELLÍSIMO CUIDADO QUE TUVO JESÚS CON ELLAS?

+ SI ERES MUJER, ¿EXIGES SER TRATADA CON LA MISMA DIGNIDAD COMO LO HARÍA JESÚS?

+ ¿ESTÁN MARCADAS TUS ACTITUDES Y CONDUCTAS HACIA HOMBRES Y MUJERES POR ESTEREOTIPOS MACHISTAS?

+ ¿CÓMO PUEDES SEGUIR MEJOR LAS ENSEÑANZAS DE JESÚS SOBRE EL TRATO ENTRE HOMBRES Y MUJERES, Y AYUDAR A QUE OTROS LAS SIGAN?

¿SABÍAS QUE...?

La castidad es una virtud para todos

La castidad es la virtud que gobierna y modera el deseo del placer sexual con base en la fe y la razón, y es fruto de la acción del Espíritu Santo en nosotros. La castidad es para todos los estados de vida. En los solteros requiere abstención, lo que es una preparación necesaria para la madurez personal y el amor conyugal. Quienes se deciden por vivir en celibato, renuncian a las relaciones sexuales a favor de la entrega de toda su energía y todo su amor a Cristo y su misión.

Esta virtud nos ayuda a:

- Adquirir dominio de nuestra sexualidad e integrarla en una personalidad sana, en la que el amor de Dios reina sobre todo.
- Orientar el instinto sexual al servicio del amor e integrarlo en el desarrollo personal, sin negar ni reprimir la sexualidad, lo que conlleva problemas sicológicos y conflictos en las relaciones interpersonales.
- Fortalecer el carácter y la voluntad, forjando una personalidad fuerte en una armonía con Dios, lo que hace posible la armonía interior y con el prójimo, y es fuente de gran paz y alegría interior.
- Comprender y valorar, purificar y elevar, crecer y expandir el amor, llenando de profunda satisfacción nuestra vida.
- Incrementar la energía física y solidificar la vida moral, facilitando nuestro rendimiento en el estudio y el trabajo.
- Ser idealistas, superar el egoísmo, sacrificarse por el bien de los demás, marcando nuestra vida con nobleza y lealtad en el servicio y en el amor.

ACTIVIDAD COMUNITARIA

Ayudándonos a llevar una vida casta

1 En grupos de tres, identificar entre tres y cinco consejos prácticos para vivir la castidad, según se indica a continuación. Escribirlos en un papelógrafo.

Grupo 1: Consejos a *niños* de diez a doce años.

Grupo 2: Consejos a *adolescentes* que se mantienen vírgenes.

Grupo 3: Consejos a *jóvenes* que se mantienen vírgenes.

Grupo 4: Consejos a *adolescentes y jóvenes* que llevan una vida sexual activa.

2 Presentar los consejos en sesión plenaria. Identificar cuáles se repitieron y cuáles se aplican a todas las personas. Ofrecer otros consejos si se ve oportuno.

3 Reflexionar en silencio: ¿Qué consejos me vienen como anillo al dedo?

CELEBRAMOS NUESTRA FE

Orando por nuestra pureza

Preparación

Llevar una imagen grande de Jesús con la mujer pecadora; se puede fotocopiar la que se encuentra abajo. Llevar también una flor blanca para cada participante.

Celebración

1 Empezar cantando "Sueño imposible" de Darion-Leigh (obra de Don Quijote), u otra canción apropiada.

2 Invitar a hacer la siguiente meditación en silencio y con los ojos cerrados. Dirigirla haciendo pausas en los puntos suspensivos y entre los párrafos.

Jesús, a veces me cuesta trabajo guardar la pureza, sobre todo... Cuando mi imaginación corra y se empiece a despertar mi apetito sexual, ayúdame a centrarme en otras cosas que capten mi interés y me lleven a...

Tú dijiste que tu yugo era suave y la carga ligera, pero se me hace pesado... Envía tu Espíritu sobre mí en esas ocasiones para que...

Ayúdame a decir "sí" a... y "no" cuando... Que aprenda a vivir de una manera positiva mi sexualidad; necesito...

Sé que la abstinencia sexual es un valor en la vida de los solteros; dame fortaleza ante... Si mi vocación es al matrimonio, bendice mi amor con mi pareja con... y si es a la entrega plena a tu misión, fortifícame para...

Ratifico mi consagración a ti y mis deseos de serte fiel. Tú que viniste a salvarnos del mal, libérame de... y dame dominio sobre mí mismo/a para...

Quiero tener el control de mi vida, autodeterminar mis conductas y afectos. Necesito... Cuento contigo. Amén.

3 Invitar a colocar la flor en el altar y a hacer una breve oración en silencio. Mientras tanto, entonar un canto a María.

12º
Domingo
Ordinario

¿QUIÉN DICE LA GENTE QUE SOY YO?

Zacarías 12, 10-11; 13, 1 • Salmo 63 (62) • Gálatas 3, 26-29 • Lucas 9, 18-24

EMPIEZA TU DIÁLOGO CON JESÚS

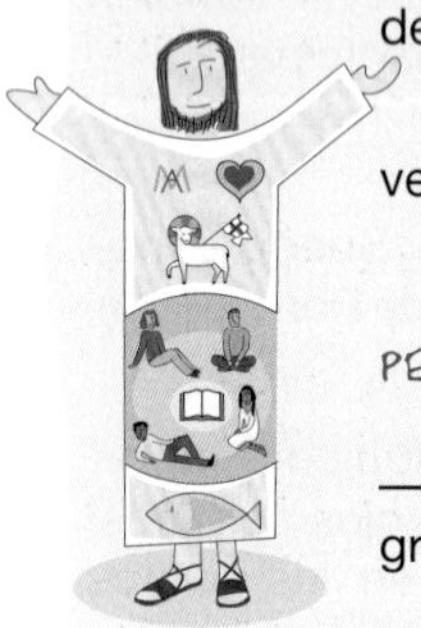

—Jesús, creo en ti, pero a veces tengo dudas y mi fe se debilita.

—Te entiendo muy bien; mi fe también fue puesta a prueba varias veces. Platícame, ¿en qué ocasiones se ha puesto tu fe a prueba?

+ SOBRE TODO CUANDO ______________________________,
PERO TAMBIÉN CUANDO ______________________________

—Es normal que tu fe se debilite al no comprender algo, tener un dolor grande, enfrentar tentaciones fuertes, sentirte solo/a…

—Pero es cuando más la necesito…

—Recurre a mí, ¿quién soy yo para ti?

+ ERES ______________________________

—Nunca olvides que soy tu amigo y que siempre estoy contigo, dispuesto a ayudarte.

CONTINÚA ORANDO DESDE TU CORAZÓN

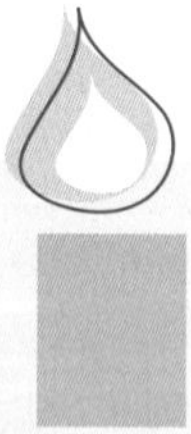

Quiero conocerte y darte a conocer

Señor Jesús,

Quiero conocerte mejor, para que mi fe sea más fuerte.

ABRE MI CORAZÓN PARA ______________________________

REFUERZA MI FE EN TI ______________________________

Quiero seguir el ejemplo de Pedro cuando declaró en público que tú eres el Mesías.

DAME VALOR PARA HABLAR DE TI ANTE ______________________________

AYÚDAME A DAR MEJOR TESTIMONIO DE TI, SOBRE TODO EN ______________________________

____

Dame tu Santo Espíritu, para que mi fe sea firme como una roca y pueda construir mi vida sobre ella. Amén.

CONOCE LA PALABRA DE DIOS

Leer Lucas 9, 18-24

Lucas escribió este texto en una época de crisis en la que la comunidad estaba perdiendo de vista la importancia de Jesús. Ciertamente no era fácil seguirlo en medio de la cultura grecorromana, que proponía valores diferentes. Además debía enfrentar los aspectos del judaísmo que Jesús había desafiado, como el menosprecio de los pecadores, la marginación de la mujer y la imposición de cargas religiosas pesadas.

El Maestro quería discípulos firmes y conscientes de las consecuencias de su nueva fe, pues eran los encargados de llevar su mensaje a todo el mundo conocido. Por eso Lucas recuerda cómo Jesús, para afirmar la fe de sus discípulos, les hizo un "examen" de fe al preguntarles: "Según ustedes ¿quién soy yo?" (Lc 9, 20).

Los discípulos, con Pedro a la cabeza, pasaron el examen, y Jesús los encontró dignos de continuar su obra. Por eso la confesión abierta de Pedro tiene tanto valor, aunque en otras ocasiones negara a Jesús debido a su debilidad humana (Lc 22, 54-62; Jn 18, 15 – 21, 19), para después volver a confesarlo con gran énfasis y asumir su misión (Jn 21, 15-17).

La fe, como dice el mismo Jesús, viene de Dios. Nos toca a nosotros aceptarla, nutrirla, hacerla vida y compartirla con los demás.

ENRIQUECE TU FE Y TU VIDA

Fe y testimonio: dos caras de la misma moneda

Confesar a Jesús es asumir sus valores, su ideal de persona y sociedad en las bienaventuranzas, el amor a los enemigos, el sermón del juicio final... No basta decir: "Creo en ti", saberse el "Credo" y alabar su nombre.

El mejor testimonio de Jesús se da con naturalidad. Esto supone hacer vida sus valores: decir siempre la verdad; enfrentar la vida con responsabilidad y esperanza; tener un talante alegre, sencillo y agradable con los demás; renunciar a cosas superfluas, para tener más que compartir; encontrarlo y servirlo en las personas necesitadas...

En pocas palabras, confesar a Jesús es ser felices, haciendo lo que a Dios agrada, aunque suframos incomprensión e incluso persecución. Alcanzar esta naturalidad lleva tiempo y necesita de la oración, la revisión de vida y el deseo renovado una y otra vez de hacer de este mundo un mundo mejor.

Las personas que logran esta naturalidad reflejan la vida de Dios con una espiritualidad auténtica y profunda. ¡Que Dios nos dé la fe que tuvo Pedro para confesarlo de palabra y de obra!

- ¿Qué rasgos del buen discípulo/a ya son naturales en ti?, ¿qué cualidades desea Jesús que adquieras?
- ¿Qué te es más difícil: proclamar a Jesús de palabra o serle fiel en la vida diaria?

TE BENDECIRÉ MIENTRAS VIVA, HACIA TI LEVANTARÉ MIS MANOS

Sal 63 5

TE PRESENTAMOS A...

San Martín de Porres (1579-1630)

Patrono de los pueblos pluriculturales

Pablo reconoce que en Cristo comienza una nueva era donde las diferencias de raza, sexo y clase social no existen. Para él, todos tienen la misma dignidad, y luchar por esa igualdad es tarea de los cristianos.

Sin embargo, tristemente el racismo está presente, no sólo en la sociedad e incluso en la iglesia y en las actitudes de los cristianos. ¡Qué común es despreciar y marginar a las personas más oscuras de piel, aun en su propia familia!

A finales del siglo XVI y comienzos del siglo XVII, en Perú, el joven Martín de Porres siguió el llamado de Jesús, sin detenerse ante la desigualdad. Superó la discriminación que sufría como mulato —hijo de blanco español y esclava negra panameña— y aprendió los oficios de barbero y farmacéutico ambulante.

A los quince años se fue a vivir con los frailes dominicos, donde sirvió a Dios con alegría en las tareas sencillas que le asignaron. Ahí, al trabajar con la escoba, comenzó su camino de santidad. Nueve años después entró en la Orden Dominica y reanudó sus oficios de cortar el cabello y preparar medicinas.

Su relación con Dios generó en él un amor universal. Atendía a pobres y ricos, niños y ancianos, y defendía a los animales por ser criaturas de Dios.

Durante una epidemia se entregó a servir a los enfermos y fundó el asilo de Santa Cruz para huérfanos y limosneros, ayudado por personas ricas de Lima. Grandes personajes como el virrey y el arzobispo lo consultaban por su espiritualidad. Martín es el primer santo afroamericano y fue nombrado patrono de los pueblos pluriculturales y de la armonía interracial.

¿Cómo manejas tú las diferencias entre las personas a tu alrededor? ¿Tienes la tendencia a discriminar social y racialmente, como es tan común en nuestra cultura? Toma a San Martín de Porres como modelo, y pide a Dios la gracia de ser tan abierto/a como él.

—BCJ, adaptación, Gal 3, 26-28

SIGAMOS LA OBRA DE JESÚS

Jesús es el Mesías de los jóvenes

El Maestro quería y sigue queriendo que sus discípulos sean profetas de esperanza, personas seguras de que él es el Mesías. Esto implica estar abiertos a su amor liberador y dispuestos a continuar su obra, al igual que lo estuvieron Pedro y San Martín de Porres.

+ IDENTIFICA DOS ASPECTOS DE TU VIDA QUE NECESITAN EL AMOR LIBERADOR DE JESÚS: (A) ______ Y (B) ______

+ HAZ UNA PEQUEÑA ORACIÓN EN QUE PIDAS A JESÚS SU AYUDA: ______

+ ESCUCHA EN TU CORAZÓN LA RESPUESTA DE JESÚS Y ANÓTALA: ______

+ ESCRIBE CÓMO PUEDES HACER VIDA SU AMOR LIBERADOR: ______

Con tu fe reforzada en Jesús, piensa en los jóvenes con quienes te relacionas:

+ ¿QUÉ MENSAJE TE PIDE JESÚS QUE LES LLEVES? ______

+ ¿QUÉ TIPO DE TESTIMONIO CRISTIANO QUIERE JESÚS QUE LES DES? ______

HAGAMOS VIDA
GÁLATAS 3, 26-29

Para ser uno en Cristo Jesús

1 Leer Gálatas 3, 26-29, para comprender su mensaje completo.

2 Después, leer cada uno de los versículos y responder a la pregunta correspondiente en el cuadro adjunto.

3 Compartir la reflexión.

GAL 3, 26: ¿CÓMO CAMBIA MI VIDA AL SER CONSCIENTE DE QUE SOY HIJO/A DE DIOS?

GAL 3, 27: ¿QUÉ SIGNIFICA PARA TI ESTAR "REVESTIDO/A DE CRISTO"?

GAL 3, 28: ¿QUÉ NECESITAS SUPERAR PARA TRATAR A TODAS LAS PERSONAS COMO IGUALES, COMO "UNO EN CRISTO JESÚS?"

¿SABÍAS QUE...

Nuestra fe en la Santísima Trinidad es grandiosa

Al confesar a Jesús como al Mesías, hay una confesión implícita de la Santísima Trinidad. Jesús es el enviado del Padre para salvarnos, es fruto del amor entre el Padre y el Espíritu Santo, encarnado en María por medio del Espíritu Santo.

- Nuestra fe en Dios Padre nos asegura que al ser creados a imagen y semejanza de Dios tenemos la capacidad de asemejarnos a Jesús, nuestro hermano, y podemos tratar a todas las personas como hermanos, sin distinción por raza, sexo, clase social...
- Nuestra fe en Jesús, el Hijo, nos permite recibir la salvación de Dios, nos predispone a seguir las enseñanzas de quien es "el camino, la verdad y la vida", y nos asegura que tenemos la gran misión de continuar su obra.
- Nuestra fe en el Espíritu Santo nos une a Dios de manera única, nos inserta en la vida de Cristo, nos integra en la comunidad de fe, nos da la luz y la fuerza necesarias para vivir según el plan de amor de Dios, y nos fortifica para la misión.

¿Cómo serían nuestras familias, salones de clases, ambiente de trabajo... la sociedad en general, si la fe de todos los cristianos en la Santísima Trinidad se tradujera en vivencia diaria?

ACTIVIDAD COMUNITARIA

Mural de la juventud cristiana

1 Formar cuatro grupos, procurando que haya un/a joven con dones para el dibujo en cada uno.

2 Escribir lo que está en letra negrita en cuatro papeles y doblarlos para que no se vea su contenido. Cada grupo elije un papel y hace un dibujo. Los dos primeros grupos trabajan en hojas de papelógrafo. Los otros dos pueden usar papel de colores.

- Dibujar a **Jesús dialogando con varios jóvenes** sobre quién es él. Poner diferentes reacciones en las caras de de los jóvenes. No escribir nada.
- Dibujar a varios **jóvenes dialogando con otros jóvenes** en el ambiente donde se suelen encontrar. No escribir nada.
- Dibujar con símbolos cinco **aspectos atractivos de Jesús para la juventud.** Recortar cada símbolo y ponerle un rollito de *masking tape* o cinta adhesiva despegable atrás.
- Dibujar con símbolos cinco **aspectos de Jesús de gran reto para los jóvenes.** Recortar cada símbolo y ponerle un rollito de *masking tape* o cinta adhesiva despegable atrás.

3 Colocar en la pared las hojas con Jesús y con los jóvenes dialogando; formar un mural. Pegar los símbolos a un lado, fuera del mural.

4 Invitar a que quien lo desee pase a colocar un símbolo en el mural y explique por qué lo colocó ahí, hasta colocar todos los símbolos.

CELEBRAMOS NUESTRA FE

Hablando con Jesús en nuestro lenguaje

1 Entrar en espíritu de oración e invitar a meditar ante el mural que prepararon: ¿qué les dice el mural en su conjunto?

2 Invitar a responder la pregunta "¿Quién dicen los jóvenes que es Jesús?" recordando un título espontáneo que le hayan dado ustedes o sus amigos a Jesús. Por ejemplo, un joven que dejó las drogas le decía: "Jesús, liberador", y una chica que se curó de una enfermedad grave lo llamaba: "Mi vida".

3 Pasar a escribir los títulos en el mural, tipo graffiti; numerarlos y explicar la razón del título. Contemplar de nuevo el mural en silencio.

4 Asignar los títulos de Jesús a diferentes jóvenes y pedirles que preparen la frase de una letanía; por ejemplo, "Jesús, liberador, salva a todos los jóvenes que han caído en la droga".

5 Concluir con la siguiente oración, agregándole la letanía de los títulos de Jesús, según fueron numerados. Todos responden: "Escucha nuestra oración".

ORACIÓN

Jesús, gracias por acercarte a nosotros sin presumir de tu divinidad y por estar siempre al servicio humilde de los demás.

Obediente a tu Padre, aceptaste la muerte en la cruz y al resucitar nos trajiste vida nueva. Así, ante tu nombre, que está sobre todo nombre, hoy cantamos tu gloria e imploramos tu ayuda con nuestro propio lenguaje de jóvenes. Escucha nuestra oración.

[Continuar con la letanía.]

Jesús, tú eres el Señor, para salvación de la humanidad y gloria de Dios Padre, en unión con el Espíritu Santo. Bendícenos y guárdanos siempre cerca de ti. Amén.

JESÚS NOS LLAMA A SEGUIRLO

1 Reyes 19, 16. 19-21 • Salmo 16 (15) • Gálatas 5, 1. 13-18 • Lucas 9, 51-62

EMPIEZA TU DIÁLOGO CON JESÚS

—Quiero volver a pedirte que me sigas de verdad. ¿Qué tan dispuesto/a estás?

+ TE DIRÉ

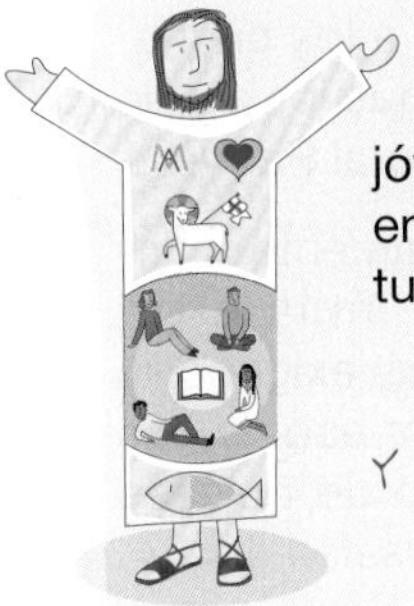

—Yo te ayudaré, pues te amo y te necesito para llegar a otros jóvenes. Dime con sinceridad: ¿cuáles son los valores más importantes en tu vida? Piensa en tus ideales, cómo usas tu tiempo y a que dedicas tus dones, esfuerzos y recursos.

+ MIS DOS IDEALES MÁS IMPORTANTES SON

Y

+ INVIERTO MI TIEMPO EN

+ DEDICO MIS DONES, ESFUERZOS Y RECURSOS A

—Continúa leyendo mi Palabra y apreciarás más los valores del reino de mi Padre. ¡Confío en ti! ¡Tenemos tanto que ser y hacer juntos!

CONTINÚA ORANDO DESDE TU CORAZÓN

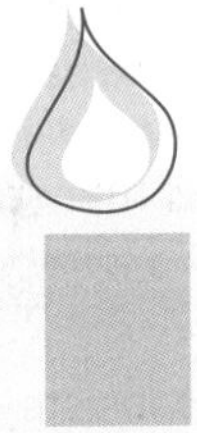

Quiero serte fiel, pero me cuesta trabajo

Gracias por repetir tu invitación y por confiar en mí.

QUIERO SEGUIRTE PORQUE

Y CONTINUAR TU MISIÓN PORQUE

PERO, ME CUESTA

DEFINITIVAMENTE NECESITO TU AYUDA PARA

Mantén siempre en mí, la fuerza maravillosa de tu Espíritu. Amén.

CONOCE LA PALABRA DE DIOS

Leer Lucas 9, 51-62

+ ¿CUÁLES SON LAS ACTITUDES DE LOS CINCO SEGUIDORES DE JESÚS?

(1 Y 2) ______

(3) ______

(4) ______

(5) ______

+ ¿CON QUIÉN TE IDENTIFICAS MÁS?

______

______

Jesús envía a preparar su llegada, pero la gente no lo acepta (Lc 9, 51-56). Su invitación siempre es libre, no se impone y la ofrece aunque pueda ser rechazada. Pero es una invitación exigente, pues creer en él, como nos lo presentan los evangelios, nos lleva directamente a asumir su sistema de valores, y esto cuesta trabajo y sacrificio.

¡Seguir a Jesús es apasionante para quien le responde! Requiere vencer obstáculos, superar retos y crecerse ante las dificultades al perseguir su gran ideal de construir una sociedad basada en el amor, la justicia y la paz. Implica conocer a Jesús a fondo y valorar lo que hace, para no deformar su mensaje, como querían hacer Santiago y Juan, al querer exterminar a quienes no aceptaban su mensaje.

Jesús insiste en que no hay nada más importante que el reino de Dios. ¡Nada! Todo pasa a segundo término, porque al Reino hay que dedicarle la vida entera. Jesús usa dichos y exageraciones para enfatizar su importancia (57-62). Cabe entonces preguntarnos con frecuencia sobre la importancia que tiene el Reino en nuestra vida.

PARA SER LIBRES, NOS HA LIBERADO CRISTO

Gal 5 1

VIVE LA PALABRA

Vale la pena seguir a Jesús

Lucas dedica diez capítulos al viaje de Jesús a Jerusalén, el cual ve como un símbolo de la jornada de Jesús hacia el Padre. No se preocupa de situar el viaje geográficamente; lo que le importa es mostrar que el fin de la peregrinación de Jesús es su muerte y resurrección, y dar a los cristianos una serie de catequesis que les ayude a seguir a Jesús en su camino al Padre.

Jesús fue libre y decididamente a Jerusalén para salvarnos, nos invita a seguirlo, y nos enseña que las exigencias de su reino son radicales. Por eso, Lucas habla de los cristianos como de quienes han seguido el camino a Jerusalén (Lc 24, 52; Hch 9, 2; 18, 22).

Es importante notar que, en todo el Nuevo Testamento, el verbo griego *ákolouzein* (seguir) aparece noventa veces en referencia al seguimiento de Jesús; el verbo *épeszai* (ser similar) sólo está dos veces, y el verbo *miméomai* (imitar) no se encuentra en el texto. Piensa por unos momentos en la diferencia entre "seguir" e "imitar" a otra persona. Jesús quiere que lo sigamos libremente, según nuestra personalidad, con nuestra propia voz, corazón y voluntad. No se trata de ser igual a él, ya que eso no es posible, ni de imitarlo como robots.

¡Jesús te invita a seguirlo libremente, con fe y esperanza, caminando con él hacia el Padre, por el camino seguro del amor!

+ ¿QUÉ TAN CERCA SIGUES A JESÚS: LO TIENES PRESENTE EN TU VIDA DIARIA O SÓLO TE RELACIONAS CON ÉL EN ALGUNOS DÍAS Y EN OCASIONES IMPORTANTES? ______

______

+ ¿QUÉ NECESITAS REFORZAR MÁS: TU FE, LA ESPERANZA O EL AMOR? ______

______

—BCJ, Adaptación, Lc 9, 51-62

TE PRESENTAMOS A...

San Juan apóstol y evangelista

El apóstol Juan era discípulo de Juan el Bautista, hasta que conoció a Jesús y lo siguió para siempre. Fue el discípulo que mejor entendió a Jesús y vivió el amor al estilo del Maestro.

Jesús tuvo una predilección especial por él, junto con Pedro y Santiago. Les hablaba con más confianza sobre su misión y fueron testigos de muchas maravillas del Maestro.

Juan era impulsivo, espontáneo y valiente. Quería traer fuego del cielo sobre los samaritanos que no dieron hospedaje al Maestro y pretendía vencer al demonio con sus solas fuerzas. Huyó como el resto de los discípulos cuando apresaron a Jesús en Getsemaní, pero regresó pronto y acompañó a María durante la pasión y la crucifixión, sin miedo a las amenazas.

Después de la resurrección, se quedó en Jerusalén para animar a la naciente comunidad cristiana. Posteriormente se trasladó a Éfeso para acompañar a las comunidades de ahí. Su presencia marcó en ellas una espiritualidad propia, por lo que se les reconocía como las comunidades del discípulo amado.

Durante la persecución romana fue desterrado a la isla de Patmos, donde tuvo sus más profundos encuentros místicos. Desde ahí animaba a las comunidades a permanecer firmes en las pruebas y la persecución.

Ya anciano, regresó a Éfeso, donde terminó de escribir su evangelio, el cual se centra en el amor de Cristo. Supo generar nuevos seguidores de Jesús, entre los que hubo varios autores que, siguiendo su escuela, escribieron tres cartas que llevan su nombre y el bello libro del Apocalipsis.

SIGAMOS LA OBRA DE JESÚS

Siendo forjadores de discípulos

Todo auténtico seguidor/a de Jesús es forjador/a de discípulos. No podemos seguir al Maestro sólo para recibir su Buena Noticia y sentirnos salvados.

Algo precioso en la juventud es que los jóvenes son los mejores evangelizadores de los jóvenes. Algo muy valioso de la pastoral juvenil es que es un ministerio en manos de los jóvenes, junto con sus compañeros, asesorados por adultos que, a su vez, son seguidores de Jesús y forjadores de discípulos.

+ ¿CUÁLES SON LAS MANERAS MÁS EFECTIVAS COMO LOS JÓVENES SE AYUDAN UNOS A OTROS A SEGUIR A JESÚS? ____________

____

+ ¿QUÉ DEBEN HACER PARA MULTIPLICAR EL NÚMERO DE SEGUIDORES DE JESÚS?

____

____

+ ¿CÓMO HAN AYUDADO USTEDES A FORJAR DISCÍPULOS ENTRE JÓVENES Y NIÑOS?

____

____

+ ¿QUÉ INFLUENCIAS POSITIVAS EJERCE LA JUVENTUD EN EL DISCIPULADO DE LOS ADULTOS? ____________

____

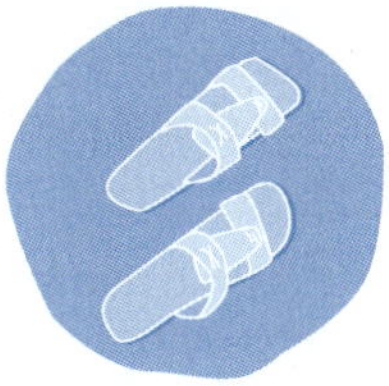

ENRIQUECE TU FE Y TU VIDA

Usa el termómetro de la radicalidad y la pasión

Seguir a Jesús con radicalidad y pasión genera energía y creatividad, multiplica y ennoblece el amor, desarrolla nuestro potencial y obtiene frutos de los dones que Dios nos dio. En cambio, seguirlo tibiamente no produce alegría ni llena el espíritu, sino que termina cansándonos y nos mantiene en la mediocridad. Mide la temperatura de tu radicalidad y pasión con los siguientes indicadores.

	FRÍO	TIBIO	CALIENTE	ARDIENTE
Uso de mi LIBERTAD para caminar con Jesús y mantenerme activo en su obra.				
DISPONIBILIDAD a responder a nuevos llamados y retos a lo largo del día, semana, mes...				
ENCUENTRO significativo y profundo con Jesús, como persona viva en mí, la Eucaristía y mis ambientes.				
COMPROMISO por servir al pueblo de una forma radical, dirigido por los valores del Reino.				
AUDACIA en lugar de miedo, consciente de que cuento con la fuerza del Espíritu Santo.				
Enfoque en la LIBERACIÓN del pecado y de las opresiones humanas, socio-económicas y políticas que quitan vida al ser humano.				
ENTREGA TOTAL, manifestada en la renuncia a los bienes, la comodidad y toda forma de dominio y ataduras que impiden seguirlo bien.				
ALEGRÍA ante las pruebas, conflictos y renuncias, sabiendo que son medios de superación personal para servir mejor al Señor.				
IDEALISMO UTÓPICO que se mantiene vivo al expandir siempre el horizonte para extender el Reino según la vocación particular.				

HAGAMOS VIDA
GÁLATAS 5, 1. 13-18

Para ser libres al estilo de Jesús

1 Leer Gálatas 5, 1. 13-18.

2 Terminar las frases, fijándose en el significado que da Pablo a los conceptos de "libertad" y "esclavitud".

3 Compartir la reflexión.

SER LIBRES SIGNIFICA ______________________

____

SER ESCLAVOS IMPLICA ______________________

____

LOS JÓVENES DEMOSTRAMOS QUE SOMOS LIBRES CUANDO ______________________

____

LOS JÓVENES MOSTRAMOS QUE AMAMOS A LOS DEMÁS COMO A NOSOTROS MISMOS CUANDO ______________________

____

ENTRA EN ORACIÓN

Mantén viva en mí la pasión por el Reino

Jesús, tú me llamas a extender tu Reino
y la cruda realidad de la vida clama por ello.

Tú me compartes tus ideales
y el pueblo los anhela con fervor.

Tú me desafías a la radicalidad
y yo comprendo por qué es vital.

Te ofrezco mi ser,
con las cualidades que me has dado,
las virtudes que he ido cultivando,
mis debilidades que me hacen desfallecer,
mis fallas que tuercen tus caminos
y mi deseo ardiente de seguirte con pasión.

Jesús, lléname de tu espíritu,
para que use bien mi libertad
y mi disponibilidad no caduque,
para que mi compromiso se incremente
y mi audacia me lleve a donde quieras,
para que mi encuentro contigo
sea constante
y mi entrega a ti sea generosa,
para que mis esfuerzos sean liberadores
y la alegría llene mi vida.

Jesús, que la utopía del Reino
sea siempre el ideal que guía mi vida.
Amén.

ACTIVIDAD COMUNITARIA

Realidades y pretextos

1 Preparar dos hojas de papelógrafo para escribir una serie de frases. En una hoja, poner como primera frase: "Señor, déjame ir a enterrar a mi padre"; en la otra, escribir: "Déjame despedirme primero de mi familia".

2 Invitar a pasar de dos en dos a escribir debajo de las frases una de las respuestas que suelen dar otros jóvenes cuando se les invita a participar en actividades de evangelización juvenil. Por ejemplo: "tengo mucho trabajo", "mi mamá no me deja".

3 Cuando han pasado todos o ambos papeles están llenos, reflexionar un momento sobre esas respuestas: ¿cuáles reflejan *realidades* que deben ser consideradas al planificar las actividades y cuáles son sólo *pretextos*?

4 Poner una "R" y una "P" junto a cada frase. Revisarlas, pidiendo en cada una que levante la mano quien piensa que es realidad; marcar cuántas personas levantaron la mano, sin discutir nada. Hacer lo mismo para la "P".

5 Reflexionar en silencio: ¿qué nos dice este ejercicio?, ¿cuántas de esas frases las digo yo en ocasiones?, y, cuando lo hago, ¿refleja una realidad o un pretexto?

6 En sesión plenaria, dialogar unos minutos sobre su reflexión.

CELEBRAMOS NUESTRA FE

Renovando nuestro deseo de seguir a Jesús

Preparación

Llevar una imagen de Jesús en Galilea para colocarla en el altar.

Celebración

1 Erigir el altar, en el centro del salón, y pararse todos alrededor.

2 Invitar a entrar en ambiente de oración y a entonar un canto de seguimiento, fijándose en sus palabras y haciéndolas propias.

3 Pedir que cada uno piense en la frase del canto que le llegó más al corazón y por qué. Después, invitar a que tres o cuatro jóvenes compartan dicha frase y por qué les impactó en esta ocasión.

4 Invitar a que cada joven pase a dejar en el altar un objeto que trae consigo, al que deberá dar un simbolismo de su deseo de intensificar su relación con Jesús, seguirlo como discípulo/a fiel y continuar su misión. Puede ser una agujeta, el reloj, un peine...

5 Al colocar el objeto, hacer una oración en voz alta o en silencio, y terminarla diciendo: "Jesús, escucha mi oración". Todos responden: "Te lo pedimos de corazón".

6 Para finalizar, unirse en un círculo alrededor del altar, abrazándose en cadena con las dos personas de junto, y entonar un canto misionero. Concluir despidiendo a las dos personas de los lados con un apretón de manos y diciendo: "Ve a seguir a Jesús en tu vida diaria". Responder: "Así lo haré, gracias por ser mi compañero/a de jornada".

14° Domingo Ordinario

INVITACIÓN A SER APÓSTOL MISIONERO/A

Isaías 66, 10-14 • Salmo 66 (65) • Gálatas 6, 14-18 • Lucas 10, 1-12. 17-20

EMPIEZA TU DIÁLOGO CON JESÚS

—Como en Galilea envié a mis discípulos a pregonar mi Buena Nueva, quiero que hoy la lleves a tus amigos, familiares, compañeros y vecinos.

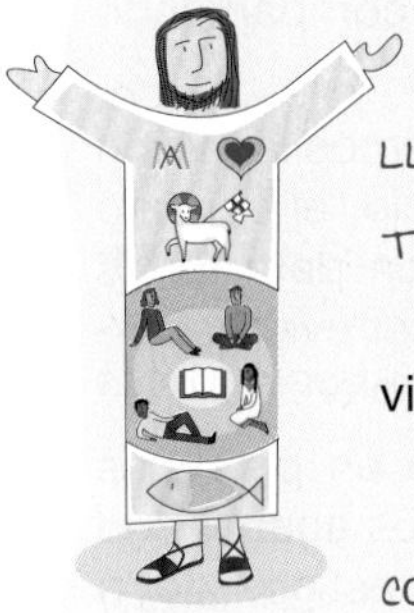

+ ¡PACIENCIA! CON GUSTO LA COMPARTO CON ____________, PERO LLEVARLA A ____________ Y A ____________ ME CUESTA MUCHO TRABAJO PORQUE ____________

—Dime, ¿qué aspectos de mi evangelio te confortan y te traen más vida a ti?

+ ME CONFORTA ____________, Y VIVO CON MÁS PAZ Y SOY MÁS FELIZ AL ____________

—¿No crees que otras personas agradecerían lo mismo?

—¡Si lo pones así! Pero necesito tu ayuda...

CONTINÚA ORANDO DESDE TU CORAZÓN

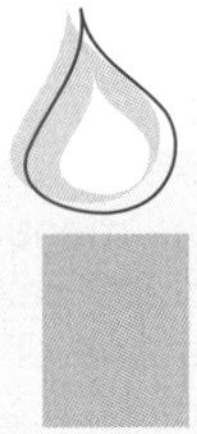

Quiero aceptar tu invitación

Padre nuestro,

Aquí estoy junto con Jesús, tu Hijo amado.

QUIERO ACEPTAR SU INVITACIÓN Y LLEVAR ALIENTO A ____________

____

Deseo dar esperanza a quienes la han perdido, alegría a quien vive en la tristeza, ánimo a quien está agotado... Ayúdame a confiar en que tu Espíritu Santo me dará la sabiduría y el valor necesarios.

PONGO ANTE TI MIS TEMORES ____________

____

Fortaléceme para llevar el signo de la cruz y proclamar que Jesús ha vencido a la muerte. Amén.

CONOCE LA PALABRA DE DIOS

Leer Lucas 10, 1-20

+ ¿A QUIÉNES REPRESENTAN LOS SETENTA Y DOS DEL EVANGELIO?

Jesús da instrucciones precisas a los setenta y dos misioneros sobre cómo cumplir su misión. No se trata de los Doce apóstoles, sino de un grupo grande de sus discípulos.

Los envía de "dos en dos", para mostrar las bondades del trabajo en común. Les dice que van "como corderos en medio de lobos", pues quienes prefieren los antivalores del reino de Dios y las costumbres paganas suelen ser como lobos que atacan a las ovejas.

Les indica que "no lleven bolsa, ni morral ni sandalias", como símbolo de la libertad del cristiano frente a las cosas materiales. Les dice que "ni saluden a nadie por el camino", para no distraerse de su misión.

Su mensaje debe empezar con las palabras "paz a esta casa". Es la paz de Jesús que el mundo no puede dar, comprendida mejor por la palabra hebrea *shalom.*

Les da el poder de "echar demonios". Esto significa que, con la gracia de Dios, podrán vencer al mal que impide vivir con plenitud.

Estas instrucciones de Jesús a sus discípulos no han pasado de moda. Jesús nos las repite hoy a nosotros. ¿Estás dispuesto a responderle que sí, como lo hicieron aquellos setenta y dos?

ANÚNCIENLES: "ESTÁ LLEGANDO A USTEDES EL REINO DE DIOS" Lc 10 9

VIVE LA PALABRA

Todos debemos evangelizar

El texto nos invita a ser misioneros con las mismas actitudes de Jesús: la sencillez en el modo de ser y de actuar; salir a llevar la Buena Nueva y no esperar a que la gente venga a la iglesia; estar cerca de las personas como amigos, compartiendo diálogo y comida...

Todos los cristianos tenemos la misión de evangelizar. El sacerdocio, el celibato y los votos religiosos no son para todos los cristianos, pero sí el de ser evangelizadores y vencer el mal con el bien.

Jesús no nos convierte en personas que "mágicamente" podemos acabar con el mal, sino que nos hace testigos de la verdad para denunciar todo tipo de maldad y ser promotores activos del bien que Dios quiere para sus hijos. Por esta razón, algunos evangelizadores han sido profetas y mártires, que han preferido perder su posición, prestigio e incluso su vida a dejar de defender a quienes iban a evangelizar.

- ¿Qué te atrae más al saber que eres enviado/a a evangelizar?
- ¿Qué personas cercanas a ti necesitan amor, comprensión y alegría?
- ¿Te llama Jesús a llevar su amor a personas desconocidas para ti?

TE PRESENTAMOS A...

Antonio de Montesinos (1470-1530)

Padre espiritual del Derecho Internacional

Fray Antonio de Montesinos llegó a la Isla de la Española, hoy República Dominicana, con los primeros frailes dominicos en 1510. Al ver que miles de indígenas morían por el maltrato y la esclavitud en manos de los españoles, se dedicó a defenderlos.

Sus homilías eran fuertes, con palabras de profeta: "¿Con qué derecho y justicia tienen en tan cruel y horrible servidumbre a los indígenas? ¿Con qué autoridad han hecho tan detestable guerra a esta gente en su tierra mansa y pacífica? ¿Quién los envió a causar tanto daño, con muertes y estragos nunca antes oídos?"

Como buen predicador de su época, movía la conciencia hablando del riesgo al infierno. También cuestionaba con preguntas incisivas: "¿Creen que no son hombres... que no tienen alma racional? ¿No entienden o no sienten? ¿Acaso no están obligados a amarlos como a ustedes mismos?"

Acusado ante la Corona española por crear problemas, se fue a España. Ahí, con el apoyo del foro universitario de Salamanca, logró que la Corona escribiera "ordenanzas" en favor de los nativos, contra el maltrato a mujeres y niños, y prohibiendo echar a los indígenas de sus tierras.

Regresó a América, donde siguió luchando contra la injusticia y el pecado, pues las ordenanzas no dieron fruto, ya que la estructura social de "la encomienda" mantenía a los indígenas a merced de los españoles. Fray Antonio es considerado el padre espiritual del Derecho Internacional, llamado entonces "Derecho de Gentes", por haber generado leyes sobre los derechos de los pueblos y personas, sin importar su raza o condición social.

SIGAMOS
LA OBRA DE JESÚS

Siendo misioneros hoy día

Al pensar en los apóstoles, solemos pensar en los Doce primeros apóstoles que formaron la comunidad de Jesús. La palabra *apóstol* quiere decir "enviado", y si bien los Doce son los pilares de la Iglesia, Jesús envió a muchos otros de sus discípulos a evangelizar.

Tiempo atrás se hablaba del "apostolado de los laicos"; hoy se prefiere hablar de "pastoral" o "ministerios laicos". Lo importante es no perder de vista la meta: seguir la misión de Jesús, el Buen Pastor, quien fue enviado a traer la salvación a toda la humanidad al instaurar el reino de Dios en la sociedad.

Al ser revestidos de Cristo y convertirnos en miembros de su cuerpo, en nuestro bautismo, el mismo Jesús nos envía a continuar su obra, especialmente en el mundo secularizado que nos rodea, de ahí que todos seamos apóstoles y misioneros. Sin embargo, muchos cristianos piensan que los misioneros/as tienen una vocación especial para abrir nuevas parroquias de la iglesia en tierras no cristianas o evangelizar en regiones pobres o apartadas, por eso se limitan a dar limosna o donativos y orar por esas misiones.

+ ¿ADÓNDE Y A QUIÉNES TE ENVÍA JESÚS A LLEVAR SU MENSAJE EN ESTA ETAPA DE TU VIDA?

+ ¿TE INVITA JESÚS A DEDICAR TU VIDA O ALGUNOS AÑOS POR COMPLETO A SU MISIÓN?

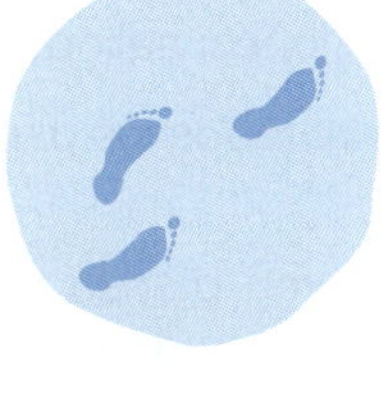

ENCARNEMOS EL MENSAJE
DE ISAÍAS 66, 10-14

Para alabar a Dios por el cuidado a su pueblo

1 Asignar a una persona para que se prepare y proclame Isaías 66, 10-14, de modo que todos disfruten de este bello poema.

2 Proclamar el poema. Al terminar, invitar a los jóvenes a responder a la primera pregunta.

3 Volver a leer el poema, sustituyendo la palabra "Jerusalén" por "iglesia".

4 Invitar a los jóvenes a responder a la segunda pregunta.

5 Compartir la reflexión.

¿QUÉ SENTIMIENTOS Y PENSAMIENTOS DESPIERTA EN TI ESTE POEMA?

____

____

____

¿QUÉ IMÁGENES Y SENTIMIENTOS DESPIERTA EN TI ESTE POEMA, LEÍDO EN CLAVE DE LA "IGLESIA"? ______________

____

____

____

ACTIVIDAD COMUNITARIA

Jesús nos envía hoy

1 Hacer dos columnas en un papelógrafo. Titular la primera "Personas que anhelan la Buena Nueva de Jesús" y la segunda "Respuestas de amor".

2 En silencio, hacer presente en la mente y en el corazón a dos o tres personas que ustedes sepan están pasando por una mala temporada o tienen un sufrimiento fuerte.

3 Repartir media hoja de papel a cada participante, invitando a que cada joven escriba dos o tres palabras que representen el anhelo de la Buena Nueva en una de las personas que recordaron, sin decir su nombre. Por ejemplo: aliento en la desesperación; restaurar su matrimonio; dejar sus adicciones; salir de la tristeza...

4 Compilar todos los papeles y repartirlos al azar.

5 Cada joven piensa en la persona que tiene esa necesidad particular de la Buena Nueva y escribe dos formas de cómo podría hacer realidad para ella el evangelio liberador de Jesús.

6 Cuando todos terminan, cada joven se levanta y explica lo que hará cuando se encuentre con una persona en tales circunstancias. Observar las ideas de cómo llevar el evangelio a la persona en la que se pensó.

7 Reflexión personal: ¿Cómo y cuándo le voy a llevar la Buena Nueva a las personas que Jesús puso en mi mente y en mi corazón en esta sesión?

CELEBRAMOS NUESTRA FE

Rezando un rosario misionero

Preparación

Llevar un mapamundi, una imagen de María y unas sandalias al altar. También llevar una vela o un globo de gas de distinto color para cada misterio.

Celebración

1 Colocar en el altar todos los papeles que escribieron durante la actividad comunitaria.

2 Invitar a rezar un rosario misionero, como una manera de responder al llamado de Dios a ser misioneros y una forma de pedir la intercesión de María por las misiones. Asignar a una persona diferente para que conduzca cada uno de los cinco misterios y una para que coloque el símbolo de cada continente en el altar.

3 Rezar el rosario, iniciando cada misterio con la oración, al tiempo que se enciende la vela o se amarra el globo de ese color de las sandalias. Al terminar, en lugar del "Gloria", decir la siguiente jaculatoria: "Santa María, reina en las misiones". Todos responden: "Acompaña a todos los misioneros, y a nosotros, ayúdanos a cumplir con nuestra misión".

Primer misterio: Hagamos presente a África (color verde)

Oremos por las misiones en **África**, para que la esperanza, simbolizada en el color verde, llegue a nuestros hermanos africanos, sobre todo a los que viven en la miseria y carecen de lo mínimo para vivir. María, acompaña a la iglesia de África, para que conforme sea evangelizada, sea también evangelizadora de sus propios hermanos y el mundo entero.

Segundo misterio: Hagamos presente a Europa (color rojo)

Oremos por las misiones en **Europa**, para que el fuego del Espíritu Santo, simbolizado en el color rojo, encienda los corazones de nuestros hermanos europeos. María, acompaña a la iglesia en Europa, para que renueve su fe y se convierta de nuevo en evangelizadora de sus propios hermanos y del mundo entero.

Tercer misterio: Hagamos presente a Asia (color blanco)

Oremos por las misiones en **Asia**, para que la paz del Señor, simbolizada en el color blanco, inunde los corazones de nuestros hermanos asiáticos, en particular en los países que sufren milenaria violencia. María, acompaña a la iglesia en Asia, para que con el testimonio de su fe sea portadora de la Buena Nueva de Jesús entre sus propios hermanos y el mundo entero.

Cuarto misterio: Hagamos presente a Oceanía (color azul cielo)

Oremos por las misiones en **Oceanía**, para que la ternura de Dios, simbolizada en el color azul, una a nuestros hermanos, en todas las islas, fomentando el apoyo a los más necesitados. María, acompaña a la iglesia en Oceanía, para que con el testimonio de su fe sea portadora de la Buena Nueva de Jesús entre sus propios hermanos y el mundo entero.

Quinto misterio: Hagamos presente a América (color amarillo)

Oremos por las misiones en **América**, para que la luz del Señor, simbolizada en el color amarillo, de modo que siempre cuente con Jesús al luchar por la justicia y la paz, en particular entre personas de distintas culturas y medios socioeconómicos. María, acompaña a la iglesia en América para que, al descubrir a Jesús como el camino, la verdad y la vida, sea portadora de los valores del Reino entre sus propios hermanos y el mundo entero.

4 Ahora, en unos momentos de silencio, hagamos presentes a las personas cuyos nombres Dios puso en nuestro corazón en la actividad comunitaria. Pidamos a Dios por ellas y a María que nos acompañe para que tengamos el valor y el acierto para llevarles el amor salvador de Jesús.

5 Terminar con un canto a María.

15° Domingo Ordinario

LA SOLIDARIDAD CRISTIANA

Deuteronomio 30, 10-14 • Salmo 69 (68) • Colosenses 1, 15-20 • Lucas 10, 25-37

EMPIEZA TU DIÁLOGO CON JESÚS

—¡Ay, Jesús, cómo me choca la gente poco amable!

—A mí también. Por eso te invito a ser amable y generoso con todos tus hermanos/as: los "de sangre", los de la "iglesia" y "todas las personas", pues todos son hijos de mi Padre. ¿A cuál de los tres tipos de "hermanos" tratas bien y a cuál te cuesta trabajo tratar bien?

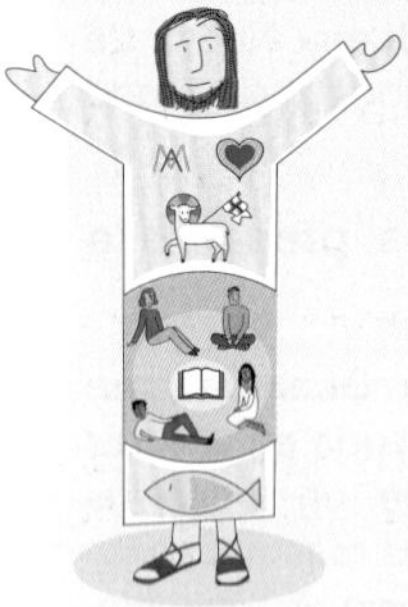

+ EN GENERAL SOY AMABLE Y GENEROSO CON

+ ME CUESTA MUCHO TRABAJO SERLO CON

—¿En qué ocasiones anhelas que otras personas te traten bien?

—¡Qué pregunta! Desde luego que..., ¡siempre!

—Mi Padre y yo anhelamos lo mismo para toda la gente. ¿Quieres ayudarnos?

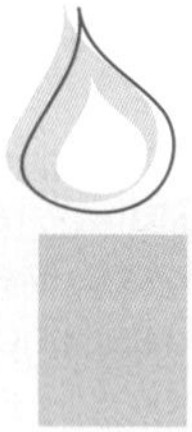

CONTINÚA ORANDO DESDE TU CORAZÓN

Quiero tratar a todos como hermanos

ESPÍRITU SANTO, AYÚDAME A VER COMO HERMANOS A ______________________

____

Transforma mi corazón para amar de verdad a "cada uno de mis hermanos".

PERDÓNAME POR ______________________

____

CAMBIA MI CORAZÓN HACIA ______________________

____

Quiero seguir el ejemplo de Jesús. Que no diga más "ni modo" o "no es mi problema", sino que ame de verdad, que siempre sea amable y que sea capaz de aliviar el sufrimiento de mis hermanos. Amén.

CONOCE LA PALABRA DE DIOS

Leer Lucas 10, 25-37

+ ¿A QUIÉN LLAMÓ JESÚS "PRÓJIMO" Y QUÉ ENTIENDES POR ESTA PALABRA?

En esta parábola, un experto en la ley, quien había oído que Jesús envió a sus discípulos a predicar, quiere ponerlo a prueba con una pregunta sobre la importancia de la ley en su predicación. Jesús le responde con otra pregunta. Como la respuesta estaba en las Escrituras (Dt 6, 5 y Lv 19, 18), el experto le pregunta a Jesús para justificarse: "¿Y quién es mi prójimo?" (Lc 10, 29)

Los judíos habían reducido el concepto de prójimo a los miembros del pueblo de Israel. Jesús aprovecha para regresarle su sentido original: prójimo es el "otro", la persona ajena al pueblo, el extranjero con quien se da una relación de hermano pasajera, en contraste con la relación permanente con los hermanos de sangre.

Jesús desenmascara como hipócritas a quienes, amparados en el cumplimiento de normas o prácticas piadosas, desatienden a las personas necesitadas que se cruzan en su camino. Enfatiza que al "otro" hay que amarlo al igual que a Dios y que a uno mismo.

¿SABÍAS QUE...?

El cielo se gana con acciones

Lucas empieza con una inquietud común en la historia de la humanidad: ¿Cómo ganar el cielo? Los judíos sabían la respuesta de memoria: "Cumplir los mandamientos, especialmente amar a Dios y al prójimo".

Hasta aquí no había dificultad, porque no suele haber controversia al hablar en términos generales. El problema empieza al aplicar los principios a situaciones concretas. Jesús lo sabe y por eso cuenta la historia.

Los personajes representan a tres tipos de individuos con los que Jesús desafía la manera de pensar y actuar. Hay dos posiciones equivocadas: creer que el cielo se gana cumpliendo la ley y pensar que los rezos y ritos son suficientes para salvarse. Después da la razón a quienes saben que la salvación se logra si ayudamos a nuestros hermanos en desgracia aquí en la tierra.

Como Jesús conoce las trampas con las que tratamos de engañar a nuestra conciencia, en lugar de dar un principio ético, mueve a un compromiso personal. El experto en la ley tiene que aceptar que el "hereje", un samaritano que no sabe los mandamientos ni va al templo ni cumple con los ritos establecidos, fue el único que actuó bien. Y, por si fuera poco, Jesús lo reta con una mandato: "Vete y haz tú lo mismo" (Lc 10, 37).

Las parábolas tienen esa fuerza; nos dibujan tal como somos, sin violencia ni ofensas. En esta parábola podemos identificarnos cuando buscamos excusas para ignorar al prójimo y cuando la falsa piedad encubre nuestros sentimientos egoístas. Mirándote en ella, ¿a quién te pareces más?

TE PRESENTAMOS A...

San Jerónimo Emiliano (1481-1537)

Patrono de los huérfanos y abandonados

Jerónimo Emiliano fue uno de tantos santos que siguieron el ejemplo del buen samaritano. Era de familia noble de Venecia, estaba adiestrado en el arte marcial y su ideal era alcanzar grados y prestigios en la sociedad. A los veinticinco años sufrió graves heridas en una batalla, cayó prisionero y fue recluido en una cárcel, donde recibió la gracia de la conversión.

Al recuperar la libertad, se dedicó a la causa de Cristo, ayudando a los pobres. Poco después sintió el llamado al sacerdocio.

En 1528 se desató una epidemia de tifoidea en toda Italia. Hubo muertos por millares, quedando innumerables niños huérfanos vagando en busca de comida.

Jerónimo también se enfermó, pero fue curado milagrosamente después de una larga agonía. Ante la gravedad de la epidemia, vendió sus castillos y tesoros familiares, y se dedicó a recoger a los niños huérfanos y a atenderlos en internados.

Como la estrategia resultaba efectiva, otros sacerdotes se le unieron. De ahí surgió la Orden de los Padres Somascos, dedicados a "atender a los huérfanos, marginados y enfermos en internados y centros de asistencia", primero en Italia y después en otros países.

Durante una nueva epidemia, Jerónimo volvió a contagiarse, muriendo esta vez. Dio testimonio de santidad en el momento más álgido de la reforma protestante, cuando Lutero acusaba a la iglesia de haberse alejado de la Palabra de Dios. Fue canonizado por el papa Clemente XIII, y Pío XI lo nombró patrono de los huérfanos y de la juventud abandonada.

SIGAMOS LA OBRA DE JESÚS

Siendo samaritanos temporales o profesionales

Jesús llama prójimo a quien cumplió el mandamiento del amor. Buen samaritano es quien abre el corazón a la persona que sufre y le tiende la mano, sin discriminar a nadie que necesite cuidado. ¿Cómo pasar de largo e indiferente ante quien sufre? No basta ser sensible y sentir compasión, hay que actuar.

Todos estamos llamados a ser buenos samaritanos, y algunas personas están llamadas a elegir profesiones que encarnan esta misión. Estamos llamados a hacernos prójimos, acercándonos a los necesitados, en especial a quienes no tienen quien les ayude.

En la parábola, sólo una persona se acercó y fue prójimo del hombre caído. ¿Qué pasa cuando nadie se acerca a quien sufre?

+ ¿TE LLAMA JESÚS PARA QUE SEAS MÉDICO, ENFERMERO/A, TRABAJADOR/A SOCIAL, MAESTRO/A EN ESCUELAS POBRES?

+ ¿TIENES VOCACIÓN AL SERVICIO COMO SACERDOTE O RELIGIOSA/O?

+ ¿QUÉ TE PIDE EL SEÑOR A TI CON RELACIÓN AL SERVICIO DEL NECESITADO?

—BCJ, Adaptación, Lc 10, 25-37

HAGAMOS VIDA

COLOSENSES 1, 15-20

Para vivir el misterio de Jesús

1 Asignar a una persona para que se prepare y proclame este cántico a Cristo, creador y salvador.

2 Invitar a los jóvenes a dejarse impactar por su mensaje. Dar unos minutos de silencio para que lo saboreen en su corazón y completen la primera frase.

3 Pedir que los jóvenes lean el cántico en grupos de tres y completen la segunda frase.

LO QUE MÁS ME IMPACTÓ DE ESTE CÁNTICO ES ______________________________
____
____
____

ESTE CÁNTICO DA EL CONTEXTO AMPLIO PARA CONSIDERAR A TODAS LAS PERSONAS COMO "PRÓJIMOS" AL DECIRNOS QUE ______________________________
____
____
____

ENTRA EN ORACIÓN

Ayúdame a convertir en prójimo al necesitado

Padre de ricos y pobres, de quienes tienen de todo y a quienes todo les falta. Tú eres el dueño de cuanto existe y nos has entregado la creación a los hombres y a las mujeres, para que seamos productivos y compartamos los frutos.

¡Llénanos de tu Espíritu!

Que nuestra solidaridad no se quede en dar un pan duro o un par de monedas a quien padece hambre y sed de justicia.

Que seamos capaces de cambiar las estructuras que crean desigualdad entre las personas, las naciones y los hemisferios.

Que no me conforme con decir "ni modo" o "no es mi problema", sino que, considerando al pobre y necesitado/a como a mi más cercano hermano, haga algo para aliviar su sufrimiento.

Amén.

JESÚS, AMIGO Y APOYO MÍO,
CUANDO NO SEPA QUÉ HACER,
GUÍAME;
CUANDO ME DÉ MIEDO AYUDAR,
FORTALÉCEME;
CUANDO ESTÉ CANSADO,
DAME FUERZAS;
CUANDO CAIGA EN LA INDIFERENCIA,
SACÚDEME;
CUANDO MI ÁNIMO ESTÉ BAJO,
RENUÉVAME;
ASÍ PODRÉ ATENDER SIEMPRE
A MI PRÓJIMO. AMÉN.

ACTIVIDAD COMUNITARIA

¡Se necesitan samaritanos!

1 Formar grupos de cuatro o cinco personas. Cada grupo escribirá en un papelógrafo los siguientes elementos para una escenificación actualizada de la parábola del buen samaritano, asegurándose de describir:

- La realidad de los jóvenes con quienes conviven: (a) dónde sucede la escena; (b) a qué tipo de jóvenes representan los personajes; (c) cómo actúa cada uno.
- Cómo transmitiría Jesús los mensajes profundos de esta parábola para que fuera comprendida por la mayoría de los jóvenes.

2 Presentar su trabajo.

3 Diseñar una sola escenificación, combinando elementos de todas, con espíritu de análisis crítico y no de competencia entre los grupos.

4 Formar cinco grupos para preparar la celebración de nuestra fe. El facilitador/a de la oración deberá prepararse para conducir la celebración y asegurarse de que todas sus partes sean coherentes. Los cuatro grupos son:

- Actores
- Preparación del escenario
- Preparación de una reflexión profunda
- Preparación de un rito de compromiso
- Preparación de uno o dos cantos adecuados

CELEBRAMOS NUESTRA FE

Disponiendo nuestro corazón para ser prójimos

1 Invitar a que la comunidad se disponga para un momento de oración a partir de la experiencia visual que se va a realizar.

2 Escenificar la parábola del buen samaritano.

3 Reflexión compartida.

4 Oración.

5 Rito de compromiso a seguir las enseñanzas de este evangelio.

6 Canto de conclusión.

COMPRENDE MEJOR

¿Por qué Jesús da varios ejemplos de los SAMARITANOS para transmitir su mensaje?

+ Busca la explicación en la *BCJ*, p. 1693, u otro vocabulario bíblico, y escribe por qué escogió Jesús usar el ejemplo de un samaritano en esta parábola.

¡SÁLVAME, OH DIOS, QUE ESTOY CON EL AGUA HASTA EL CUELLO!

Sal 69 1

16°
Domingo
Ordinario

ESCUCHA LA PALABRA Y PONLA EN PRÁCTICA

Génesis 18, 1-10 • Salmo 15 (14) • Colosenses 1, 24-28 • Lucas 10, 38-42

EMPIEZA TU DIÁLOGO CON JESÚS

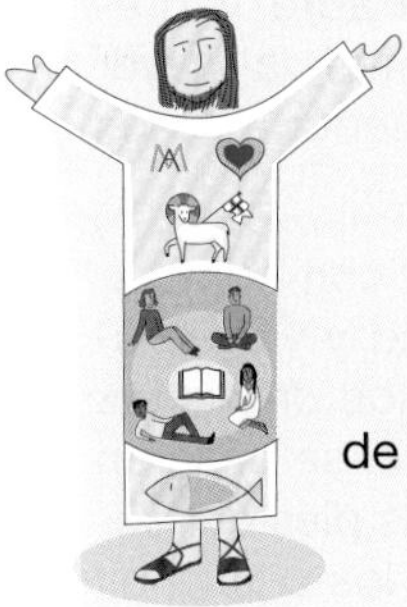

—Jesús, ¿qué prefieres: la oración o la acción?

—Responde tú mismo/a. ¿Cuál es más importante y por qué?

+ PIENSO QUE LA ORACIÓN ES MÁS IMPORTANTE PORQUE

+ CREO QUE LA ACCIÓN TIENE PRIORIDAD PORQUE

—¿Cómo equilibras tu oración con la acción en favor del reino de Dios?

+ MI ORACIÓN ANDA MÁS O MENOS ASÍ

+ MI ACCIÓN POR EL REINO SUELE ANDAR ASÍ

—Sigue adelante. Esta sesión te ayudará a descubrir el equilibrio entre la oración y la acción en tu vida.

CONTINÚA ORANDO DESDE TU CORAZÓN

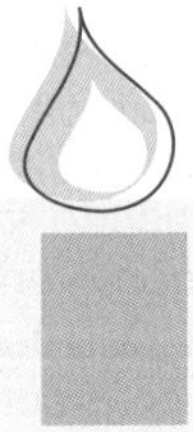

Que mi oración y acción sean constantes

Jesús, tú siempre estuviste en comunicación con tu Padre, oraste de manera especial antes de emprender acciones importantes y nos enseñaste a orar con el "Padre Nuestro".

ENSÉÑAME A ORAR; ME SUELE COSTAR TRABAJO

Que mi oración me lleve a la acción.

HUBIERA QUERIDO HACER VARIAS COSAS EN TU NOMBRE, POR EJEMPLO

En fin, ¡enséñame a que mi oración y mi acción por el Reino sean constantes! Amén.

CONOCE LA PALABRA DE DIOS

Leer Lucas 10, 38-42

+ ¿POR QUÉ ERA TAN IMPORTANTE PARA MARÍA SENTARSE A ESCUCHAR A JESÚS?

El pasaje de hoy describe un problema familiar. Habla de dos hermanas que no se ponen de acuerdo sobre a quién le tocaba hacer el quehacer de la casa. Una de ellas, Marta, le pidió a Jesús que fuera el árbitro.

La actitud de María escuchando las enseñanzas de Jesús es una actitud revolucionaria, pues significa que es su discípula, algo que no era común entre los rabinos de aquel tiempo. Por otra parte, el texto presenta a Marta como una mujer ejemplar, pues atiende a un huésped con esmero.

En la narración, ambas son importantes porque son amigas de Jesús y cada una, a su modo, hace la voluntad de Dios. Hay una familiaridad muy hermosa con Jesús. La escena nos muestra a Jesús compartiendo la vida con sus amigas, y en esa convivencia Jesús ensalza a quien hace las dos cosas: escucha la Palabra y la pone en práctica.

Jesús aprovecha la ocasión para explicar la importancia de la Palabra de Dios, como guía en la vida, sin excluir la responsabilidad de ser un buen anfitrión y sobre todo el deber de vivir en armonía en la familia. Él les dijo que todo eso es posible si sabemos poner en orden nuestras prioridades.

VIVE LA PALABRA

Ora y actúa

Muchas personas interpretan el pasaje de Jesús con Marta y María (Lc 10, 38-42) para decir que la oración es más importante que la acción. Pero ni su vida ni sus enseñanzas dicen eso. Jesús oró para identificarse con el Padre y prepararse para hacer su voluntad; la mayor parte de los evangelios presenta a Jesús actuando.

La oración y el servicio son complementarios en la espiritualidad y vida cristiana. ¿Cómo extenderían los cristianos el reino de Dios en la tierra si se pasaran todo el tiempo sentados a los pies del Señor? (v. 39) ¿Qué pasaría si los cristianos nunca se alimentaran de la palabra de Dios e intentaran construir el reino de Dios a su propio estilo y sólo con sus fuerzas?

—BCJ, Adaptación, Lc 10, 38-42

+ REVISA AHORA LA PROPORCIÓN DE ORACIÓN Y ACCIÓN POR EL REINO DE DIOS EN TU VIDA, ¿QUÉ DESCUBRES?

Haz unos momentos de oración y pide a Dios que te ayude a equilibrar estos dos aspectos vitales en toda vida cristiana.

TE PRESENTAMOS A...

Santa Francisca Javiera Cabrini (1850-1917)

Patrona de los inmigrantes

Francisca nació en una familia rural italiana. Creció débil de salud y tímida, pero despierta para aprender. Desde niña quiso ser misionera en China.

Su hermana Rosa, quien era profesora y ayudó a criarla, le exigía una estricta disciplina y la humillaba constantemente. Así se fue forjando una mujer fuerte, de gran libertad interior y espíritu sobrenatural.

Después de graduarse de profesora, quiso entrar a varias congregaciones religiosas. Al no ser aceptada por su falta de salud, se dedicó a ser maestra.

A los veintitrés años, un sacerdote, al darse cuenta de sus dones, la recomendó para dirigir el Hospicio de la Providencia. Este hospicio estaba en manos de mujeres que habían creado un Instituto religioso, sin las cualidades ni preparación para llevarlo. Francisca hizo votos en ese Instituto, pero los conflictos entre sus miembros llevaron al obispo a disolverlo y a motivarla a fundar las Misioneras del Sagrado Corazón de Jesús.

Aunque seguía soñando con China, Francisca fundó residencias para muchachas que inmigraban a la ciudad para estudiar. Al ver eso, el papa León XIII —quien conocía la terrible situación de los emigrados italianos en Estados Unidos— la envió a atenderlos.

Con gran fortaleza y espíritu misionero, Francisca fue a su encuentro en el trabajo, sus casas, la cárcel, las tabernas... Los halló confundidos ante la mezcla de ideas, credos y razas. Anclada en la oración, se dedicó a servirlos e injertarlos en la iglesia, donde encontraron nueva vida.

Fundó innumerables hospitales, orfanatos, colegios y asilos en más de doce países. De ella se decía: "La madre Cabrini ha hecho por los emigrantes mucho más que el Ministerio de Asuntos Exteriores".

Pío XII la canonizó en 1943. No cabe duda que en Francisca la desconfianza en sí misma se tradujo en una confianza inmensa en Dios, a quien hizo conocer, amar y servir con audacia y previsión, administración y servicio. En 1946 fue nombrada patrona de los inmigrantes.

SIGAMOS LA OBRA DE JESÚS

Orando, acogiendo, sirviendo, luchando

Jesús nos enseña que lo mejor en la vida es descubrir la riqueza de la Palabra de Dios. Esta riqueza no es sólo para nuestra satisfacción, sino para que produzca frutos.

- ¿EN QUÉ SE PARECEN MARÍA Y FRANCISCA, Y MARTA Y FRANCISCA? ______________________

- ¿A QUÉ TE MOTIVA FRANCISCA JAVIERA CABRINI? ______________________

- ¿QUÉ DEBILIDADES NECESITAS QUE FORTIFIQUE DIOS EN TI? ______________________

- ¿HAY EN TU PUEBLO O CIUDAD INMIGRANTES EN BUSCA DE UNA VIDA MEJOR?, ¿QUÉ PUEDES HACER POR ELLOS? ______________________

LUCHO, SOSTENIDO POR LA FUERZA DE AQUEL QUE ACTÚA PODEROSAMENTE EN MÍ (Col 1 29)

HAGAMOS VIDA
COLOSENSES 1, 24-28

Para descubrir a Cristo entre nosotros

1 Leer este pasaje de la carta de Pablo a los colosenses e identificar el mensaje más importante de Pablo. Terminar la primera frase.

2 Relaciona lo que dice Pablo con lo que aprendiste de Jesús, Marta, María y Francisca. Anótalo en el cuadro adjunto.

3 Por último, escribe, ¿qué te dice Jesús a través de esta reflexión y qué le respondes tú?

4 Compartir la reflexión.

EL MENSAJE MÁS IMPORTANTE DE PABLO ES

RELACIÓN ENTRE LO QUE DICE PABLO CON LAS OBRAS DE:

JESÚS

MARÍA

MARTA

FRANCISCA

JESÚS ME DICE

Y YO LE RESPONDO

ENRIQUECE TU FE Y TU VIDA

La mujer ante la Palabra de Dios y el liderazgo

En la iglesia actual, las mujeres participan cada vez más activamente en puestos de decisión, antes reservados al varón. Es importante enfatizar esto, porque la historia está llena de mujeres que fundaron y dirigieron congregaciones femeninas, hospitales, colegios e incluso universidades católicas. ¿No son todas éstas obras de la iglesia?

¡Claro que sí! Con su oración y su acción, las mujeres han hecho aportes muy grandes a la misión de la iglesia. Sin embargo, aún se levantan voces tratando de limitar el liderazgo femenino en la comunidad eclesial, porque Jesús escogió sólo hombres como apóstoles.

+ ¿CUÁL ES TU ACTITUD ANTE MUJERES LÍDERES EN LA IGLESIA?

+ SI ERES MUJER, ¿TE LLAMA DIOS A UNA POSICIÓN DE LIDERAZGO? SI ES ASÍ, ¿CÓMO TE ESTÁS CAPACITANDO?

ACTIVIDAD COMUNITARIA

Perfiles de testigos contemporáneos de Jesús

1 En silencio, recordar a alguna persona conocida, cuya vida está marcada por la oración y la acción. Pensar cómo expresar el testimonio de esa persona en dos minutos.

2 Formar grupos de tres personas y compartir sobre la persona que recordaron.

3 En silencio, reflexionar: ¿cuál de los tres testimonios me motiva más a superarme como persona y como cristiano/a? ¿Por qué?

4 Volver a compartir con los compañeros.

5 En sesión plenaria, invitar a que varios jóvenes expresen en voz alta lo que más les impactó de la sesión de este día.

CELEBRAMOS NUESTRA FE

Meditando sobre el equilibrio entre la oración y la acción

1 En grupos de cuatro, compartir a qué personaje te asemejas más: a María que escucha la palabra de Dios o a Marta que la pone en práctica (Lc 10, 38-42).

2 Un/a joven dirige la siguiente meditación, haciendo una pausa en las preguntas, los párrafos y los puntos suspensivos, para dar tiempo a la reflexión.

MEDITACIÓN SOBRE LA ORACIÓN Y LA ACCIÓN EN MI VIDA

Pongámonos en presencia de Dios y pidamos a Jesús que nos acompañe en esta meditación, al Espíritu Santo que nos ilumine y al Padre que nos acoja en su amor, para que nuestra meditación sea fuente de paz y vida nueva.

Haremos un recorrido de la semana pasada. Recuerda el domingo, día de fiesta del Señor:

En cuanto a la Eucaristía: ¿cómo salió el Señor a tu encuentro en la misa?, ¿qué recuerdas de tu oración al comienzo de la misa?, ¿cuál fue el mensaje de las lecturas?, ¿qué le ofreciste al Señor en el ofertorio?, ¿vibraste con la oración eucarística?, ¿estrechaste tu relación con Jesús con la comunión?, ¿saliste con algún propósito de vida?

En cuanto a tu oración: ¿tuviste presente a Dios a lo largo del día?, ¿hiciste algún otro rato de oración?, ¿dialogaste con Jesús informalmente?, ¿pediste ayuda al Espíritu Santo para algo?, ¿te relacionaste con el Padre como su hijo/a?

En cuanto a tu acción: ¿con qué actitudes, conductas y acciones diste testimonio de vida cristiana?, ¿hiciste algún acto de amor y servicio?, ¿realizaste alguna acción intencional para hacer presente el amor... la justicia... la paz... la libertad... la verdad...?

Haz memoria de los días de la semana: ¿qué aspectos fueron rutinarios día a día?, ¿hubo algo extraordinario?

En cuanto a tu oración: ¿cómo le dedicaste cada día a Dios?, ¿estableciste comunicación con tu Padre en el cielo?, ¿dialogaste con Jesús como tu amigo y compañero de jornada?, ¿contaste con el Espíritu Santo en momentos difíciles?, ¿de qué le pediste perdón a Dios?, ¿por qué diste gracias a Dios?, ¿alabaste a Dios por su grandeza?, ¿cómo aprovechaste los momentos de oración en tu reunión juvenil?

En cuanto a tu acción: ¿con qué actitudes, conductas y acciones diste testimonio de vida cristiana?, ¿hiciste algún acto de amor y servicio?, ¿realizaste alguna acción intencional para hacer presente el amor..., la justicia..., la paz..., la libertad..., la verdad...?, ¿llevaste a cabo lo que te propusiste en la reunión juvenil o en otros momentos de la semana?

Terminemos con una oración:

Oración inicial

Jesús mío, sé que a cada persona le pides un equilibrio distinto entre oración y acción. Ahora que soy consciente de cómo viví la semana pasada estas dos caras de mi vida cristiana, ayúdame a descubrir lo que deseas para mí en esta etapa de mi vida.

Oración espontánea

Invitar a que quienes lo deseen hagan una oración en voz alta. Todos responden: "Escucha nuestra oración".

Oración final

Espíritu Santo, que habitas en mí, mueve mi corazón y fortalece mi voluntad para que tenga siempre una buena comunicación con Dios y que mi vida esté siempre marcada por la fidelidad al evangelio.

Amén.

3 Terminar con un canto apropiado.

17º Domingo Ordinario

SEÑOR, ENSÉÑAME A ORAR

Génesis 18, 20-32 • Salmo 138 (137) • Colosenses 2, 12-14 • Lucas 11, 1-13

EMPIEZA TU DIÁLOGO CON JESÚS

—Jesús, quisiera aprender a orar, pues muchas veces me da flojera o me cuesta trabajo.

—¿Qué entiendes por "hacer oración"?

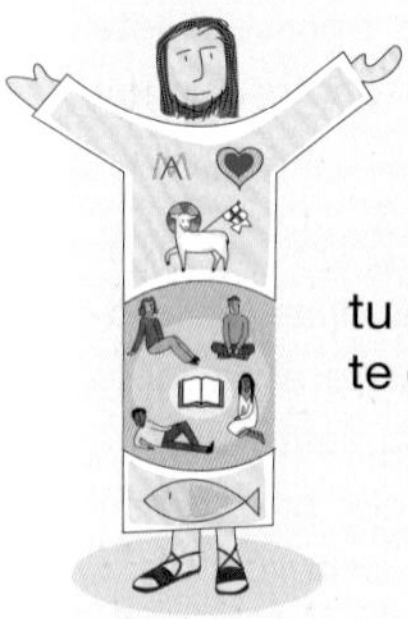

+ PARA MÍ, HACER ORACIÓN ES

—Orar es dialogar con Dios: con mi Padre, conmigo o con el Espíritu Santo, sobre distintas cosas y de muchas maneras. Dime, ¿cuándo te gusta orar y cuándo se te dificulta?

+ ME GUSTA ORAR CUANDO

+ ME CUESTA TRABAJO CUANDO

—Hoy avanzarás otro poco en tu oración, como ha ido pasando a lo largo de estas sesiones. ¿Lo has notado?

CONTINÚA ORANDO DESDE TU CORAZÓN

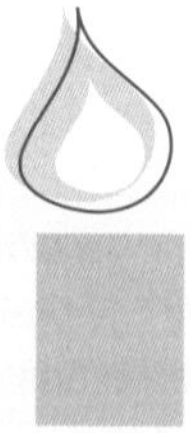

Quiero aprender a orar

Señor Jesús, enséñame a orar como a tus discípulos, para estar más en contacto contigo.

QUE SI TENGO FLOJERA, AL MENOS TE PLATIQUE SOBRE ______________________

QUE LOGRE COMPRENDER LO QUE ME DICES DÍA A DÍA ______________________

QUE EN LAS MAÑANAS TE VEA AL ______________________

EN LA TARDE TE ESCUCHE AL ______________________

Y EN LA NOCHE SIENTA TU ______________________

Que cuando no encuentre qué decirte y no logre escucharte, nos comuniquemos en silencio, a través de nuestra mutua presencia. Amén.

CONOCE LA PALABRA DE DIOS

Leer Lucas 11, 1-13

✝ SEGÚN ESTE PASAJE DEL EVANGELIO, ¿CÓMO DEBE SER NUESTRA ORACIÓN?

Jesús es el maestro de la oración. Sólo él sabe comunicarse con su Padre y nos enseña a hacerlo. El "Padre Nuestro" tiene todos los elementos necesarios al orar. Profundicemos en cómo lo expresa Lucas:

Padre: Confesamos nuestra fe en el Dios de Jesús, a quien llamamos Padre porque nos dio la vida para siempre.

Santificado sea tu nombre: Reconocemos que Dios es santo y el pueblo debe ser santo, amando a Dios sobre todas las cosas, libres de toda idolatría.

Venga tu Reino: Aceptamos el proyecto de Jesús, que se realiza parcialmente en la tierra y que culminará en la vida después de la muerte.

Danos cada día el pan que necesitamos: Pedimos que satisfaga nuestras necesidades cotidianas físicas y espirituales.

Perdónanos nuestras ofensas, porque también nosotros perdonamos a todo el que nos ofende: Confirmamos nuestra fe en su misericordia y nos comprometemos a pedir perdón y a perdonar.

No nos dejes caer en tentación: Imploramos su gracia para nunca negar a Jesús y su evangelio, de palabra o de obra.

¡SEÑOR, TU AMOR ES ETERNO, NO ABANDONES LA OBRA DE TUS MANOS! Sal 138 8

¿SABÍAS QUE...?

Podemos orar de mil y una formas

La oración cristiana implica la fe en Jesús y la opción personal por el reino de Dios. Quien ora se alimenta de la fuente de toda bondad y puede dar más frutos al estilo de Jesús.

Nuestra oración confiada, constante y perseverante va purificando y enriqueciendo nuestra vida con la obra del Espíritu Santo. Incluso la persona más corrupta por la ambición, el poder o el placer puede recuperar la bondad interior en la que fue creada, a través de la oración.

Existen tantas maneras de orar como de llevar una amistad y compartir nuestros sentimientos. Hay oración personal y comunitaria; en silencio, cantada, proclamada y en lenguas; espontánea y con oraciones creadas por otros. Podemos ser reverentes o coloquiales; confianzudos o respetuosos, pues oramos con la personalidad que tenemos, y Dios nos acepta y ama como somos. Las posibilidades de orar son ilimitadas y conviene alternar nuestra manera de orar para encontrar el estilo adecuado a cada circunstancia y momento.

TE PRESENTAMOS A...

Santa Teresa de Ávila (1515-1582)

Gran maestra de la oración

Santa Teresa es una gran maestra de vida espiritual que ha enseñado a numerosas personas de todo tiempo y lugar cómo orar. Desde joven comprendió el mensaje del evangelio a nivel intelectual y, a partir de los diecisiete años, al entrar a la Orden del Carmelo, trató de llevarlo en la práctica, pero le fue muy difícil. Necesitó una profunda conversión, que tuvo lugar muchos años después.

Teresa tuvo el cuidado de observar sus reacciones, impulsos, miedos y sentimientos que surgían al empezar a orar y estar en presencia de Dios. Sus observaciones sobre su propia manera de orar aparecen sobre todo en *El libro de la vida*, donde compara la oración con el trabajo de un campesino y el milagro del capullo que se convierte en mariposa.

En su libro *Castillo interior* o *Las Moradas,* describe cuatro etapas en el proceso de la oración, comparándolas con las habitaciones de un castillo. También usa la imagen bíblica del matrimonio entre el cristiano y Dios para describir la compenetración del alma con el Creador.

Según su experiencia, la oración exige el ejercicio de todas las facultades humanas, como cualquier otra disciplina. En un primer momento, requiere esfuerzo personal; con la práctica y la obra del Espíritu Santo, orar se convierte en la sola acción de Dios en el alma. Señala que la motivación a orar es clave, pero lo vital es la fe, porque esta virtud genera posibilidades infinitas en la relación con Jesús.

SIGAMOS LA OBRA DE JESÚS

Aprendiendo de Santa Teresa

La espiritualidad de Santa Teresa está enraizada en cuatro virtudes:

Humildad: Consiste en aceptar nuestra realidad humana con los altibajos propios de nuestra naturaleza y el mundo que nos rodea. Ser humildes nos libera de la arrogancia, melancolía, enorgullecimiento y desprecio propio. Nos permite enfocar la vida con amor, fe y esperanza.

Obediencia: Esta virtud se refiere a la Palabra de Dios, sea que la escuchemos en nuestro interior, la leamos en la Sagrada Escritura o la recibamos de una persona con autoridad legítima. Obedecer a Dios asegura la paz y la felicidad incluso en medio del dolor y las tensiones de la vida.

Valentía-determinación: Esta virtud es clave al enfrentar los desafíos en nuestro discipulado. La valentía permite tener vida y fortaleza aun en la enfermedad, debilidad o fracaso, lo que junto con la determinación permite vencer las tentaciones que vienen del espíritu del mal y seguir fieles incluso ante calumnias y persecuciones.

Amor: El amor a Dios es humano y divino, espontáneo y reverente. Establece una relación entre la totalidad de nuestro ser y Dios Trinidad, y se proyecta en el amor con otras personas.

+ ¿EN QUÉ VIRTUD VA MÁS AVANZADA TU VIDA ESPIRITUAL? ¿CÓMO LO NOTAS? ______

+ ¿CUÁL NECESITAS MÁS EN ESTA ETAPA DE TU VIDA? ¿POR QUÉ? ______

VIVE LA PALABRA

Ora con la Sagrada Escritura

Sabemos que debemos orar con la Palabra de Dios. Además, usualmente necesitamos apoyos que nos ayuden a centrarnos en uno u otro mensaje y a relacionarlos con nuestra personalidad y nuestra vida.

La Biblia Católica para Jóvenes (BCJ) y esta serie de Diálogos Semanales con Jesús son en sí mismos un camino de oración. La *BCJ* tiene un índice con oraciones del Antiguo y del Nuevo Testamento para distintas circunstancias de la vida. Las oraciones ahí escritas siempre se basan en la Palabra y usan diferentes estilos para orar.

Si eres constante en leer los pasajes de la liturgia dominical y dedicas tiempo a meditarlos y confrontarlos con tu vida, la Palabra de Dios irá haciendo su obra en ti. Entonces sucederán muchos milagros al dejar que salga lo mejor de ti. Sin apenas percibirlo, tus actitudes y sentimientos se irán purificando y haciendo cada vez más semejantes a los de Jesús.

¡Vale la pena hacer el esfuerzo, tener la *valentía* y la *determinación* de Santa Teresa para vencer los obstáculos que se te presenten! Ora con *humildad*, acepta los dones que Dios te dio y también tus debilidades. Sé *obediente* a las motivaciones del Espíritu. Ten valor para continuar en situaciones difíciles, así el *amor* entre Dios y tú será fuente de vida abundante hasta que goces de él plenamente en la vida futura. ¿Te animas?

ACTUALICEMOS EL SALMO 138

Para que el Señor nos escuche

1 Invitar a orar con el Salmo 138 conforme una persona lo proclama en voz alta.

2 En parejas, actualizar el salmo, sustituyendo palabras y añadiendo ideas para reflejar la realidad que viven como jóvenes.

3 Tres parejas comparten la actualización y tres personas su respuesta a las siguientes preguntas:

+ ¿QUÉ LES GUSTÓ DE ESTA MANERA DE ORAR?

+ ¿LES COSTÓ TRABAJO HACERLO?

ACTIVIDAD COMUNITARIA

La sabiduría permanente de los dichos

1 Trabajar en grupos de doce jóvenes. Escribir los siguientes dichos en un papelógrafo, dejando un espacio a la derecha.

2 En silencio, cada quien organiza los dichos en orden prioritario según su importancia para la propia vida espiritual. Al terminar, escribir el orden que les dieron en el papelógrafo.

3 Analizar el papelógrafo: ¿Qué descubren?, ¿qué les enseña este ejercicio respecto a su propia vida espiritual?

DICHOS O PENSAMIENTOS DE SANTA TERESA*

"No necesitamos alas para ir a buscar a Dios, sino ponernos en soledad y mirarlo dentro de nosotros mismos".

"Todo el daño nos viene de no tener la vista puesta en ti; si no miráramos otra cosa que tu camino, pronto llegaríamos a nuestro destino".

"Es imposible tener ánimo para las cosas grandes si no estamos convencidos de que somos favorecidos por Dios".

"Dios no fuerza nuestra voluntad, toma lo que le damos; pero no se da del todo hasta que nosotros nos entregamos del todo".

"Miré yo a mi Amado y mi Amado a mí; miró él por mis cosas y yo por las suyas".

"La mejor manera de descubrir si tenemos el amor de Dios es ver si amamos a nuestro prójimo".

"El amor de Dios no debe ser fabricado en nuestra imaginación, sino probado en nuestras obras".

** El lenguaje de estos dichos o pensamientos está actualizado para facilitar su mensaje y evitar distracciones.*

CELEBRAMOS NUESTRA FE

Escribiendo a Dios y a nuestros hermanos

Preparación

Llevar dos canastos al altar y papel de dos colores distintos.

Celebración

1 Repartir los papeles, especificando un color para cada escrito: (a) una carta a Dios, sobre tu vida de oración, y (b) una oración pidiendo una gracia para tu vida espiritual, la cual se repartirá al azar para orar unos por otros.

2 Al terminar los escritos, doblarlos hacia dentro y al reverso de la carta, escribir tu nombre para obtenerla después del rito.

3 Reunirse alrededor del altar. Invitar a que cada joven deposite sus escritos en los canastos designados a cada uno.

4 Un/a joven levanta el canasto de las cartas a Dios. Todos levantan ambas manos en señal de bendición y el facilitador/a hace la siguiente ofrenda:

"Padre bueno, te entregamos estas cartas que nacen de nuestro corazón; recibe nuestros anhelos; bendice nuestros esfuerzos y fortalécenos en nuestro caminar en la oración". Todos responden: "Amén".

Otro/a joven levanta el canasto con las oraciones. De nuevo, todos levantan las manos para bendecirlas y el facilitador/a hace la siguiente petición:

"Espíritu Santo, enséñanos a orar unos por otros, sé fuente de bendición a través de nuestra oración, te lo pedimos por intercesión de María, madre de Jesús y madre nuestra". Todos responden: "Amén".

5 Entonar un canto apropiado mientras una persona regresa a cada joven su carta y otra reparte al azar las oraciones. Terminar con un abrazo de paz entre todos.

18º
Domingo
Ordinario

LA AVARICIA

Eclesiastés 1, 2; 2, 21-23 • Salmo 90 (89) • Colosenses 3, 1-5. 9-11 • Lucas 12, 13-21

EMPIEZA TU DIÁLOGO CON JESÚS

—¿Quieres un buen consejo? Cuida tu actitud hacia el dinero y las cosas materiales, porque pueden causar adicción.

—¿Adicción? ¡Eso sí que no lo había oído!

—La cultura actual fomenta un consumismo exagerado, que está causando avaricia. Por cierto, en tu experiencia, ¿qué es avaricia y cómo se relaciona con el trabajo, la ambición y la superación personal?

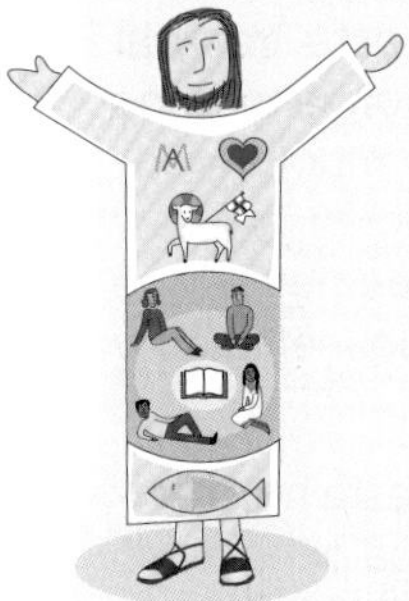

+ ¿QUÉ PREGUNTA MÁS RARA! EL TRABAJO ES PARA

+ UNA PERSONA AVARA ES

+ TENER AMBICIÓN ES

+ BUSCAR LA SUPERACIÓN PERSONAL SIGNIFICA

—Platicaremos más sobre la trampa de la avaricia, que petrifica el corazón y evita tener amigos.

CONTINÚA ORANDO DESDE TU CORAZÓN

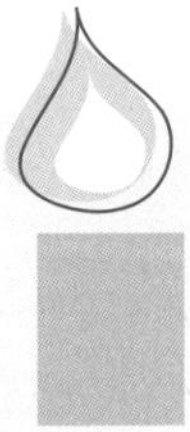

Líbrame de la avaricia

Jesús, amigo y Salvador mío,

MI IDEAL ES SER UNA PERSONA

QUIERO QUE MI VIDA

NO ME GUSTA SER EGOÍSTA, PERO FÁCILMENTE

AYÚDAME A SER GENEROSO/A. ME CUESTA MUCHO TRABAJO

Acompáñame y "jálame las orejas", como un buen amigo, cuando sientas que puedo caer en la trampa de la avaricia. Amén.

CONOCE LA PALABRA DE DIOS

Leer Lucas 12, 13-21

✚ ¿CÓMO DESCRIBE EL TEXTO AL DUEÑO DE LAS COSECHAS ABUNDANTES?

En la época de Jesús, el hijo mayor en una familia de dos hermanos recibía dos tercios de la herencia paterna. El hijo menor quiere convertir a Jesús en juez ante la avaricia de su hermano, que no le da su parte. Jesús aprovecha la discusión entre los dos hermanos para enseñar que la avaricia es contraria a la verdadera vida del ser humano.

En esta parábola, Jesús dice claramente que la obsesión por el dinero y el deseo de acumular sin compartir son actitudes de una persona "torpe", "necia" o "insensata", según la traducción en distintos textos bíblicos. Esta necedad implica que la persona no está actuando con buena conciencia ni con consideración hacia los demás. Su egoísmo le dificulta ser discípulo de Jesús y lo puede llevar a perder su vida con Dios.

VIVE LA PALABRA

No caigas en la trampa de la avaricia

Con esta parábola del rico que quería seguir acumulando bienes, Jesús nos advierte que la avaricia es una trampa que puede causar adicción. En lugar de sentirnos felices por lograr lo que anhelábamos, sentimos que es insuficiente y caemos en un círculo vicioso que nunca acaba. ¡Es tan fácil caer en esta trampa! La mercadotecnia trata de convencernos de que necesitamos poseer muchas cosas. Nuestra inseguridad también influye y nos lleva a pensar equivocadamente que somos más importantes al poseer más y más bienes.

La medicina para vencer este mal consiste en vivir bien los siguientes principios:

- Valorarse por lo que uno es y no por lo que se posee.
- Estar contento con lo que se tiene, sin obsesionarse con tener más.
- Llevar un estilo de vida conforme a los medios económicos que se tienen, sin tratar de aparentar más.
- Tener una vida sencilla, aunque los recursos personales alcancen para vivir con lujo.
- Evitar los juegos de azar, que tienen alto riesgo y crean adicciones peligrosas.
- Tener un espíritu generoso para compartir.
- Valorar el prever y proveer para el bienestar de la familia, sin acumular lo que no se necesita.
- Estar abierto/a al apoyo y al consejo de personas sabias.

—BCJ, Lc 12, 13-21

QUE ADQUIRAMOS UN CORAZÓN SABIO

Sal 90 12

TE PRESENTAMOS A...

Santa Isabel de Hungría (1207-1231)

Isabel era hija de los reyes de Hungría, quienes al nacer la prometieron al príncipe Luis de Turingia, por razones políticas. A los cuatro años la enviaron al castillo de Turingia, hoy Alemania, para que se educara con su futuro esposo.

Isabel era hermosa, sencilla, generosa y leal, pero varios miembros de la corte no apreciaban sus cualidades e intentaron impedir su matrimonio. Luis, quien estaba muy enamorado, declaró que estaba dispuesto a perder una montaña de oro antes que a ella.

En 1225, durante una hambruna muy fuerte, Isabel usó su riqueza y el grano almacenado en la corte para socorrer a los más necesitados. Daba de comer a novecientos pobres en su castillo y les asignaba tareas para evitar la ociosidad. Como el castillo estaba en un monte al que no podían subir los inválidos, construyó un hospital en el valle y bajaba personalmente a atenderlos. Además, pagaba la educación de niños pobres y huérfanos. Puede decirse que sus bienes eran el patrimonio de los pobres.

Su generosidad provocó grandes críticas en la corte. Cuando Luis murió, su cuñado se apoderó del gobierno y la echó del castillo con sus dos hijos y dos criados. Unos familiares la recibieron en su casa.

Años después el rey de Hungría logró que le devolvieran los bienes que le pertenecían como viuda. Con ellos construyó otro hospital para los pobres y ayudó a muchas familias necesitadas. Su vida estuvo marcada por la humildad, la austeridad y la generosidad.

SIGAMOS LA OBRA DE JESÚS

Analizando nuestra actitud ante los bienes

Como discípulos de Jesús debemos ser conscientes de las siguientes distinciones sobre el manejo de los bienes:

La ambición económica indica el ideal de tener lo suficiente para vivir con dignidad y poseer los medios para la superación personal y el bienestar familiar.

+ ¿QUÉ IDEALES ECONÓMICOS TIENES A CORTO Y A LARGO PLAZO? ____________

El ahorro es fruto de una conciencia social. Es guardar lo necesario para velar por sí mismo, cumplir con las obligaciones familiares y tener un "colchón" para emergencias.

+ ¿CUÁNTO AHORRAS? SI TIENES CRÉDITO, ¿CÓMO LO MANEJAS? ____________

La generosidad es compartir los bienes personales, incluso al grado de sacrificarse por el bien del prójimo.

+ ¿CON QUIÉNES COMPARTES TU DINERO Y TUS BIENES? ____________

La avaricia es ambicionar riquezas sin medida por el mero placer de poseerlas, convirtiéndolas en un fin en sí mismo.

+ ¿TE DEJAS LLEVAR POR LA ATRACCIÓN DEL DINERO INCLUSIVE A COSTA DE OTROS VALORES? ____________

El despilfarro es derrochar y malgastar el dinero en cosas superfluas y para la obtención de placer.

+ ¿CÓMO CONTROLAS TUS GASTOS EN LA MODA, ARTEFACTOS ELECTRÓNICOS, OBJETOS DE LUJO, DIVERSIONES...? ____________

Distribución del ingreso mundial

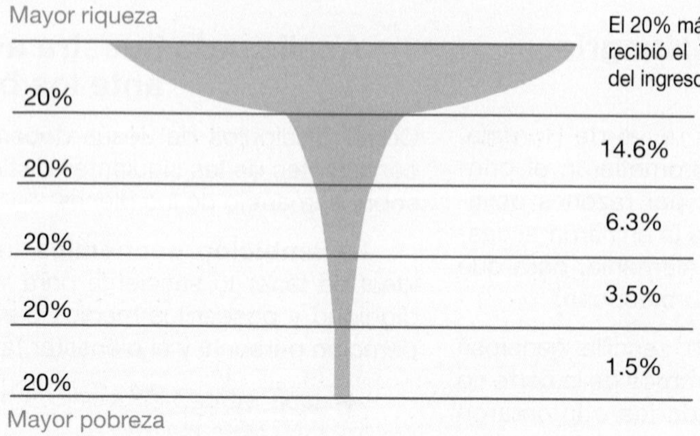

Distribución del ingreso en Estados Unidos

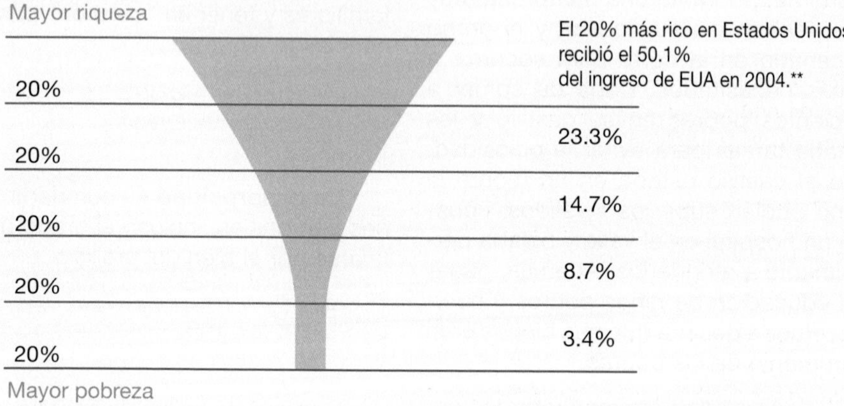

+ Si todas las personas vivieran como el 40% más alto al nivel mundial o el 60% en Estados Unidos, necesitaríamos tres planetas para satisfacer nuestras necesidades.
+ El 40% de la población mundial cuenta sólo con un 5% de los recursos en el mundo.
+ El ingreso del 20% más alto de la población es 50 veces más grande que el del 20% más bajo.
+ En la mayoría de los países subdesarrollados, los pobres tienen hoy un nivel más alto de pobreza que hace diez años.

* Dikhanov, Yuri, Trends in Global Income Distribution, 1970-2000, and Scenarios for 2015, United Nations Development Program, 2005.

** U.S. Census, Historical Income Tables-Households, 2004.

ACTIVIDAD COMUNITARIA

La realidad económica desde distintas perspectivas

Preparación

Llevar revistas, publicaciones y periódicos con anuncios publicitarios, especialmente los dirigidos a los jóvenes.

Actividad

1 Formar tres grupos. Pedir que cada grupo diseñe un póster con una mezcla de objetos "necesarios", "útiles" y "superfluos o lujosos". Después, construir un periódico mural con los tres aportes.

2 Cada joven analiza el periódico mural, llenando el cuadro siguiente poniéndose en los zapatos de la persona en cada situación listada, e identifica los diferentes objetos: (a) necesarios, (b) útiles y (c) superfluos o lujosos desde cada perspectiva.

SITUACIONES	OBJETOS NECESARIOS	OBJETOS ÚTILES	OBJETOS SUPERFLUOS O LUJOSOS
Miseria: no tiene casa, ropa, comida, luz eléctrica ni agua potable; niños y ancianos están desnutridos.			
Subsistencia: tiene lo esencial para vivir esta semana o mes, pero no sabe si lo tendrá en adelante.			
Pobreza: tiene lo suficiente para vivir; carece de salario digno y/o trabajo fijo, medios para educación o transporte.			
Clase media: vive con comodidad y puede prever un futuro similar, posee lo suficiente para educación, tener casa propia y/o ahorrar.			
Clase alta: vive con comodidad y siente su futuro asegurado, tiene exceso de dinero y puede darse lujos.			
Elite: tiene tal exceso de dinero que su riqueza llega a ser cientos de veces superior a la de la clase alta.			

Nota: *La actividad continúa en la página 108.*

3 Reflexionar en el grupo pequeño:

- ¿Qué les impactó más al hacer el ejercicio?
- ¿Con quién/es les costó trabajo identificarse?
- ¿Qué les dice este ejercicio a la luz del siguiente mensaje del papa Juan Pablo II a los jóvenes?

> Sé que para cumplir su misión están dispuestos a dar, dispuestos a compartir y dispuestos a servir.
>
> En la iglesia hay lugar para muchos dones y culturas diferentes, pero no para el egoísmo.
>
> Su misión como jóvenes de hoy día es hacia el mundo entero, sin límites geográficos.
>
> Ustedes deben cambiar la sociedad con una vida de justicia y amor fraterno.[2]
>
> *—Juan Pablo II*

4 En sesión plenaria, compartir lo que aprendieron al hacer esta reflexión.

CELEBRAMOS NUESTRA FE

Orando por pobres y ricos

Preparación

Llevar seis velas de distintos colores que representen a las personas en las seis situaciones analizadas en la actividad comunitaria. Si se necesita, llevar fotocopias o escribir en un papelógrafo la oración para el paso 4.

Celebración

1 Iniciar con un canto de solidaridad con los pobres y marginados.

2 Colocar los periódicos murales en el altar y ponerse alrededor de él. Repartir las seis velas e indicar a cada persona a qué sector de la humanidad representa su vela.

3 Meditar unos minutos en silencio contemplando de nuevo las copas y las cifras al pie de ellas, ahora en espíritu de oración:

- ¿Qué te dice Jesús a través de estas gráficas y cifras?
- ¿Qué le respondes desde el fondo de tu corazón?
- ¿Qué estás haciendo para colaborar a mejorar la situación de los más pobres?
- ¿En qué grado tus ideales para tu vida de adulto consideran esta realidad?

4 Hacer juntos la Oración colecta de la misa para el desarrollo de los pueblos:

ORACIÓN POR EL DESARROLLO DE LOS PUEBLOS

Oh Dios,
que diste origen a todos los pueblos
y quisiste formar con ellos una sola
familia en tu amor,
llena nuestros corazones del fuego
de tu caridad y suscita en todos los
hombres y mujeres el deseo de un
progreso justo y fraternal,
para que se realice cada uno como
persona humana y reinen en el mundo
la igualdad y la paz. Amén.

5 Invitar a que una persona pase a poner su vela. Al ponerla hará una oración espontánea en voz alta, que nazca de su reflexión en esta sesión, siguiendo este modelo: "Señor, nos solidarizamos con... y te pedimos...", conforme enciende la vela. Todos responden: "Escucha nuestra oración".

6 Repetir el mismo proceso hasta haber orado por las personas en todas las situaciones.

7 Terminar entonando el "Padre Nuestro", posando los brazos en los hombros de los participantes de ambos lados o tomados juntos de las manos.

19°
Domingo
Ordinario

SER Y HACER VAN DE LA MANO

Sabiduría 18, 6-9 • Salmo 33 (32) • Hebreos 11, 1-2. 8-19 • Lucas 12, 32-48

EMPIEZA TU DIÁLOGO CON JESÚS

—Jesús, a diario mueren personas, y, aunque soy joven, basta un accidente y ¡ahí quedé! ¿Cómo saber cuándo vendrás por mí?

—¡Debes estar preparado/a siempre! Así serás feliz, pues estás siendo y haciendo lo que Dios quiere de ti. De otro modo tendrás angustias o no te desarrollarás a tu máximo potencial. ¿Qué piensas?

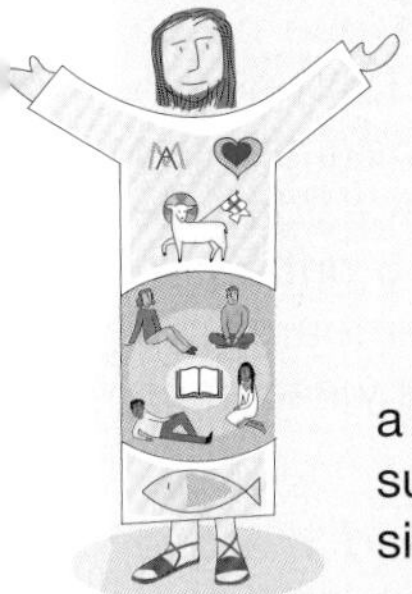

+ VIÉNDOLO ASÍ

+ LO QUE MÁS TRABAJO ME CUESTA ES

—Recuerda que eres esencialmente bueno/a, pues fuiste creado/a a imagen y semejanza de Dios. También es natural que te cueste trabajo superar tus debilidades, pero con mi ayuda puedes hacerlo y así estar siempre preparado/a.

CONTINÚA ORANDO DESDE TU CORAZÓN

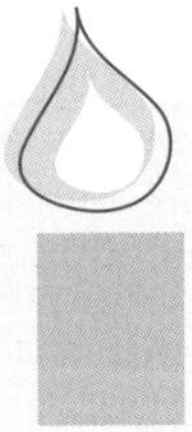

Quiero estar preparado para tu llegada

Señor y Dios mío,

Bendíceme y ayúdame a estar listo/a para ti siempre.

CONCÉDEME CONFIANZA Y PERSEVERANCIA PARA

DAME SABIDURÍA Y FORTALEZA PARA

Sé tú el compañero de mi vida. Que a nadie desee agradar ni a nadie tema disgustar más que a ti.

DIRIGE SIEMPRE MI CORAZÓN HACIA TI, ESPECIALMENTE

QUE SEPA ENMENDAR MIS FALLAS EN

Así estaré siempre listo/a para tu llegada. Amén.

CONOCE LA PALABRA DE DIOS

Leer Lucas 12, 32-48

+ ¿QUÉ VIRTUDES NOS INVITA A PRACTICAR JESÚS EN ESTE PASAJE DEL EVANGELIO?

Este pasaje se dirige principalmente a los líderes de la comunidad, quienes tienen la responsabilidad del cuidado de la iglesia. Es algo que el pueblo de Israel ya había experimentado previamente, pues la elección no es un privilegio, sino una responsabilidad acrecentada.

También se refiere a todos los cristianos, porque cada uno de nosotros debemos desarrollar nuestros dones y ponerlos al servicio de otros. Todos debemos vivir en espera del Maestro que está por llegar, "con la cintura ceñida y con las lámparas encendidas", que, en otras palabras, significa haciendo lo que debemos hacer, sin excusas ni pretexto.

Esto supone *ser, hacer y no hacer*... lo que Dios quiere de nosotros. En estas palabras se resume el evangelio de hoy.

ENRIQUECE TU FE Y TU VIDA

Ser para hacer... hacer para ser

La vida presente es parte de la vida eterna, porque con nuestros actos podemos dar gloria a Dios, ignorarlo o incluso rechazar lo que nos pide. Lo que somos se refleja en nuestras acciones y ambas cosas, "lo que somos y lo que hacemos" responden a la orientación que hemos elegido dar a nuestra vida.

Hay situaciones pasajeras que no se repiten. Algunos actos aislados pueden ser provocados por circunstancias del momento, como sentir la necesidad de ayudar o consolar a alguien, o gritar con enojo a una persona. Sin embargo, la mayor parte del tiempo somos y hacemos lo que hemos seleccionado.

Decidimos que la bondad marque nuestra conducta y trabajamos para que así sea. También podemos decidir ser superficiales y necios al no reflexionar ni admitir correcciones ni consejos. Nos hacemos deshonestos, egoístas, vengativos..., al dejar que nuestras debilidades nos dominen en lugar de nuestra bondad.

A esta toma intencional de postura ante la vida podemos llamarla "proyecto de vida personal". Consiste en decidir qué valores y criterios guían nuestras acciones siempre.

Cuando nos bautizaron, nuestros padres optaron por hacernos cristianos, seguidores de Jesús. Nos toca a nosotros renovar y madurar esta opción, haciéndola nuestra, de modo que todas nuestras acciones nazcan de su Espíritu y den testimonio de él. Sabemos que optar por Jesús nos llevará a defender la vida humana en todas sus etapas, luchar por la justicia, trabajar por la paz, decir la verdad... ¿Te gustaría hacer o ratificar tu proyecto de vida guiado por Cristo?

TE PRESENTAMOS A...

Santo Tomás de Aquino (1225-1274)

Patrono de los universitarios y seminaristas

Tomás de Aquino descubrió muy joven su vocación de adentrase en los misterios de Dios por medio del estudio y la meditación. Obtuvo su doctorado en teología en la Universidad de París.

Consideraba vital ordenar el pensamiento y distinguir las ideas con claridad. Creó un método sencillo y estricto, con cuatro elementos para desarrollar los temas: (1) *Tesis* o enunciado del tema o doctrina a discutir o a desarrollar; (2) *Argumentos a favor* de la tesis, mediante la recopilación de todos los escritos y teorías que la apoyan; (3) *Argumentos en contra*, recogidos de las más diversas fuentes de información, incluso de enemigos de la iglesia; (4) *Conclusión* o resultado lógico de la argumentación.

Con este método escribió la *Summa Theologica,* una obra monumental con la sabiduría existente sobre Dios, el ser humano y la iglesia. Como la Sagrada Escritura y la Tradición de la iglesia eran luces muy importantes, cuidaba de no manipularlas. Estaba convencido de que la verdad brillaría si se mantenía la congruencia y la lógica de los argumentos.

Murió camino al Concilio de Lyon, enfocado en la reunificación de la iglesia latina con la griega y la renovación del clero. Hacia el final de su vida ya no quería escribir, pues pensaba que era un gran atrevimiento hablar sobre el misterio de Dios.

Tomás era sencillo y generoso con los pobres. También nos dejó muchas oraciones y cantos, entre los que destacan sus cánticos a Jesús Eucaristía y sus oraciones para visitar al Santísimo Sacramento.

SIGAMOS LA OBRA DE JESÚS

Recibiendo tres regalos de Jesús

Tema: Vida de los jóvenes.

Argumentos a favor: Jesús vino a traer vida abundante. Los jóvenes activos en la iglesia suelen seguir sus estudios, llevar una vida sana y ser personas de provecho para la sociedad.

Argumentos en contra: El suicidio es la tercera causa de muerte entre los 13 y 24 años; el 6% de los chicos a los 20 años tiene síntomas de embriaguez crónica; el 5% de las chicas sufre bulimia o anorexia* por pánico a engordar (OMS 2006).

Conclusión: La falta de vida en la juventud suele deberse a deficiencias en la socialización, ideales y madurez humana. Tres regalos de Jesús hacen la diferencia:

- *Socialización cristiana*, donde el Padre acoge con amor misericordioso y liberador; Jesús es guía y amigo; el Espíritu Santo ilumina y da fuerza, y los compañeros apoyan.
- *Tener sentido en la vida*, al saber que venimos de Dios y a él vamos; que podemos aprender de los tropiezos y enderezar el camino equivocado, y que debemos seguir la misión de Jesús.
- *Participar del reino de Dios*, que nos ayuda a madurar al darnos un ambiente de fe, esperanza, amor, libertad y verdad.

+ ¿CUÁL DE ESTOS TRES REGALOS HAS APROVECHADO MÁS? ______________________

____

+ ¿CUÁL NECESITAS ACEPTAR MEJOR?

____

+ ¿CÓMO PUEDES COMPARTIR ESTOS REGALOS CON OTROS JÓVENES? ______________________

____

** Bulimia: ciclo alternativo de comer vorazmente y vomitar. Anorexia: privarse de comida.*

ACTIVIDAD COMUNITARIA

Aprovechemos y eduquemos nuestra libertad

1 Observar en silencio la gráfica "Procesos de madurez en la libertad" y ver cómo va cambiando la proporción entre la dependencia de nuestros padres y la libertad que vamos adquiriendo. Esta libertad es interior: en nuestro pensamiento, desarrollo emocional y ejercicio de la voluntad, y exterior: en nuestra capacidad de movilizarnos y de valernos por nosotros mismos. Reflexionar:

+ ¿CÓMO HAS IDO FORJANDO TU PERSONALIDAD CONFORME CRECES Y MADURAS?

+ ¿PARA QUÉ APROVECHASTE TU LIBERTAD CRECIENTE CUANDO ERAS NIÑO/A?

+ EN TU ADOLESCENCIA, ¿CÓMO DESARROLLASTE TU LIBERTAD Y CUÁLES SON/FUERON TUS REBELDÍAS MÁS GRANDES ANTE LA AUTORIDAD ADULTA?, ¿POR QUÉ?

+ HOY DÍA, ¿CÓMO UTILIZAS TU LIBERTAD?

2 Ver ahora la gráfica desde la perspectiva de nuestra fe y nuestra relación con Dios. Pensar que "ser para hacer... hacer para ser" es un proceso que empieza al nacer. En este proceso, sólo el "hacer" termina, pues seguiremos siendo quienes somos después de nuestra muerte. Desde esta perspectiva, reflexionar:

+ ¿EN QUÉ CONSISTE EDUCAR LA LIBERTAD?

+ ¿CÓMO ESTÁS AUTOEDUCANDO TU LIBERTAD PARA SEGUIR MADURANDO COMO HIJO/A DE DIOS?

3 En grupos de tres o cuatro jóvenes, dialogar sobre lo que aprendieron en sus reflexiones y pensar en qué forma la pastoral juvenil les ha ayudado a educarse en la libertad, y cómo se pueden apoyar más en este proceso de aquí en adelante.

4 Compartir en sesión plenaria lo más sobresaliente de su diálogo en el grupo pequeño.

DONDE ESTÁ TU TESORO, ALLÍ ESTARÁ TU CORAZÓN Lc 12 34

PROCESO DE MADUREZ EN LA LIBERTAD

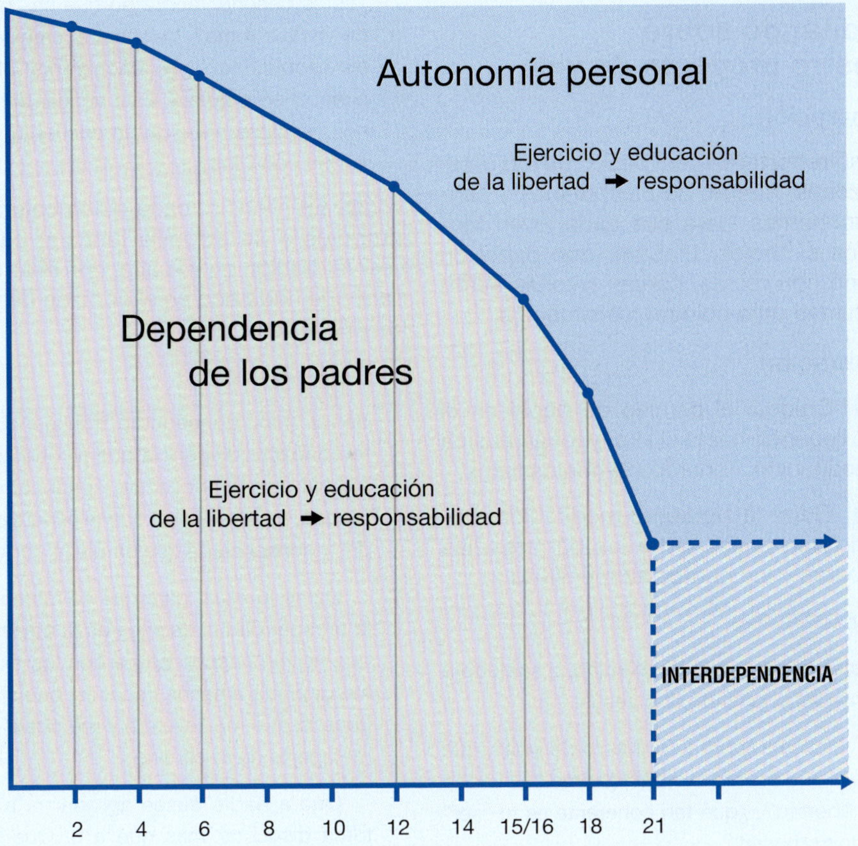

Dependencia de los padres decreciente: los padres van pasando de una educación directiva de la libertad a una de orientación y acompañamiento en la vida.

Autonomía personal creciente, que se va logrando conforme se hace un uso consciente y responsable de la libertad.

Interacción respetuosa y de apoyo mutuo entre padres e hijos, al haber alcanzado los hijos su madurez e independencia como adultos.

CELEBRAMOS NUESTRA FE

Meditando sobre nuestro proyecto de vida

Preparación

Llevar recortados en papel de colores: corazones, huellas de pies, manos y caritas sonrientes, para que cada joven tenga dos símbolos. Elaborar con papel un camino con rectas, curvas y zonas semidestruidas para colocar los símbolos.

Celebración

1 Colocar el camino de papel en el suelo llegando hasta el altar y tocar música de meditación. Tener los símbolos listos.

2 Guiar la siguiente meditación, haciendo una pausa entre los párrafos, las preguntas y los puntos suspensivos.

MEDITACIÓN

Estás al comienzo del camino..., sentado a un lado, charlando con Jesús.

Platícale sobre tu proyecto de vida: ¿qué es lo que orienta tu vida?, ¿cómo has usado tu libertad?, ¿qué tan coherente es tu "ser" con tu "hacer"?

Pide a Jesús que te ayude a ver qué necesitas ejercitar más para ser la persona que Dios quiere: ¿tu inteligencia, para conocer tu realidad y mirar con juicio crítico la vida?, ¿tu corazón, para adquirir los sentimientos de Jesús?, ¿tus manos, para actuar según te motiva el Espíritu?, ¿tus pies, para salir de tu confort y excursionar por caminos de superación?

Elige los dos símbolos que representen las áreas en que necesitas trabajar más. Escribe dos o tres palabras en cada uno, sintetizando tu oración.

[Repartir los símbolos]

Ahora, visualízate junto a Jesús listos para empezar el camino... Piensa dónde vas a colocar tus símbolos para que representen cómo te sientes: ¿vas en una recta?, ¿estás desorientado/a porque has perdido de vista la meta?, ¿sientes el camino lleno de problemas? ¿Te encuentras al principio..., en medio..., casi al final del camino..., o estás viviendo un encuentro maravilloso con Dios?

3 En silencio, cada quien coloca sus símbolos y se arrodilla junto al camino. Leer la oración en voz alta, con reverencia, para que haga eco en el corazón de todos los presentes.

ORACIÓN

Señor mío, concédeme inteligencia que te conozca, diligencia que te busque, sabiduría que te encuentre, conducta que te agrade, perseverancia que te espere confiada, y confianza de que un día te abrazaré.

Dame fuerzas, para que no me enfríe en la prosperidad ni decaiga en la adversidad; que no me ensoberbezca con los éxitos ni me deprima ante los fracasos; que siempre goce lo que me lleve a ti y me duela lo que me aparte de tu camino.

Que a nadie desee agradar ni a nadie tema disgustar más que a ti. Que quiera todo lo tuyo y sepa darle un lugar secundario a lo pasajero.

Concédeme dirigir mi corazón hacia ti, que sepa reconocer mis fallas, que me duela ofenderte y que se cumplan mis propósitos de enmienda. Amén.

—*Adaptación, Santo Tomás de Aquino*

4 Invitar a recoger sus símbolos y ponerlos en un lugar donde les recuerde su reflexión. Terminar diciendo: "Vayamos a seguir nuestro camino, en el nombre del Padre, del Hijo y del Espíritu Santo". Todos responden: "Así sea".

¿PAZ O CONFLICTO?

Jeremías 38, 4-10 • Salmo 40 (39) • Hebreos 12, 1-4 • Lucas 12, 49-53

EMPIEZA TU DIÁLOGO CON JESÚS

—¡Jesús, no entiendo a Lucas! ¡No es posible que hayas venido a traer más divisiones que paz!

—En cierto modo, así es. Dime, ¿qué tipo de divisiones causa un/a "picapleitos" y un/a "profeta?"

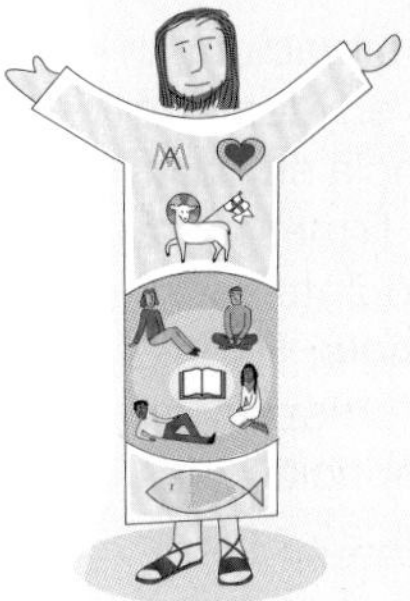

+ LOS PICAPLEITOS SUELEN
+ LOS PROFETAS SUELEN

—Y tú, ¿eres picapleitos, profeta o no sueles causar conflictos?

+ SOY CONFLICTIVO/A CUANDO
+ SOY PROFETA ANTE
+ SUELO SER UNA PERSONA PACÍFICA

—Hoy te ayudaré a que tengas un juicio crítico ante la vida, que comprendas las divisiones causadas por mí y qué cambios hacer en tu vida para el bien de la humanidad.

CONTINÚA ORANDO DESDE TU CORAZÓN

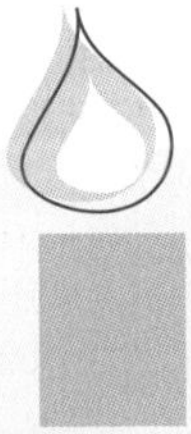

¡Ayúdame a ser una persona crítica!

Señor, ayúdame a saber qué hacer en favor del Reino:

QUE NO CAUSE DIVISIÓN CUANDO

QUE BUSQUE PAZ

DAME ENTENDIMIENTO PARA

Y VALENTÍA PARA

Espíritu Santo, sé siempre mi luz y mi fuerza. Amén.

CONOCE LA PALABRA DE DIOS

Leer Lucas 12, 49-53

+ ¿EN QUÉ CONTEXTO DICE JESÚS QUE VINO A TRAER DIVISIÓN? ____________

____

____

____

Las enigmáticas palabras de Jesús nos invitan a acercarnos a su vida desde una perspectiva profética. Él vino a traer el juicio de Dios, es decir, el cambio que quiere para cada persona y para la humanidad. Este juicio no es sólo felicidad y gozo, también es ruptura con lo que se opone a la voluntad de Dios y denuncia de lo que daña a la humanidad.

Cristo sabía que por su palabra profética sería sentenciado a muerte. Ésta es la prueba, la angustia, el dolor, a que se refiere el texto. Después de Cristo, cada hombre y mujer tiene la opción de elegir o rechazar sus enseñanzas. En la manera como respondemos a nuestra libertad de vivir el amor, la justicia, la verdad y la paz, es donde se dan las divisiones de que habla Jesús.

ENRIQUECE TU FE Y TU VIDA

MARZO 12

El deber ante el reino de Dios: paz o conflicto

Los cristianos debemos buscar la paz, rechazar la violencia y evitar el conflicto. Sin embargo, Dios nos pide valentía para emitir un juicio crítico ante la injusticia, proteger al inocente, oponerse a dictaduras que quitan la libertad, proseguir una guerra justa…

Ante esta complejidad de situaciones, la Iglesia católica nos ofrece su doctrina social. A través de ella, pronuncia su palabra profética y da principios firmes para orientar nuestro discernimiento ante asuntos públicos. Por más de un siglo, Papas, conferencias episcopales y obispos en todos los continentes han denunciado las condiciones sociales, económicas y políticas que inhiben el desarrollo humano y han llamado a buscar alternativas justas sobre todo en los sectores más vulnerables del pueblo.

Hay personas que caen en el error de catalogar a los creyentes como conservadores si valoran la Tradición de la iglesia, y liberales si luchan por la justicia. Esta división ideológica no tiene sentido entre los discípulos de Jesús. Lo que nos toca es discernir lo que es aceptable a Dios, y lo que debe cambiar, como lo hicieron:

- Hélder Cámara, el obispo brasileño beatificado por su compromiso con los pobres, su prédica por la liberación de los pueblos y su trabajo en favor de la paz.
- El papa Juan Pablo II al denunciar los gobiernos totalitarios y el capitalismo liberal que amplía la brecha entre pobres y ricos.
- Dorothy Day al luchar por los derechos de los pobres en Estados Unidos.
- La Madre Teresa al cuidar de los pobres en todos los continentes.

NO SE DEJEN VENCER POR EL DESALIENTO

Heb 12 3

TE PRESENTAMOS A...

Óscar Arnulfo Romero (1917-1980)

Obispo y profeta

Óscar Arnulfo Romero nació en El Salvador. Sus padres eran muy devotos. Tenía un carácter tímido, reservado y sencillo.

Sirvió como sacerdote en dos parroquias y en las conferencias episcopales de su país y América Central. Fue obispo auxiliar de San Salvador, cuando empezaba la persecución.

En 1974 lo designaron obispo de una diócesis joven. Cuando varios campesinos y niños fueron asesinados al regresar de la iglesia, los sacerdotes le pidieron que hiciera una denuncia pública. Fue entonces cuando Monseñor Romero se percató de la gran injusticia que dejaba en la miseria al pueblo, la corrupción del gobierno y la violencia organizada para mantener el *statu quo* de los sectores poderosos.

En 1977 fue nombrado arzobispo de San Salvador. El asesinato de su amigo Rutilio Grande, un sacerdote comprometido con la fe del pueblo, lo impactó tanto que "un mártir dio vida a otro mártir". Se convirtió en protector implacable de la dignidad de las personas, sobre todo de los más pobres, y su imagen traspasó las fronteras nacionales por ser "voz de los sin voz".

Sus homilías, escuchadas en todo el país, iluminaban los acontecimientos con el evangelio y daban esperanza ante la violencia. El gobierno, los sectores poderosos y las organizaciones políticas de izquierda, a quienes denunciaba, le hicieron una campaña agobiante en la prensa, calumniándolo y amenazando su vida. En febrero de 1980 intentaron asesinarlo.

Un mes después, durante su última homilía, clamó clemencia "en nombre de Dios y de este pueblo sufrido... les ruego, les ordeno... que cese la represión". Lo mataron al día siguiente, al celebrar la Eucaristía. Su profetismo dejó una huella indeleble de fe en Dios y confianza en quien sigue al Señor.

SIGAMOS LA OBRA DE JESÚS

Siendo profetas de esperanza

Todos los bautizados recibimos una vocación profética. Estamos llamados a ser como Jesús, el profeta por excelencia. Como todo profeta, nos toca recordar al pueblo la alianza con Dios y su compromiso de serle fiel, denunciar lo opuesto al reino de Dios e invitar a convertirse al Señor. Tenemos que dar esperanza de una vida mejor, en especial a los más vulnerables; fortalecer la fe en Dios en medio de la injusticia y la violencia, y renovar la esperanza en la vida futura.

Ser profeta no es fácil, pues nos incomoda que señalen lo que hacemos mal, especialmente si no queremos cambiar. Por eso, los profetas son fuente de conflicto y para cumplir con nuestra misión profética tenemos que obrar con el poder del Espíritu Santo y ser valientes en la lucha, incluso hasta el martirio.

+ ¿CUÁL ES LA MEJOR FORMA DE RECORDAR A LOS JÓVENES QUE DIOS LOS AMA?

____

____

+ ¿QUÉ NECESITAN DENUNCIAR LOS PROFETAS DE HOY DÍA? ______________________________

____

+ ¿CÓMO PUEDES SER PROFETA DE ESPERANZA PARA JÓVENES EN SITUACIONES DE SUFRIMIENTO? ______________________________

____

ENCARNEMOS EL MENSAJE
DE JEREMÍAS 38, 4-10

Para ser más auténticos

1 Leer Jeremías 38, 4-6 y responder a la primera pregunta a la derecha.

2 Leer los versículos del 7 al 10, o hasta el 14 si quieren conocer el final de la historia. Terminar las frases incompletas.

3 Compartir la reflexión.

¿QUÉ RAZONES DA EL REY PARA DEJAR AL PROFETA JEREMÍAS EN MANOS DE QUIENES LO ACUSABAN?

ABDEMÉLEC LOGRÓ QUE EL REY CAMBIARA DE OPINIÓN PORQUE...

USAMOS LA HIPOCRESÍA CUANDO QUEREMOS...

TENGO TENDENCIA A SER HIPÓCRITA CUANDO...

NECESITO SER MÁS AUTÉNTICO/A ANTE...

ACTIVIDAD COMUNITARIA

Autenticidad y valentía ante el mal

Preparación

Llevar suficientes historias del periódico, revistas o Internet que presenten casos contrarios a los valores del reino de Dios, fácil de ser analizados.

Actividad

1 Formar grupos de cuatro o cinco jóvenes y asignar un caso a cada grupo.

2 Cada grupo dibujará una silueta de una persona en un papelógrafo y la usará para responder al caso que le tocó de manera profética, con autenticidad y valentía.

- En la cabeza, escribir las ideas que deben regir sus acciones para que sean coherentes con el evangelio.
- En el corazón, anotar los sentimientos o motivaciones que deben impulsarlos a actuar.
- En las manos, señalar las acciones que necesitan realizar para denunciar lo que está mal y brindar esperanza de una vida mejor.
- En los pies, indicar los lugares adonde deberían ir y cómo prepararse para hacer una buena labor.

3 Colocar la silueta de modo que todos la vean y reflexionar sobre lo que respondieron: ¿hay armonía y coherencia entre el pensar, el sentir y el actuar?, ¿cómo lo notan?

4 Si no hay armonía, analizar dónde se rompe y corregir su respuesta para que sea coherente.

5 En sesión plenaria, compartir lo que más les impactó al hacer este ejercicio.

CELEBRAMOS NUESTRA FE

Renovando nuestro compromiso profético

Preparación

Llevar un recipiente hondo pequeño, como para postre, y un poco de aceite.

Celebración

1 Colocar el recipiente con el aceite en el altar y las siluetas recién realizadas. Empezar entonando algún canto profético, sea sobre Jesús o sobre Jeremías.

2 Recordar que en nuestro bautismo, al ser revestidos de Cristo y pasar a ser miembros de su cuerpo místico, asumimos la triple misión de Jesús, como sacerdote, profeta y rey-servidor.

3 Orar con el siguiente salmo a dos voces. Señalar qué mitad del grupo proclamará los versos de la izquierda y cuál los de la derecha. Empezar todos juntos y después alternar las estrofas de la izquierda y la derecha.

SALMO DE LA JUVENTUD

Todos: Jesús, hermano nuestro y profeta del reino de Dios,
conviértenos en discípulos que te siguen con pasión,
de los que se comprometen a fondo y entregan su vida
para ser junto contigo profetas de esperanza.

Izquierda

Somos jóvenes imprudentes,
cristianos de verdad,
jóvenes chiflados y apasionados,
capaces de saltar a la actividad.

Haznos forjadores del presente,
valientes en la lucha contra el mal,
haznos vehículos de diálogo,
promotores de comprensión y
unidad.

Somos jóvenes siempre nuevos
por tu gracia, amor y perdón,
queremos ser portadores
de tu Buena Nueva de salvación.

Derecha

Somos jóvenes
que se insertan en el mundo
llevándole alegría y amistad,
somos portadores de la vida y la unidad.

Haznos capaces de acudir a donde sea
y aceptar qualquier tarea,
de perder angustia y miedos
y proclamar tu bondad.

Somos un pueblo nuevo,
que se esparce por doquier,
tenemos que abrir caminos
por donde hacer el bien.

Todos: Jesús, hermano nuestro y profeta del reino de Dios,
conviértenos en discípulos que te siguen con pasión,
de los que se comprometen a fondo y con ardor,
para ser junto contigo profetas de un mundo mejor.

4 Entonar el mismo canto profético u otro mientras sucede el ritual final.

5 Una persona sostiene el recipiente con el aceite e invita a los jóvenes a pasar de dos en dos. Cada persona le hace a su pareja la señal de la cruz en la frente con aceite, diciéndole: “Que este aceite te recuerde tu misión como profeta al estilo de Jesús”. La otra responde: “La recuerdo y le pido a Dios fuerzas para llevarla a cabo”.

6 Cuando todos han recibido el aceite, terminan juntos la última estrofa del canto.

ENTREN POR LA PUERTA ESTRECHA

Isaías 66, 18-20 • Salmo 117 (116) • Hebreos 12, 5-7. 11-13 • Lucas 13, 22-30

EMPIEZA TU DIÁLOGO CON JESÚS

—Jesús, ¿por qué es difícil entrar por la puerta estrecha y puedes cerrarnos la puerta, si deseas que todos nos salvemos?

—Te daré una pista; responde a tu pregunta pensando en algún deporte.

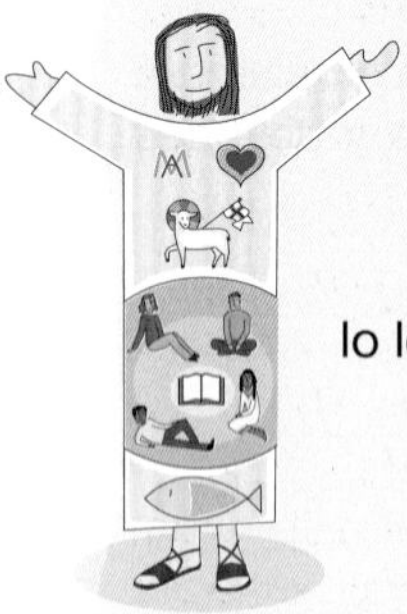

+ LA PUERTA ES ESTRECHA PORQUE
+ LA PUERTA SE CIERRA SI

—La gran diferencia está en que toda persona que quiera salvarse lo logrará. Pero dime, ¿qué piensas sobre ti?

+ ENTRO POR LA PUERTA SI
+ NO PUEDO ENTRAR SI
+ VEO LA PUERTA CERRADA SI
+ SE ME ABRE LA PUERTA SI

CONTINÚA ORANDO DESDE TU CORAZÓN

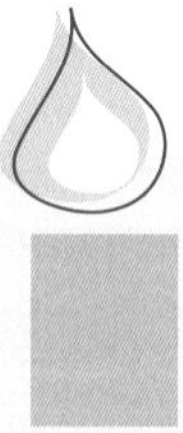

¡Quiero entrar en tu Reino!

Señor, quiero ser digno de entrar en tu Reino,

QUE SIEMPRE VEA LA PUERTA ABIERTA, EN ESPECIAL CUANDO

QUE ABANDONE LAS CARGAS QUE NO ME DEJAN ENTRAR, COMO

QUE SI ME ESTRELLO CONTRA LA PARED, SEPA

¡Ayúdame a entrar por la puerta estrecha y a gozar de tu amor infinito! Amén.

CONOCE LA PALABRA DE DIOS

Leer Lucas 13, 22-30

Lucas recuerda que la salvación en Jesús se logra al creer en él y vivir según sus criterios, y no está vinculada a un grupo específico de personas. No basta con escuchar la Palabra de Dios, como pasaba con los judíos que oían a Jesús en las plazas pero no se convertían en sus seguidores.

La puerta es símbolo de entrada al reino de Dios. El que sea angosta es símbolo del esfuerzo que implica permanecer en el camino del bien y superar las tentaciones.

Al decir Jesús que no basta haber comido y bebido con él, deja claro que el participar de su vida ocasionalmente no es suficiente. Lo que quiere es que nos sentemos en la mesa del reino de Dios. Esto quiere decir que, aunque ir a la iglesia ayuda, tampoco es garantía de salvación.

La frase: "Hay últimos que serán primeros y primeros que serán últimos" (Lc 13, 30) da esperanza y desafía a la vez. Nos da ánimo a todos los que buscamos ser mejores, aunque hayamos pecado en el pasado. Nos advierte de que no debemos confiar en las propias fuerzas ni en lo que ya hicimos, sino que debemos perseverar en la oración y la fidelidad a Dios.

COMENTARIOS PARA LA FE Y LA VIDA

¿Quiénes se salvarán?

El gran reto de la iglesia es mostrar a Jesús tal cual es, sin deformarlo ni disminuirlo; ofrecer a la juventud su Buena Nueva, con toda su profundidad y grandeza. Sólo así será atractivo para los jóvenes dejar los anchos caminos de la apatía y la indiferencia religiosa, eliminar los placeres pasajeros que causan daño al cuerpo y al espíritu, y abstenerse de actividades que destruyen a las personas y pueblos.

En este pasaje del evangelio, Jesús indica que entran por la puerta angosta quienes hacen la voluntad de Dios. Entraron Abrahán, por su gran fe; Isaac, al bendecir al más pequeño de sus hijos; Jacob, quien dilató en aceptar a Yahvé como su Señor; los profetas, aunque al principio, la mayoría se negó a responder al llamado de Dios a profetizar.

Igual entrarán los jóvenes fuertes en su fe y fieles en su discipulado de Jesús. Corresponde a ellos llevar el mensaje de esperanza a jóvenes alejados de Dios y en situaciones de riesgo. A ellos hay que mostrarles que la puerta está abierta; que vale la pena entrar al reino de Dios, y que, aunque la puerta es angosta, pueden entrar gracias a la gran misericordia de Dios, la acción del Espíritu Santo y el apoyo de la comunidad de fe.

Quienes se encuentran marginados o han pecado necesitan saber que los últimos serán los primeros, y que su comportamiento no los ha excluido de la salvación que Jesús nos ofrece, en la tierra como en el cielo. La puerta angosta no es para excluir, sino para señalar con más precisión el camino de Dios.

LA FIDELIDAD DEL SEÑOR DURA POR SIEMPRE

Sal 117 2

TE PRESENTAMOS A...

San Alfonso María de Ligorio (1696-1787)

Patrono de confesores

Alfonso nació en una familia rica italiana. Gracias a su madre desarrolló una espiritualidad basada en el amor al Santísimo Sacramento y a la Virgen María. Su padre le dio una educación esmerada, contratando excelentes profesores, que él supo aprovechar.

Muy joven obtuvo los títulos de licenciado en Derecho Civil y en Derecho Eclesiástico. Por su habilidad en el manejo de las leyes y su éxito al defender la justicia, tenía muy buena clientela. Pero la corrupción judicial, en un caso donde no triunfó la verdad, lo llevó a descubrir su vocación sacerdotal.

Se dedicó a los más pobres y abandonados y fundó la Congregación de los Misioneros Redentoristas, para atenderlos. Escribió más de 140 pequeñas obras de fácil lectura, para alimentar espiritualmente a la gente menos culta y cristiana, pues quería que nadie quedara excluido de la salvación.

Dos corrientes teológicas guiaban el trabajo sacerdotal en su época: el rigorismo, que en todo veía pecado, y el laxismo, que permitía todo y justificaba cualquier cosa. Se motivaba a dejar el pecado con el miedo al castigo en la tierra y a la condenación eterna en el infierno.

Como Alfonso no estaba de acuerdo con eso, demostró la importancia de actuar según la propia conciencia ante Dios, estableció la misericordia como estrategia para suscitar la conversión y escribió un manual de teología moral para enseñar a los sacerdotes a tratar con compasión a los pecadores que se confesaban. Fue nombrado patrono de los confesores y estudiantes de moral.

SIGAMOS LA OBRA DE JESÚS

Convirtiendo la "puerta angosta" en "puerta ancha"

Convertir la "puerta angosta" en "puerta ancha" da vida en abundancia. Entramos por la puerta angosta al estar en estrecha unión con Jesús, llevar un estilo de vida cristiano y hacer lo que nos pide: dar de comer al hambriento, liberar al cautivo de sus opresiones, visitar al enfermo, ser luz para quien está desorientado y levadura del Reino en nuestro ambiente... Una vez que hemos pasado por ella, experimentamos las primicias del reino de Dios en la tierra y sentimos un impulso incontenible a compartir la Buena Nueva.

Cuando vemos todo lo que podemos ser y hacer para entrar por la puerta..., ya no parece tan angosta. No alcanzan las horas del día, los días de la semana, las semanas de los meses..., para estrechar nuestra amistad con Jesús y continuar su misión. El camino es "súper ancho", y la puerta al Reino, "súper grande...", sólo basta con ver la variedad de rutas que han tomado los santos para caer en la cuenta de que podemos pasarnos la vida, sin descanso, gozando la presencia de Dios y siendo el cuerpo activo de Jesús en la historia.

+ ¿QUÉ ACCIONES TE ENCAMINAN HACIA LA PUERTA ANGOSTA? ______

______

+ ¿QUÉ ASPECTOS DE TU VIDA NECESITAS ENDEREZAR? ______

______

+ ¿HAS CONVERTIDO YA LA "PUERTA ANGOSTA" EN "PUERTA ANCHA"? ______
¿TE GUSTA ESTA IMAGEN?, ¿POR QUÉ?

______

______

HAGAMOS VIDA

HEBREOS 12, 5-7. 11-13

Para valorar el ser corregidos

1 Proclamar Hebreos 12, 5-7. 11-13.

2 Reflexionar sobre este pasaje y terminar las frases incompletas en el cuadro de la derecha.

3 Compartir con los compañeros su reflexión.

DIOS ME CORRIGE COMO A UN HIJO/A CUANDO ____________________

A VECES ME CORRIGE A TRAVÉS DE ____________________

LA MANERA COMO ME GUSTA MÁS QUE DIOS ME CORRIJA ES ____________________

APRECIO QUE DIOS ME CORRIJA Y LE DOY GRACIAS, AUNQUE NO ME GUSTA ____________________

VIVE LA PALABRA

Examen de conciencia ante la puerta estrecha

A veces cuesta trabajo decidirnos por el camino del bien, sobre todo cuando no es fácil. Pero, al igual que San Alfonso, tú puedes entrar por la puerta angosta y ayudar a que otras personas también lo hagan.

- ¿A quién/es te envía Jesús a llevarles su evangelio?
- ¿Qué puedes hacer para ayudar a tus compañeros a entrar por la "puerta estrecha", de modo que la conviertan en "puerta ancha?"

Piensa también en las personas que puedes ayudar tan sólo con tu ejemplo, los amigos de la escuela, del trabajo, de la colonia, etc.

- Identifica algunas acciones con las que das un buen testimonio de Jesús.
- Piensa también en lo que desdice de ti como discípulo/a suyo.
- Anota lo que vas a hacer para no desfigurar el rostro de Jesús en ti.

Termina con una breve oración pidiendo al Espíritu Santo su ayuda.

REFLEXIONA...

Preparen caminos planos

La última frase del texto de Hebreos que acaban de leer dice: "Preparen caminos planos, a fin de que el pie torcido sane y no vuelva a dislocarse" (Heb 12, 13). No basta con caminar hacia la puerta angosta y tratar de hacerla ancha. Hay también que evitar caer en el camino o quedar lisiados y que nos cueste más trabajo entrar al Reino. Reflexiona:

- ¿Qué te hace tropezar con más frecuencia cuando vas en el camino del Señor?
- ¿Qué puedes hacer para allanar el camino? O sea, ¿qué tentaciones necesitas evitar para no torcerte?
- ¿Qué tipo de "vendajes", "tónicos", "bastones" necesitas usar cuando te has torcido y ya no estás caminando hacia la puerta abierta por Jesús, para que no vuelvas a torcerte?

ACTIVIDAD COMUNITARIA

¡Que los últimos sean los primeros!

Preparación

Llevar suficientes artículos recortados del periódico, revistas o Internet que hablen de jóvenes que sufren por ser "los últimos en la sociedad". Cuidar que los artículos presenten situaciones diversas.

1 Formar grupos de cuatro o seis personas, asignar a cada grupo un artículo y dar tiempo para que lo lean.

2 En un papelógrafo, hacer el siguiente ejercicio, para compartirlo después con todo el grupo:

- Titular el papelógrafo de acuerdo con el caso que leyeron; por ejemplo, muerte del novio y parálisis de la chica en un accidente automovilístico.
- Hacer dos columnas. Titular una "Causas remotas o profundas" y la otra "Causas inmediatas". Identificar los dos tipos de causas por las que creen que los jóvenes sufren al ser de los últimos en la sociedad.
- La mitad del grupo trabajará las causas remotas, y la otra mitad, las causas inmediatas, según las siguientes preguntas: (a) ¿Qué se debió o se pudo haber hecho para evitar el problema actual? (b) ¿Quién/es debían o podían haber actuado en favor de ellos? Anotar sus respuestas en las columnas correspondientes.
- Todos juntos, pensar en la situación actual: (a) ¿Qué pudieran hacer ustedes si esos jóvenes vivieran cerca? (b) ¿Qué consecuencias positivas podrían tener sus acciones sobre su vida? Anotar sus respuestas.

3 En sesión plenaria, compartir con todo el grupo el análisis que hicieron.

CELEBRAMOS NUESTRA FE

Orando por los últimos en la sociedad

Preparación

Llevar bastantes fotos de jóvenes en diversas situaciones de sufrimiento, una imagen de Jesús y otra de María, dos velas grandes y una veladora por cada participante en el grupo.

Celebración

1 Colocar en el altar con las dos velas encendidas, las veladoras pequeñas apagadas, y en el suelo los artículos que se analizaron y los papelógrafos.

2 Tocar música de fondo, hacer un círculo alrededor del altar y entrar en espíritu de oración.

3 Invitar a que cada persona tome del altar algún objeto, sea una foto, un papelógrafo o un artículo, y medite por unos minutos sobre qué haría Jesús ante esa situación.

4 En parejas, compartir su meditación y escribir en un papel una pequeña oración por todas las personas que se encuentran en situaciones similares a las que reflexionaron.

5 Pasar en parejas al altar. Un/a joven empieza la oración, diciendo brevemente: "Te pedimos Señor por [mencionar los dos tipos de personas por las que hicieron su oración]"; mientras, colocar la oración escrita en el altar. El otro/a joven continúa: "Prendemos estas veladoras como símbolo de nuestra disposición a ser luz en el mundo, para que 'los últimos sean los primeros en recibir nuestra atención'".

6 Terminar con un canto de compromiso con Jesús y con quienes sufren abandono, marginación, pobreza, injusticia...

22° Domingo Ordinario

JESÚS NOS HABLA DE LA HUMILDAD

Eclesiástico 3, 17-20. 28-29 • Salmo 68 (67) • Hebreos 12, 18-19. 22-24 • Lucas 14, 1. 7-14

EMPIEZA TU DIÁLOGO CON JESÚS

—Muchas personas escogen a sus amigos por las apariencias: su forma de vestir, color de piel, idioma, situación económica... Dime con honestidad, ¿en qué te basaste para escoger a tus mejores amigos?

+ ESCOGÍ A PORQUE

Y A DEBIDO A

Y A PORQUE

—¿Alguna vez has optado relacionarte por la importancia de la persona?

+ ESO PASÓ CON Y CON

—¿Has hecho lo contrario y despreciado a alguien por considerarlo/a menos que tú?

+ PUES SÍ; RECUERDO HABERLO HECHO CON

Y CON

—Hoy te invito a reflexionar sobre cómo elijes a tus amigos y tratas a las personas, pues quiero que aprendas a hacerlo con auténtica humildad.

CONTINÚA ORANDO DESDE TU CORAZÓN

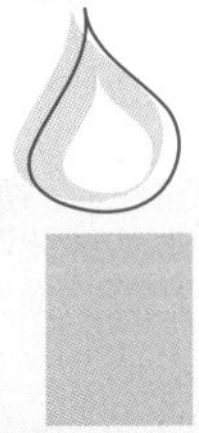

Quiero tratar a la gente como tú lo haces

Señor Jesús, tú conoces cómo soy en mis relaciones con otras personas.

QUISIERA

TE PIDO PERDÓN POR

Quiero aprender de ti y valorar a todas las personas como lo haces tú.

ENSÉÑAME A

DAME VALOR PARA

Bendíceme con tu Espíritu, para que guíe mi corazón, mis actitudes y mis labios, y aprenda a tratar a toda la gente como si fueras tú mismo con quien me estuviera relacionando. Amén.

CONOCE LA PALABRA DE DIOS

Leer Lucas 14, 1. 7-14

✚ ¿TE GUSTA EL MODO DE JUZGAR Y DE ACTUAR DE JESÚS? ¿POR QUÉ?

Lucas nos dice que las personas que se enaltecen a sí mismas rompen el plan de Dios, pues sólo Dios es el Señor, todos los demás somos servidores. La humildad debe ser una actitud que incluso sea capaz de romper con los convencionalismos sociales, que marcan y marginan a los que no son populares o ricos. Seguir a Jesús es ir a contracorriente, es rodearse de gente que vale por su interior y no por su exterior.

Jesús describe el reino de Dios como un banquete: su mensaje no se refiere al menú, sino a la lista de invitados. Observa cómo invierte Jesús el orden humano de pensar y actuar. Después escoge una situación o evento social en que participaste recientemente y escribe qué habría pasado si los que organizaron la fiesta hubieran seguido las recomendaciones de Jesús.

Examina tu manera de actuar y decide qué cambios te ayudarán a "ser feliz", según Jesús. Pide al Espíritu Santo que te llene de amor y de luz para ver mejor.

—BCJ, Lc 14, 7-14

VIVE LA PALABRA

Comprende mejor la humildad

En este texto de Lucas, Jesús nos da una lección práctica sobre la humildad. Muestra el lugar que ocupan las personas según el corazón de Dios, lo que difiere de las normas usuales en la sociedad.

Jesús es la humildad encarnada. Perfecto en todas las virtudes, usó todos sus dones para dar gloria a Dios con sus obras. No buscó llamar la atención a sí mismo ni se sintió menos ante las autoridades políticas ni ante los sacerdotes y doctores del templo. Fue valiente ante su misión y no se abstuvo de actuar por ser un hombre ordinario y un profeta despreciado por muchos.

Santa Teresa de Ávila dice que ser humildes es caminar en verdad; afirmar que sólo Dios es perfecto y que todos los demás estamos en el camino a esa perfección. Implica reconocer la obra de Dios en nosotros y los pasos que hemos dado en nuestra relación con Dios.

Una persona humilde es honesta al afirmar sus virtudes y reconocer sus defectos, sin exaltarse ni menospreciarse. Defiende su valor y su dignidad como hijo/a de Dios, al tiempo que ofrece a Dios las humillaciones que sufre, sin minusvalorarse por ellas.

Si aplicamos esta misma visión a los demás, nuestras relaciones humanas mejorarán, porque trataremos a todas las personas por lo que son, y no por su apariencia física o el lugar que ocupan en la sociedad. Dios nos permita ser humildes para ser exaltados por él.

CUANTO MÁS GRANDE SEAS, MÁS TE DEBES HUMILLAR

Eclo 3 18

TE PRESENTAMOS A...

San Juan Diego (1474–1548)

Juan Diego fue de los primeros indígenas convertidos al cristianismo en América. Era un *macehualli,* que significa "pobre indio" en náhuatl.

Él y su esposa fueron bautizados recibiendo los nombres de Juan Diego y María Luisa; siendo ya cristianos, recibieron el sacramento del matrimonio. Cuando sucedieron las apariciones, era viudo y estaba dedicado a las cosas de Dios.

Al ir caminando a Tlaltelolco, adonde iba a orar y recibir instrucción religiosa, la Virgen se le apareció. Le encomendó la misión de pedir al obispo que le construyera un templo en el cerro del Tepeyac, donde mostrar a los indígenas su amor.

Obediente, Juan Diego fue con el obispo, pero éste no le creyó. La actitud del obispo le bajó la confianza en sí mismo y, en su próximo diálogo con María, le dijo que enviara a una persona importante, pues él se sentía impotente ante esa misión. Al insistir la Virgen, Juan Diego volvió a valorarse y, con valentía y tesón, enfrentó de nuevo al obispo para que realizara lo que la Virgen pidió.

Así pudo unir los mundos del conquistador y el conquistado. Se animó a evangelizar a la autoridad eclesial y fue instrumento de Dios para llevar su amor y esperanza al pueblo indígena, que estaba siendo diezmado por la enfermedad y la esclavitud.

La evangelización de América cobró fuerza gracias a dos grandes virtuosos de la humildad. María, con su "sí" sencillo a la obra de Dios en ella, nos entregó a Jesús. Juan Diego, con su "sí" de profeta, favoreció la expansión de la fe en Cristo. Juntos simbolizan y validan la dignidad del pueblo indígena, pobre y oprimido.

SIGAMOS LA OBRA DE JESÚS

Actuando con humildad

A veces caemos en la tentación de menospreciarnos porque otras personas lo hacen. Otras caemos ante la tentación opuesta: la soberbia.

+ ¿QUÉ TE IMPRESIONA MÁS DE LA HUMILDAD DE JUAN DIEGO?

+ ¿EN QUÉ MOMENTOS DE TU VIDA TE HAS COMPORTADO CON HUMILDAD?

+ ¿QUÉ DONES TE HA DADO DIOS QUE, POR NO RECONOCERLOS, TE PARALIZA PARA HACER EL BIEN?

+ ¿EN QUÉ SITUACIONES SUELES ACTUAR CON SOBERBIA Y AUTOSUFICIENCIA, CERRÁNDOTE A LA OBRA DEL ESPÍRITU SANTO EN TI?

+ ¿QUÉ ESFUERZOS DE HUMILDAD TE ESTÁ PIDIENDO DIOS EN ESTA ETAPA DE TU VIDA?

ENCARNEMOS EL MENSAJE
DEL ECLESIÁSTICO 3, 17-20. 28-29

Para discernir sobre la humildad

1 Leer Eclesiástico 3, 17-20 y terminar la primera frase en el cuadro de la derecha.

2 Leer los versículos 28 y 29 y terminar la segunda frase.

3 Reflexionar sobre las dos preguntas al final y responderlas.

4 Compartir la reflexión.

ALGUNAS PERSONAS HUMILDES QUE CONOZCO SON ____________

ALGUNAS PERSONAS SOBERBIAS QUE CONOZCO SON ____________

¿QUÉ SENSACIÓN TE CAUSA ESTAR CON AMBOS TIPOS DE PERSONAS? ____________

____

¿CÓMO TE GUSTARÍA QUE LAS PERSONAS SE SINTIERAN CUANDO ESTÁN CONTIGO? ____________

____

ENRIQUECE TU FE Y TU VIDA

Malentender la humildad puede ser nefasto

Existen malas comprensiones sobre la humildad, que limitan el crecimiento espiritual y causan problemas sicológicos y sociales. La más sobresaliente es designar como "personas humildes" a quienes son pobres, lo que hace que:

- Quienes pertenecen a medios socioeconómicos cómodos, vean la humildad como algo ajeno, se sientan superiores y menosprecien a otras personas, como lo hizo el obispo con Juan Diego.
- Las personas en estratos socioeconómicos pobres tengan una baja autoestima, que dificulta su desarrollo personal, genera sentimientos de inseguridad y paraliza el uso de los dones recibidos de Dios.

Reflexiona: ¿Caes tú entre las personas que sufren esta mala comprensión o actúan con base en ella?

Otros malentendidos se deben a confusiones conceptuales. Revisa la siguiente lista y escribe en el primer guión una "J" si llevan a ser humildes al estilo de Jesús, y una "X" si lo necesitas evitar para cultivar una auténtica humildad.

AUTOESTIMA ___: Reconocimiento y aprecio de uno mismo tal cual es. ___

PRESUNCIÓN ___: Vanagloria, engreimiento, jactarse del propio valer, pregonar las propias cualidades o pertenencias con el objeto de sobresalir. ___

HUMILDAD ___: Reconocer que todo lo bueno que uno es y tiene proviene de Dios. ___

ORGULLO SANO ___: Reconocer los logros personales, para avanzar en el propio desarrollo y aprovecharlos para el bien de los demás. ___

SOBERBIA ___: Arrogancia, exceso de estimación propia, con desprecio hacia otras personas. ___

BAJA AUTOESTIMA ___: Desprecio de sí mismo/a u otras personas debido a sus características, personalidad o posición social. ___

MODESTIA ___: Abstenerse de exhibir las cualidades y pertenencias para deslumbrar a los demás. ___

VANIDAD ___: Deseo de ser admirado por el alto concepto de los propios méritos. ___

SENCILLEZ ___: Autenticidad y obediencia para ejercer el poder que proviene de Dios, para el bien de los demás, sin miedos ni abusos. ___

Reflexiona: Lee de nuevo la lista y, en el guión final, pon unas  si necesitas eliminar esa actitud y una  si vas por buen camino.

ACTIVIDAD COMUNITARIA

Los *anawim*

1 Formar grupos pequeños y asignar a cada uno tres de los siguientes personajes: Abrahán, Josué, David, Débora, Jacob, Salomón, Jeremías, Juan el Bautista, María, Pedro, Pablo y Esteban.

2 Recordar que el pueblo judío llamaba *anawim* a los israelitas que reconocían con humildad su pequeñez ante Dios, que sabían que eran sus criaturas y confiaban plenamente en él.

3 Leer en voz alta la presentación que viene en la *BCJ* de los personajes que les tocó. Si no tienen esa versión de la Biblia, apoyarse en los siguientes pasajes: Abrahán (Gn 12, 1-5; 22, 1-3); Josué (Jos 3, 7-9; 8, 1-3); David (2 Sm 2, 1-3; 12, 1-13); Débora (Jue 4, 4-7; 5, 1-5); Jacob (Gn 25, 29-34; 33, 23-29); Salomón (1 Re 3, 4-9; 5, 9-10); Jeremías (Jr 1, 4-10; 15, 10-16); Juan el Bautista (Jn 1, 29-31; Lc 3, 1-11); María (Lc 1, 28-38; 1, 46-49); Pedro (Hch 3, 12-16; Mc 8, 27-30); Pablo (Hch 9, 1-9; 2 Cor 10, 1-6); Esteban (Hch 6, 8; 7, 54-60).

4 En un papelógrafo, escribir el nombre de cada personaje y anotar al lado sus características principales. Después, subrayar aquellas que son propias de un *anawim*.

5 Compartir con los demás grupos el trabajo realizado y escoger entre todos los tres personajes que mejor representen las cualidades del *anawim*.

6 En los grupos pequeños, hacer una descripción de los jóvenes *anawimes* en la cultura de hoy. ¿Cómo notarían si un/a joven tiene las cualidades de *anawim*?

7 Compartir su trabajo en sesión plenaria.

HUMILDAD

CELEBRAMOS NUESTRA FE

Meditando sobre la humildad personal

Preparación

Llevar una cruz grande; pueden ser dos simples palos que cruzan en el suelo.

Celebración

1 Entrar en ambiente de oración para reflexionar con el evangelio hoy.

2 Proclamar Lucas 14, 1. 7-14. Dejar unos momentos de silencio y volver a proclamar el texto, para que cada joven se deje impactar por el mensaje particular que Dios tiene para él/ella hoy día.

3 Hacer un círculo alrededor de la cruz. Una persona dirige la siguiente oración, iniciando con la letanía, a la que todos responden: "Líbrame, Jesús".

LETANÍA DE LA HUMILDAD

Jesús, ¡ayúdame a ser humilde!

Líbrame de:

De no reconocer tu obra en mí…

De buscar ser aplaudido/a y alabado/a…

Del temor a ser humillado/a…

De desfigurar la humildad con conceptos falsos…

De dejarme impactar por ser despreciado…

De sentirme superior a los demás…

De no saber reconocer y expresar un orgullo sano…

4 Invitar a que cada quien recuerde algo que lo haga sentir un orgullo sano.

5 Pasar uno por uno al centro, hincarse frente a la cruz en señal de humildad y hacer una oración en voz alta agradeciendo a Dios por haberle permitido aquello que le hace sentir orgulloso.

6 Terminar con un canto que haga referencia a la humildad.

23° Domingo Ordinario

SEGUIR A JESÚS EN FIDELIDAD Y LIBERTAD

Sabiduría 9, 3-18 • Salmo 90 (89) • Filemón 1, 9-10. 12-17 • Lucas 14, 25-33

EMPIEZA TU DIÁLOGO CON JESÚS

—Jesús, la fidelidad y la libertad me atraen mucho, pero pienso que la fidelidad quita libertad. ¿Me puedes ayudar en este dilema?

—Empecemos por ver qué entiendes por cada una, así esta sesión te ayudará a comprenderlas y valorarlas mejor.

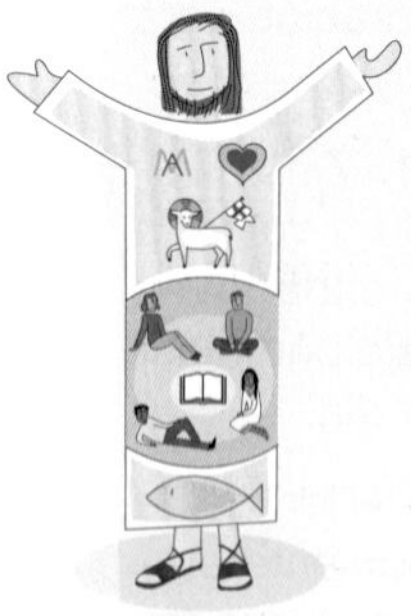

+ FIDELIDAD ES

Y LIBERTAD ES

—¿A quién/es o a qué eres usualmente fiel, sin mediocridades ni falsedades?

+ SOY BASTANTE FIEL A

—¿Para qué eres libre? ¿Qué sientes que te quita libertad? ¿A qué estás encadenado/a o esclavizado/a?

+ SOY LIBRE PARA

+ ME QUITA LIBERTAD

+ Y ESTOY ESCLAVIZADO POR

CONTINÚA ORANDO DESDE TU CORAZÓN

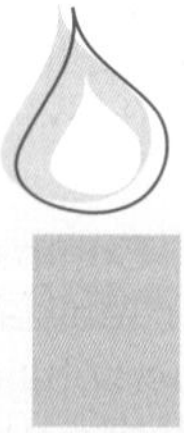

Quiero ser libre y fiel a la vez

Jesús,

Ya sabes que quiero ser libre y serte fiel a la vez.

ME ENCANTARÍA TENER EL PODER DE

LLÉNAME DE TU ESPÍRITU PARA

LO QUE ME DIFICULTA SERTE FIEL ES QUE ME ENCANTA

Y EN REALIDAD ME CUESTA TRABAJO

Pero sé que tú eres fiel y que con tu ayuda podré mejorar poco a poco. Gracias por ello y espero no defraudarte. Amén.

CONOCE LA PALABRA DE DIOS

Leer Lucas 14, 25-33

+ ¿CUÁL DE LAS TRES CONDICIONES QUE PONE JESÚS TE PARECE MÁS FÁCIL Y CUÁL MÁS DIFÍCIL? ¿POR QUÉ?

Mucha gente seguía a Jesús cautivada por su predicación y admirada por sus milagros. Sus palabras eran bálsamo para su alma y veía en los milagros solución a sus problemas.

Jesús quiere ubicar a las personas en lo que implica ser sus discípulos. De ahí la radicalidad de sus palabras: ¿lo siguen porque desean amar a Dios sobre todos sus afectos y bienes? ¿Lo anunciarán aunque haya gente que se burle de ellas o las persiga? ¿Denunciarán las injusticias a pesar de exponerse a represalias? ¿Atenderán a los más necesitados aun cuando sea más cómodo no ver su sufrimiento? ¿Amarán a quien les hace daño, sin juzgarlo/a, pidiendo a Dios por él/ella y tratando de ayudarlo/a, en lugar de odiarlo/a y buscar venganza?

No basta con recibir la Buena Nueva, hay que compartirla. Eso implica una conversión profunda que conlleva: cargar nuestra cruz; dejar a quien nos impida serle fiel, incluso a la familia si fuera el caso; organizarnos para ser efectivos en nuestra labor, y renunciar a las ataduras materiales.

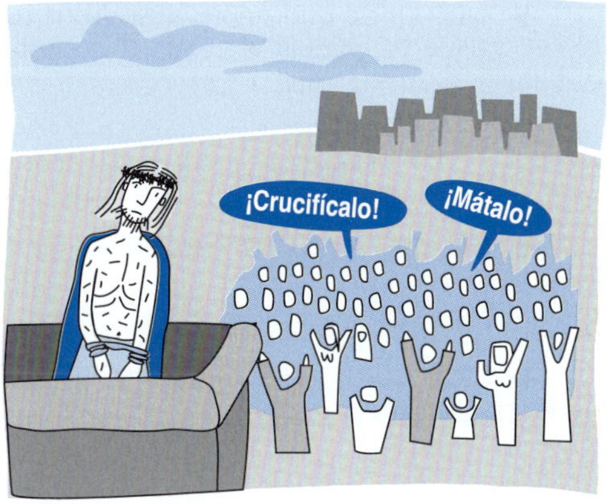

¿SABÍAS QUE...?

Cargar la cruz, al estilo de Jesús, da vida

La siguiente frase: "El que no carga con su cruz y viene detrás de mí, no puede ser mi discípulo" (Lc 14, 27) suele despertar dos reacciones equivocadas que debemos descartar por completo:

- No se trata de *masoquismo* o búsqueda del dolor por el gusto de sentirse víctima. Jesús siempre buscó la vida y la liberación del sufrimiento, por eso sus obras siempre fueron dadoras de vida y al final venció la muerte con su resurrección.
- Tampoco se trata de un *estoicismo* o autocontrol de las pasiones y desapego afectivo de las personas para fortalecerse ante las adversidades. Jesús amó hasta el extremo de dar su vida por amor, se dedicó con pasión a su misión al grado de terminar en la cruz; se abandonó al Padre y al Espíritu Santo, sin buscar controlar su propia vida.

¿Qué cruz cargó Jesús? Además de la cruz en que murió, vivió en carne propia las cruces del odio, la injusticia, la violencia, las debilidades humanas..., que limitan la vida y hacen sufrir. Estas mismas cruces nos tocan como seguidores suyos.

¿Cómo soportó su cruz? Jesús nunca buscó la cruz por la cruz. La aceptó por su gran fe en el Padre, su abandono en él y su providencia divina, a través de la oración. Es más, enseñó a crear las condiciones necesarias para generar el amor, pues quien ama no crea cruces para los demás con su egoísmo y mala calidad de la vida.

"Cargamos nuestra cruz" al luchar por la vida como Jesús. Y, cuando no tenemos éxito, al aceptar el dolor, uniéndolo a su amor redentor, seguros de que la vida triunfará, porque no hay nadie ni nada más poderoso que Dios.

TE PRESENTAMOS A...

Santa Rosa de Lima (1586-1617)

Rosa de Lima, criolla, de clase media, nació en Perú. Fue bautizada con el nombre de Isabel, pero la llamaban Rosa por su gran hermosura física.

Su familia tuvo problemas económicos y ella trabajó aun cuando en esa época sólo las indias y esclavas trabajaban. Sus padres la presionaban a casarse, pero ella fue fiel a su vocación.

Se consagró como laica en la Tercera Orden de Santo Domingo e hizo votos de virginidad. Por eso tomó el hábito sin ser religiosa.

Con gran libertad evangélica, sin dejarse afectar por la reprensión de su madre y la crítica de la sociedad, construyó una ermita en un extremo del huerto de su casa, donde oraba para superar los obstáculos e incomprensiones, y poder atender las necesidades espirituales de los indígenas, esclavos negros y enfermos.

Al reprenderla su madre por atender en casa a pobres y enfermos, ella contestó: “cuando servimos a los pobres y a los enfermos, servimos a Jesús. No debemos cansarnos de ayudar a nuestro prójimo, porque en ellos servimos a Jesús”.

Creó una especie de enfermería e instruía a las mujeres promoviendo su dignidad. Las exhortó para apoyar a sus maridos a defender su ciudad de los piratas.

Fue la primera mujer laica canonizada en Latinoamérica. Es patrona de América Latina y de las enfermeras peruanas.

SIGAMOS LA OBRA DE JESÚS

Siendo libres en nuestro discipulado

Tanto el evangelio como la vida de Rosa de Lima nos hacen ver la necesidad de ser libres de los afectos, de las costumbres de la época y del qué dirán para seguir a Jesús y ser sus colaboradores.

+ IDENTIFICA DOS ASPECTOS DE TU VIDA QUE TE LIMITEN, DIFICULTEN O IMPIDAN SEGUIR A JESÚS Y RESPONDER A SUS INVITACIONES A COLABORAR CON ÉL:

(A) ______

Y (B) ______

+ ¿POR QUÉ NO PUEDES ROMPER CON ESAS ATADURAS? ______

______

+ ¿QUÉ LE DIO FUERZAS A ROSA DE LIMA PARA SEGUIR SU VOCACIÓN A PESAR DE QUE LA GENTE A SU ALREDEDOR NO LO APROBARA?

______

______

Haz una pequeña oración reconociendo ante Dios tus esclavitudes. Pide a nuestro buen Padre que te dé el deseo profundo de romper con ellas, a Jesús que te muestre cómo hacerlo, y al Espíritu Santo que te dé la fortaleza para realizarlo.

Escucha en tu corazón lo que te diga Dios. Anota sus respuestas:

+ ¿QUÉ ES LO QUE DESPIERTA EN TI UN MAYOR DESEO DE SEGUIR A JESÚS Y COLABORAR EN LLEVAR SU AMOR A LOS DEMÁS?

______

______

+ ¿DE QUÉ MANERA DESEA JESÚS QUE COLABORES CON ÉL? ______

______

+ ¿QUÉ LUCES Y FUERZAS TE DA EL ESPÍRITU SANTO PARA HACERLO? ______

______

ENCARNEMOS EL MENSAJE
DE FILEMÓN 1, 9-10. 12-17

Para ayudar a liberar al esclavo

1 Leer Filemón 1, 9-10. 12-17.

2 Reflexionar sobre la petición de Pablo a Filemón con respecto a Onésimo. Responder a las dos primeras preguntas a la derecha.

3 Pablo no ordena a Filemón liberar a Onésimo, sino que se lo pide, para que fuera un acto libre de Filemón, según la gracia de Dios en él. Responder a la tercera pregunta sintiéndose libres como Filemón.

4 Compartir la reflexión.

¿CUÁLES SON LAS ESCLAVITUDES MÁS DAÑINAS A LAS QUE ESTÁN SUJETOS MUCHOS JÓVENES A TU ALREDEDOR?

¿CÓMO SE PUEDE ENCARNAR EL AMOR DE CRISTO PARA AYUDARLOS A QUE SE LIBREN DE ESAS ESCLAVITUDES?

¿QUÉ ME PIDE DIOS QUE HAGA ANTE ESTA REALIDAD?

VIVE LA PALABRA

Aprende de otros a cargar tu cruz

La cruz de Jesús se debió a su amor y fidelidad a Dios, y a su amor y fidelidad a los seres humanos, lo cual lo llevó a ser el profeta por excelencia; asumió todas las consecuencias de su profetismo. En la historia de salvación hay muchas personas que han seguido el mismo camino.

Moisés cargó con su cruz de ser el liberador del pueblo de Israel, a pesar del miedo al faraón de Egipto y a ser tartamudo.

Job vivió sus enfermedades como una experiencia del amor purificador de Dios.

El profeta Oseas amó a una esposa prostituta para anunciar el amor de Dios a su pueblo.

Juan el Bautista fue encarcelado y después asesinado por llamar a la conversión a los judíos.

María aceptó estar embarazada de Jesús, aunque era un estigma haber engendrado fuera de la vida conyugal.

Esteban, Pedro, Pablo y muchos de los primeros cristianos murieron por anunciar a Cristo.

Santa Teresita vivió su enfermedad y aceptó quedar encerrada en el convento por amor a las misiones.

Juan Pablo II aceptó el sufrimiento producido por el atentado, su enfermedad del parkinson y su ancianidad, y siguió viajando y anunciando el evangelio de Jesús.

Benedicto XVI aceptó ser papa a una edad muy avanzada, cuando soñaba con retirarse a escribir y dedicarse a una vida más tranquila.

- ¿Qué cruces te toca cargar en las circunstancias históricas en que vives?
- ¿Tienes alguna cruz personal, como una enfermedad incurable, ser huérfano/a, etcétera?
- ¿Ha sido causada tu cruz por la maldad de otras personas?
- ¿Tu solidaridad con los necesitados causa alguna cruz en ti?

ENRIQUECE TU FE Y TU VIDA

La vivencia de la cruz en el pueblo latinoamericano

El pueblo latinoamericano ha cargado cruces por años, décadas y siglos sin fin. Ora ante el crucificado, venera a la Dolorosa y se acoge a la Guadalupana. Celebra el *Via Crucis* viviéndolo en carne propia y, al comprender el valor liberador de la cruz, encuentra su pascua de resurrección en el mismo cargar de su cruz.

Son cruces de falta de trabajo crónica y escuela; de enfermedad y desnutrición; de violencia, opresión y represión. Los científicos sociales hablan del "círculo vicioso de la pobreza", al ver un problema generar el siguiente y éste uno más. ¿Cómo romper este círculo, Señor de la vida?

El obispo Agustín Román, de Miami, Florida, en Estados Unidos, solía definir el ministerio con los inmigrantes de América Latina como una "pastoral de bomberos". Sus necesidades son tan grandes, que el agente de pastoral se la pasa apagando fuegos aquí y allá, en busca de recursos para poner cimientos sobre las cenizas y ayudar a construir la vida mejor por la que el pueblo lucha con valor. Quienes sirven a ese pueblo que ha dejado atrás su hogar y cultura comparten su cruz: la soledad y la incomprensión; la marginación y la discriminación; el ver perderse a los hijos en pandillas y drogas; la explotación en el trabajo y el riesgo a la deportación.

Haz un momento de silencio reverente y solidario con este pueblo sufriente en todo el Continente Americano. Únete a su cruz y asúmela como hermanos unidos en Cristo Jesús. Piensa si Dios te llama para ayudar a transformar en problemas con solución aspectos de esta cruz o a acompañarlos y sostenerlos en su dolor.

ACTIVIDAD COMUNITARIA

Identificación de problemas y cruces

1 Formar grupos de cuatro personas. Hacer una lluvia de ideas sobre situaciones dolorosas y problemáticas de la vida, en particular para los jóvenes en su vida familiar y social. Escoger ocho situaciones para trabajarlas.

2 En un papelógrafo, hacer dos columnas con los títulos "Problema" y "Cruz".

3 Leer en voz alta el siguiente texto:

¿Qué debemos hacer ante una situación difícil?

Primero hay que preguntarse ante Dios: ¿Tiene solución esta situación? ¿Soy yo su causa? ¿Está en mis manos resolverla o aminorar sus efectos?

Si las respuestas son positivas, se trata de un "problema" y hay que poner todos los medios al alcance para resolverlo. Si no tiene solución o no está en mis manos resolverla o ayudar a que se resuelva, se trata de una "cruz".

La "cruz" *se abraza*, no se resuelve. Se asume con el apoyo de Jesús y la fuerza del Espíritu Santo. Se lleva a cuestas al tiempo que seguimos adelante en nuestro caminar con Jesús. Esto no implica dejar de sufrir, pero el sufrimiento adquiere un gran valor, pues nos ayuda a madurar como personas y como cristianos.

4 Analizar cada una de las ocho situaciones para ver si son "problema" o "cruz". Tener presente que a veces una misma situación es problema para unos y cruz para otros, o tiene elementos de problema y de cruz. Anotar lo que descubren en la columna adecuada.

5 En sesión plenaria, poner en común su trabajo.

6 Obtener conclusiones y comentar entre todos: ¿qué utilidad le ven a este ejercicio?

CELEBRAMOS NUESTRA FE

Orando por seguir a Jesús en libertad y fidelidad

Preparación

Llevar un crucifijo y una vela grande, así como flores para el altar. Preparar las siguientes lecturas, para ser proclamadas por tres jóvenes: Lc 14, 26-27; 1 Cor 1, 17-25; Mt 11, 28-30. Contar con hojas de colores, dobladas en cuatro para cada participante, con una cruz dibujada en color contrastante en los dobleces.

Celebración

1 El facilitador/a hace una oración en voz alta pidiendo a Dios que envíe el Espíritu Santo para que esté presente en esta celebración.

2 Proclamar las tres lecturas pausadamente, en el orden que aparecen, dejando unos minutos en silencio entre una y otra.

3 Invitar a que cada persona haga presente algo por lo que está sufriendo en este momento de su vida y darle tiempo para que analice si se trata de un problema o una cruz. Compartir con un/a compañero para confirmar su discernimiento o ayudarse a hacerlo.

4 Hacer la siguiente oración para pedir discernimiento y balance en la vida:

> Señor concédeme:
>
> Serenidad para aceptar las cosas que no puedo cambiar, valor para cambiar las situaciones que puedo, y sabiduría para conocer la diferencia.
>
> Oh Espíritu Santo, amor del Padre y del Hijo, inspírame siempre:
> lo que debo pensar y cómo debo actuar,
> lo que debo decir y cómo decirlo,
> lo que debo callar y lo que debo escribir.
>
> Ilumina mi entendimiento y fortifica mi voluntad, para procurar tu gloria, el bien de mi prójimo y mi propia santificación.
>
> Señor, dame el mismo equilibrio en mi vida que llevó Jesús. Gloria a ti, Señor.
>
> —*San Agustín*

5 Repartir las hojas para escribir en cada rectángulo formado por los dobleces:

- *Una cruz que estés cargando* puede ser una enfermedad, un sufrimiento derivado de algo...
- *Un problema a resolver* ya sea por ti o con tu participación.
- *Una cruz que podría llegarte al tratar* de llevarle el amor de Jesús a una persona o grupo de personas, o por ayudar a resolver una situación que requiere tu apoyo.
- *Una oración entregándole a Dios tu cruz*, ofreciéndosela en unión de Cristo por lo que cada uno desee y pidiéndole fuerzas para resolver el problema.

6 Ponerse de pie. Proclamar la siguiente frase: "Vayamos tras Cristo asumiendo nuestra cruz, ofreciéndosela a Dios, con la conciencia de que Jesús nos ayudará a cargarla y ahí encontraremos su amor salvador".

7 Terminar entonando "Resucitó" u otro canto de resurrección.

EL QUE NO CARGA CON SU CRUZ..., NO PUEDE SER MI DISCÍPULO

Lc 14 27

RECONCILIACIÓN Y SANACIÓN INTERIOR

Éxodo 32, 7-14 • Salmo 51 (50) • 1 Timoteo 1, 12-17 • Lucas 15, 1-32

EMPIEZA TU DIÁLOGO CON JESÚS

—Jesús, ¡cómo quisiera que la reconciliación y la sanación fueran más fáciles, pues es fatal estar mal con la gente y contigo!

—Quiero ayudarte, así que dime, ¿qué te es más fácil, perdonar o pedir perdón?

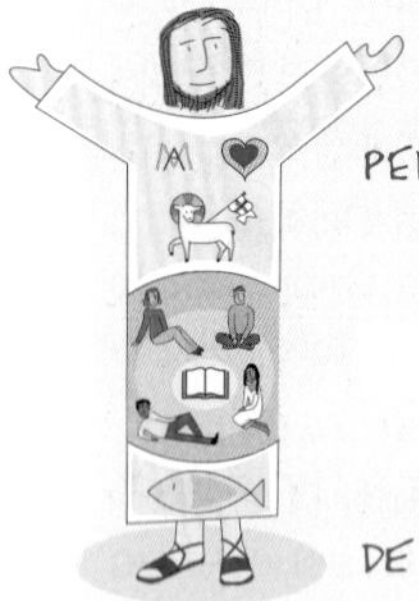

+ NO ES TAN SENCILLO. NO HE PODIDO PEDIR PERDÓN A ______ PERO ME FUE FÁCIL A ______.

+ AUNQUE HE TRATADO, NO HE PODIDO ACABAR DE PERDONAR A ______ Y A ______.

+ LOGRÉ PERDONAR A ______ DESPUÉS DE MUCHOS ESFUERZOS Y LARGO TIEMPO.

—Es lógico que así sea, pues intervienen muchos factores como el tipo de falta, el afecto hacia la persona involucrada, la propia disposición interior... Lo importante es que vayas aumentando, con la práctica, tu capacidad de perdonar y pedir perdón.

CONTINÚA ORANDO DESDE TU CORAZÓN

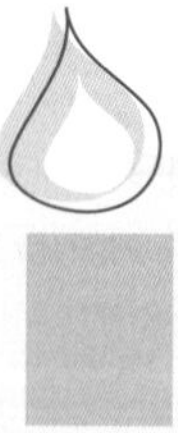

Jesús, enséñame a pedir perdón y a perdonar

Jesús, de verdad quiero ser menos duro/a para perdonar.

QUISIERA ______

PUES ______

También me gustaría aprender a pedir perdón con nobleza y sencillez.

CUANDO NO LO HAGO ______

EN CAMBIO, CUANDO ME ANIMO Y LO HAGO PRONTO ______

¡Qué distinto sería todo si todos supiéramos pedir perdón y perdonar! ¡Ayúdanos a aprender a hacerlo!

CONOCE LA PALABRA DE DIOS

Leer Lucas 15, 1-32

+ ¿CUÁL DE LAS TRES PARÁBOLAS DESCRIBE MEJOR TU EXPERIENCIA DE SABERTE PERDONADO? ¿POR QUÉ?

El evangelio de este domingo empieza con la crítica de los fariseos, que no ven bien la familiaridad de Jesús con gente pecadora. Jesús responde con tres parábolas que presentan los extremos a los que llega Dios en su misericordia con el pecador.

En la primera parábola, Dios está tan empeñado en acoger al pecador, que es personificado como un pastor capaz de dejar noventa y nueve ovejas, con tal de buscar a la oveja descarriada. La segunda parábola muestra el valor del pecador para Dios, al pintarlo como una mujer que voltea su casa "patas para arriba", en busca de una pequeña moneda.

La tercera parábola es la más fuerte. Presenta a Dios como un padre judío, feliz por la conversión de un hijo, quien había dilapidado su fortuna y asumido prácticas de los gentiles (no judíos), como lo muestran sus vestimentas. Jesús deja claro que la salvación de Dios llega a los pecadores y a los gentiles, lo que los fariseos consideraban imposible.

ENTRA EN ORACIÓN

Meditación sobre la misericordia

Leer la parábola del hijo pródigo, Lucas 15, 11-32. Observa la experiencia de la misericordia que tiene cada personaje:

PIENSA EN EL PADRE: ¿Qué sentimientos tiene ante su hijo joven y qué los provoca? ¿De qué manera expresa su misericordia?

AHORA PIENSA EN TI: ¿Qué tan misericordioso/a eres con quienes te ofenden? ¿Hay alguien que espera tu perdón? ¿Qué necesitas hacer para otorgarle tu perdón incondicional?

REFLEXIONA SOBRE LA EXPERIENCIA DEL HIJO MENOR: ¿Qué tanto conoce el corazón de su padre? ¿Con qué expectativas regresa a él? ¿Qué siente al ver cómo lo recibe su padre? ¿Qué siente ante la actitud de su hermano?

AHORA REFLEXIONA SOBRE TU VIDA: ¿Conoces bien el corazón misericordioso de Dios? ¿Cómo buscas su misericordia después de haberlo ofendido?

MEDITA SOBRE LOS SENTIMIENTOS DEL HERMANO MAYOR: ¿Qué sentimientos existen en su corazón con relación a su padre? ¿Qué siente ante el retorno de su hermano? ¿Qué siente ante sí mismo?

AHORA ANALIZA TUS SENTIMIENTOS: ¿Cómo sueles reaccionar ante quienes te ofenden o hacen daño a un ser querido? ¿Estás satisfecho/a de reaccionar así? ¿Por qué? ¿Cómo te gustaría reaccionar?

Termina tu meditación poniéndote en las manos misericordiosas de Dios, y pídele que haga tu corazón semejante al suyo.

—BCJ, Lc 15, 1-32

TE PRESENTAMOS A...

San Agustín (354-403)

Agustín nació en una familia noble, en el África romana. Su padre era pagano y su madre, Santa Mónica, una gran cristiana que lo educó en la fe y se mantuvo firme ante las adversidades.

Agustín, dotado de gran imaginación e inteligencia, se destacó en las letras, el teatro y la poesía; disfrutó los halagos y la fama. A partir de su juventud, se dejó llevar por las pasiones humanas y sus impulsos sensuales y mujeriegos.

Estudió filosofía y se dedicó a buscar la verdad en diversas corrientes filosóficas. Por un tiempo siguió el *maniqueísmo*, que veía al mundo en guerra continua entre el bien existente en Dios y el alma, y el mal radicado en el demonio y el cuerpo. Al decepcionarse de esta visón del mundo, optó por el *escepticismo*, que negaba la existencia de un saber objetivo, necesario y universal, viendo todo subjetivo y sujeto a cualquier tipo de opinión.

Durante años, llevó Mónica la cruz dolorosa de ver a su hijo vivir en el libertinaje y la confusión. Oraba constantemente por su conversión, confiada en que Dios le daría esa gracia.

A los treinta años, sumido en una gran frustración personal, Agustín se fue a Roma junto con su madre. Ahí, al escuchar al obispo Ambrosio, empezó su camino de conversión, encontrando en la Sagrada Escritura la fuente de la fe cristiana y en San Pablo a un gran maestro.

Después de tres años de estudio y meditación, decidió bautizarse. Regresó a África, vendió sus bienes y repartió el dinero entre los pobres. Con unos compañeros hizo vida monacal como laico, inspirando después su regla de vida en esa experiencia.

En 391 la comunidad lo eligió para ser ordenado sacerdote por el obispo de Hipona. Con lágrimas en los ojos aceptó su misión, al igual que la de obispo, en 395. Dejó el monasterio de laicos y creó uno de clérigos en su casa de obispo.

Predicó extensamente y escribió incansablemente. Defendió la doctrina cristiana, presidió concilios y resolvió varias herejías. En sus *Confesiones*, se llamó a sí mismo "hijo de las lágrimas de mi madre" y confesó: "Mi madre me engendró con su carne para que viniera a la luz del tiempo, y con su corazón, para que naciera a la luz de la eternidad".

SIGAMOS LA OBRA DE JESÚS

Fomentando la conversión y reconciliación

Algunas personas buscan respuesta al hastío de su vida vacía y desordenada; otras tienen una experiencia fuerte de conversión... Podemos necesitar perdón de pecados graves o de faltas leves. Tenemos que perdonar a quien nos ha ofendido o sanar heridas sufridas...

Dios usa múltiples medios para darnos su misericordia infinita y busca nuestra colaboración para acoger, comprender y acompañar a la persona en su camino a él, sea a través de una intervención directa, la oración, el testimonio de vida, un libro, una canción... Lo importante es recibir su misericordia y ser instrumentos de ella.

+ ¿DE QUIÉNES SE HA VALIDO DIOS PARA TU CONVERSIÓN Y RECONCILIACIÓN?

+ ¿HAS SIDO INSTRUMENTO DE DIOS PARA DAR SU PERDÓN MISERICORDIOSO A ALGUIEN? ¿QUÉ HICISTE Y CÓMO TE SENTISTE?

+ SI NECESITAS LA MISERICORDIA DE DIOS, ¿QUIÉN TE PUEDE AYUDAR A ACERCARTE A ÉL?

+ ¿TE LLAMA DIOS A SER INSTRUMENTO DE SU GRACIA PARA CON ALGUNA PERSONA? ¿CÓMO TE PREPARARÁS PARA ESTA MISIÓN?

ENRIQUECE TU FE Y TU VIDA

Si no hay reconciliación, no hay sanación

En un curso de Biblia, una joven de 19 años pidió dar un testimonio cristiano.

> Crecí en un ambiente horrible. Mi padre golpeaba a mi mamá y tenía un bar que regentaba prostitutas. Mis dos hermanos eran drogadictos y alcohólicos y me ofendían constantemente. Yo me salí de la casa y me fui a Estados Unidos, donde viví con un hombre que abusó de mí. Ahora vivo sola y no necesito de nadie.
>
> Cuando le preguntaron: ¿cuál es tu testimonio? Me repitió: "que vivo sola y no necesito de nadie".

Ella, como muchas mujeres abusadas física y emocionalmente, no había sabido romper la dinámica de destrucción generadas por el abuso. Pensaba que, al vivir sola, su problema estaba resuelto. Pero al platicar más descubrió que un profundo rencor hacia todos le impedía tener relaciones humanas sanas y confiadas.

Perdonar es más que un cambio de conducta. Conlleva un proceso de sanación interior, que empieza al pedir a Dios la gracia para lograrlo y continúa en un camino de reconciliación consigo mismo/a, con Dios y con los hermanos. Si bien la iglesia ofrece distintos medios para propiciar este proceso, como el acompañamiento espiritual, liturgias penitenciales, celebraciones de sanación, consejería personal y grupal, es la fe y el contacto profundo con Dios, lo que sana las heridas dejadas por las experiencias dolorosas.

JESUCRISTO VINO AL MUNDO PARA SALVAR A LOS PECADORES

1 Tim 1 15

VIVE LA PALABRA

Los testimonios de sanación

Antes de dar un testimonio de sanación, debemos reflexionar sobre la acción de Dios en nosotros y el proceso vivido al sanar. No basta con narrar la experiencia; hay que compartir los pasos dados para salir del odio, el rencor y el deseo de venganza provocados por ella. Cuando no existe este tipo de sentimientos, es importante observar la obra de Dios al facilitar el perdón y la sanación.

Cuando hay una auténtica sanación, podemos entablar relaciones humanas sanas y vivir en la presencia de Dios con amor y agradecimiento. No todos hemos sufrido abuso físico o emocional; sin embargo, todos necesitamos saber perdonar y pedir perdón.

Observar cómo trabaja Dios al ofrecernos su perdón y cómo genera nuestra disposición a perdonar, nos hace conscientes de su bondad y su amor. Esto nos capacita para ayudar a otras personas en situaciones similares.

ACTUALICEMOS EL SALMO 51

Para pedir piedad a Dios

1 Leer el Salmo 51 y observar con cuidado cada versículo. Anotar los versículos con que sienten que pueden comunicarle a Dios sus sentimientos, aunque haya que cambiarles algunas palabras.

2 Escoger de cinco a ocho versículos con los que construir su propio salmo.

3 Escribir su salmo, cambiando las palabras que les resultan ajenas a su manera de expresarse y añadir lo que les nazca de su corazón.

4 En parejas, compartir sus salmos actualizados, y ver en qué se parecen y en qué son distintos.

ACTIVIDAD COMUNITARIA

Perdón y sanación de nuestros pecados

1 Trabajar en silencio, de manera individual, en la siguiente tabla de los pecados capitales, teniendo presente que se llaman "capitales", no por su gravedad, sino porque de ellos se generan otros pecados o vicios:

- Recordar algún acto con el que hayas cometido cada uno de esos pecados y describirlo con una frase sencilla.
- Anotar junto a cada pecado cuándo cobraste conciencia de que habías sido perdonado. Si aún necesitas perdón, escribe una "P" en lugar de ello.
- Reflexionar sobre tu crecimiento en las virtudes con que se vence cada pecado. Señalar cómo te sientes en el desarrollo de esa virtud.

2 En parejas o grupos de tres:

- Compartir qué aprendieron al hacer el ejercicio y cómo piensan aprovechar este conocimiento para crecer en su vida cristiana.
- Escribir dos jaculatorias o súplicas pequeñas, con su primera y segunda parte, relacionadas con los pecados o las virtudes capitales. Por ejemplo: "Jesús, aunque odias el pecado, siempre tienes paciencia con el pecador...". "Ayúdanos a perdonar las ofensas que recibimos".

CELEBRAMOS NUESTRA FE

Viviendo la reconciliación

1 Entrar en un ambiente de oración y reflexión.

2 El facilitador/a conduce la siguiente meditación, haciendo una pausa larga, al final de cada párrafo:

En Jesús, Dios nos perdona nuestras culpas y sana nuestras heridas. Recordemos a las personas a quienes guardamos rencor por alguna razón.

Pongamos a esas personas en manos de Jesús junto con nuestros sentimientos. Pidámosle que nos ayude a perdonarlas.

Imaginemos que estamos delante de una de ellas, la llamamos por su nombre y le decimos: "Te perdono por..., y le pido a Dios que te bendiga".

Traemos así a nuestra mente a personas hacia quienes sentimos resentimiento.

Ahora revisamos nuestras fallas y pecados. Pidámosle perdón a Dios por ellos, en especial por los que aún no nos sentimos perdonados.

Hagamos el propósito de recibir el sacramento de la Reconciliación, sobre todo si hemos cometido faltas graves.

Pongámonos ahora de rodillas para rezar juntos el "Acto de Contrición":

Yo confieso ante Dios todopoderoso y ante ustedes, hermanos, que he pecado mucho de pensamiento, palabra, obra y omisión.

Por mi culpa, por mi culpa, por mi gran culpa.

Por eso ruego a santa María, siempre virgen, a los ángeles y a los santos y a ustedes, hermanos, que intercedan por mí ante Dios nuestro Señor. Amén.

Oremos ahora con las jaculatorias que preparamos, pidiendo así a Dios que nos ayude a ser más fieles en nuestra vida cristiana.

3 Decir las jaculatorias, dejando tiempo para que todos las repitan en silencio.

4 Terminar dándose un abrazo de la paz. Una persona dice: "Ve en paz a vivir la reconciliación, pidiendo y ofreciendo perdón". La otra responde: "Así sea".

REFLEXIÓN SOBRE LOS PECADOS CAPITALES Y LAS VIRTUDES PARA SUPERARLOS

SOBERBIA *Deseo de alto honor y gloria*	AVARICIA *Deseo de acaparar riquezas*	LUJURIA *Desenfreno ante el apetito sexual*	IRA *Furia ante un daño o dificultad*	GULA *Desenfreno ante la comida y bebida*	ENVIDIA *Resentimiento ante los bienes o logros de otros*	PEREZA *Apatía ante el trabajo y uso de los dones*
Acto	**Acto**	**Acto**	**Acto**	**Acto**	**Acto**	**Acto**
Perdón	**Perdón**	**Perdón**	**Perdón**	**Perdón**	**Perdón**	**Perdón**
HUMILDAD *Reconocer que todo lo bueno en nosotros proviene de Dios.*	GENEROSIDAD *Compartir lo propio con los necesitados.*	CASTIDAD *Dominio de los apetitos sensuales.*	PACIENCIA *Sufrir con paz y serenidad las adversidades.*	TEMPLANZA *Moderación en el comer y en el beber.*	CARIDAD *Desear y hacer siempre el bien al prójimo.*	DILIGENCIA *Prontitud de ánimo para obrar el bien.*
Avance Poco Medio Bien	**Avance** Poco Medio Bien	**Avance** Poco Medio Bien	**Avance** Poco Medio Bien	**Avance** Poco Medio Bien	**Avance** Poco Medio Bien	**Avance** Poco Medio Bien

25°
Domingo
Ordinario

QUE EL DINERO NO TE DAÑE EL CORAZÓN

Amós 8, 4-7 • Salmo 113 (112) • 1 Timoteo 2, 1-8 • Lucas 16, 1-13

EMPIEZA TU DIÁLOGO CON JESÚS

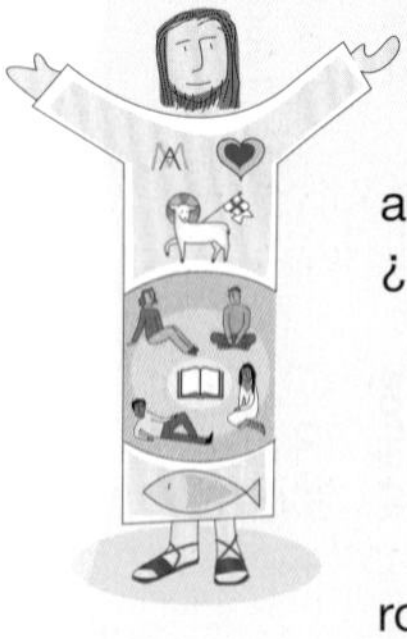

—Una de las grandes tentaciones para toda persona es el amor por el dinero. ¿Cuál es tu perspectiva sobre el dinero?

+ PARA MÍ EL DINERO REPRESENTA

—Hay personas en todas las clases sociales que se olvidan de mí al entregar su corazón al dinero. ¿Sientes tú que corres ese riesgo? ¿Por qué piensas eso?

+ YO CREO QUE

PORQUE

—A lo largo de tu vida tendrás muchas tentaciones debido al dinero. Esta sesión te ayudará a comprender cómo manejarlo, sin aferrarte a él y dejar que corrompa tu alma y te convierta en instrumento del mal para otros.

CONTINÚA ORANDO DESDE TU CORAZÓN

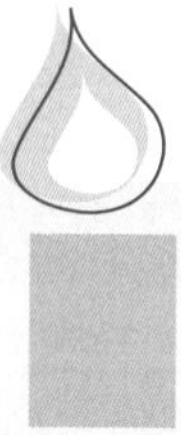

Quiero servirte sólo a ti

Jesús,

Sé que, para la convivencia humana armónica y para un mundo de justicia, es clave que todos manejemos bien el dinero.

MI CONFLICTO MÁS GRANDE RESPECTO AL DINERO ES

POR FAVOR, AYÚDAME A

RECUERDO ESTAS VECES EN QUE LO HE USADO MAL

Y ÉSTAS EN QUE HICE TRAMPAS O ROBÉ PARA TENER MÁS

Perdóname por ello y dame tu gracia para no volver a caer.

MIS TENTACIONES MÁS FUERTES SON ANTE

Libérame de caer en ellas. Amén.

CONOCE LA PALABRA DE DIOS

Leer Lucas 16, 1-13

+ ¿EN QUÉ PARTE DEL EVANGELIO SE CENTRA EL MENSAJE DE JESÚS Y CÓMO LO SABES?

Lucas dedica muchos pasajes de su evangelio al tema del dinero. En éste, Jesús se dirige a sus discípulos, no para alabar a un hombre deshonesto, sino para invitarnos a hacer tres cosas:

Ser sagaces o astutos ante las disyuntivas de la vida. Jesús contrapone la sagacidad del hombre deshonesto ante la poca astucia que usan los "hombres de la luz", motivándonos así a poner todos nuestros talentos al servicio del Reino.

Hacer el bien, aunque antes nos hayamos comportado mal. La toma de conciencia de haber manejado mal los bienes que Dios nos da para administrar debe llevarnos a reflexionar sobre cómo administrarlos mejor en favor de los necesitados.

Usar los medios disponibles en función del reino de Dios. Debemos poner los bienes de la tierra al servicio de los demás, pues si sabemos administrar los bienes temporales según el evangelio, podremos recibir el verdadero bien cuando nos encontremos con el Señor resucitado.

VIVE LA PALABRA

Hay que ser de fiar en lo poco

Jesús llega a las siguientes conclusiones de la historia del hombre deshonesto y sagaz: "El que es de fiar en lo poco, lo es también en lo mucho. Y el que es injusto en lo poco, lo es también en lo mucho" (Lc 16, 10).

A veces, las faltas pequeñas nos parecen intrascendentes y nos conformamos con ellas. Pero si nos atrevemos a robar unas cuantas monedas, al poco robar billetes es fácil. Si no nos importa hacer trampas pequeñas para beneficiarnos, tampoco nos importará hacer fraudes a costa de la justicia.

Lo peor es que ser deshonestos o injustos suele provocar deshonestidad e injusticia en otros. Si el dueño de un negocio explota a sus trabajadores, ellos no se tocarán el corazón para tratar de sacar un beneficio mayor para sí mismos. Hacer lo contrario requiere conciencia ética y voluntad firme para no caer en la tentación.

Para que las empresas, sistemas económicos y actividades políticas sean limpios y honestos, es necesario que cada uno de los ciudadanos ejerzamos estas virtudes y animemos a otros a hacerlo. ¿Cómo sería el mundo si todos pusiéramos nuestro granito de arena? ¿Por qué vale la pena ser fiel y justo en lo poco y en lo mucho, a pesar de que otros no lo sean?

TE PRESENTAMOS A...

San Enrique y Santa Cunegunda (973-1024)

Enrique y Cunegunda fueron consagrados como reyes de Bavaria por el papa Benedicto VIII en 1002. La iglesia celebra con gran alegría a estos dos reyes alemanes que gobernaron con justicia y honradez, y practicaron la caridad con las personas más abandonadas.

Enrique se propuso dos metas como rey, consciente de que así lograría paz y prosperidad en su reino. Se esforzó por evitar que los príncipes y gobernantes locales, entre quienes también había obispos, explotaran a los campesinos, y que los clérigos se enriquecieran con las limosnas de los pobres.

Para ellos, el cristianismo cumplía una función social, además de su misión espiritual. Pero era necesario purificarlo de la ambición económica y la corrupción, que se generan fácilmente en quienes ocupan puestos de poder.

En su época era frecuente que los obispos entraran en guerra o graves conflictos por los beneficios económicos que producían diferentes diócesis. Enrique persiguió severamente estas prácticas, apoyado por los papas que gobernaron la iglesia durante su reinado.

Como no tuvieron hijos, dejaron todos sus bienes para el servicio de los pobres y de la iglesia. A la muerte de Enrique, Cunegunda entró en un convento benedictino, en la más absoluta pobreza, aunque ella misma había pagado años anteriores la construcción de la abadía.

Enrique fue canonizado por el papa Eugenio III en 1146, y Cunegunda, por el papa Inocencio III en 1200. Sus restos descansan en la Catedral de Bamberg, Alemania, que ellos mismos mandaron construir.

SIGAMOS LA OBRA DE JESÚS

Sirviéndolo únicamente a él

San Enrique y Santa Cunegunda son un claro ejemplo de que se puede aprovechar el poder y el dinero para lograr una sociedad justa. Es sólo cuestión de poner a Dios por encima de todas las cosas.

Al igual que el hombre del evangelio, Dios nos ha nombrado administradores de los bienes que nos ha dado. ¿Qué has hecho con ellos?

+ CON MI HABILIDAD PARA ______ HE AYUDADO A ______

+ LOS BIENES ECONÓMICOS QUE DIOS ME HA DADO LOS HE COMPARTIDO CON ______

______

+ CUANDO DIOS ME HA PUESTO EN POSICIONES DE PODER, LO HE USADO PARA

______

Piensa en el futuro. Habrás descubierto más dones que Dios te ha dado y, por tu edad y posición en el trabajo y en la familia, tendrás mayores responsabilidades en la administración de los bienes. ¿Te estás preparando para ello siendo fiel y justo en lo poco?

ENCARNEMOS EL MENSAJE
DE AMÓS 8, 4-7

Ante el mal uso del poder económico actual

1 Leer Amós 8, 4-7, teniendo presente que este profeta es reconocido como el “profeta de la justicia social”.

2 Escribir una denuncia similar a la que hizo el profeta Amós, enfocándola en uno de los siguientes grupos sociales.

AMBIENTE EN QUE SE MUEVEN USTEDES

NIVEL NACIONAL

NIVEL INTERNACIONAL

3 Escribir un versículo que exprese el llamado a la conversión hecho por Dios.

VERSÍCULO Nº.

4 Expresar cómo sería la realidad si operaran según el plan de amor de Dios, dando así esperanza de un mundo mejor a la población actual y a las siguientes generaciones.

LA REALIDAD SERÍA

COMENTARIOS PARA LA FE Y LA VIDA

No podemos servir a Dios y al dinero

El dinero es quizás la única forma de poder que puede crecer y acumularse casi indefinidamente. Esto hace que el impulso a poseerlo rebase fácilmente la necesidad de tener lo suficiente. Por eso Jesús se preocupa tanto de que aprendamos a usarlo de manera honesta, justa y para hacer el bien.

Hay empresas en que dueños, altos ejecutivos y mesas directivas se apoyan para cometer fraudes de billones de dólares a costa de sus clientes y empleados. También las personas individuales cometen estafas: médicos asalariados que cobran sus consultas como si fueran particulares, ganando el doble; ingenieros que compran material de más baja calidad que el que cobran, llegando a poner en riesgo la vida de quienes usarán las construcciones a su cargo; comerciantes que engañan a su clientela con mercancías que no valen lo que cobran; empleados y sirvientes que roban a sus patrones.

¿Por qué estas personas arriesgan prestigio, familia, trabajo? La respuesta es: son esclavos del dinero. Ésta es una tentación que afecta a los muy ricos, menos ricos y más pobres, y lleva a varios tipos de violencia:

- *Física*, al robar a una persona o empresa.
- *Institucionalizada*, al dictar leyes económicas injustas hacia los más débiles.
- *Empresarial*, al estipular sueldos con alta disparidad y una distribución no equitativa de las utilidades entre los dueños y altos ejecutivos y los trabajadores.
- *Sicológica*, al menospreciar a las personas por tener menos bienes que uno.

La Biblia siempre denuncia la esclavitud del dinero como una de las grandes amenazas a la paz y la armonía entre personas y pueblos. ¿Qué valor doy al dinero? ¿Qué medios uso para obtenerlo? ¿Para qué lo uso?, son preguntas que debemos hacernos constantemente para no ser esclavos del dinero.

TABLA 4 REALIDAD DE GASTOS NECESARIOS

Total de ingresos	$
Menos subtotal de gastos imprescindibles	$
Menos subtotal de gastos necesarios	$
BALANCE	$

TABLA 5 CONTRIBUCIONES NO MONETARIAS RECIBIDAS DE MIS PADRES O PERSONAS CON LAS QUE VIVO, POR EJEMPLO: CASA, COMIDA, REGALOS...

	GASTOS IMPRESCINDIBLES	GASTOS NECESARIOS	GASTOS SUPERFLUOS
Concepto y cantidad estimada Nº. 1			
Concepto y cantidad estimada Nº. 2			
Concepto y cantidad estimada Nº. 3			
Concepto y cantidad estimada Nº. 4			

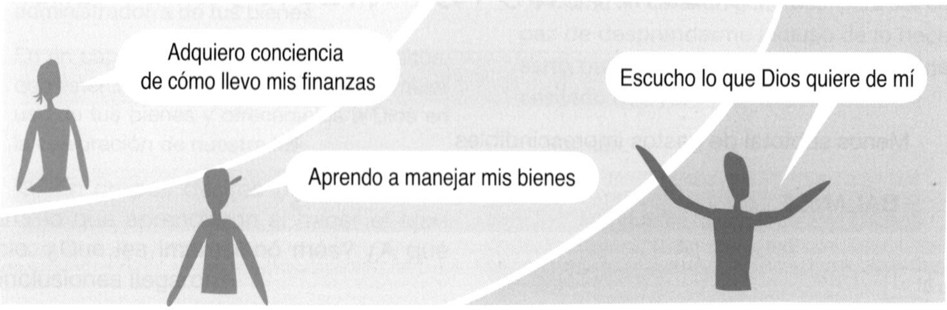

26° Domingo Ordinario

LA TEMPLANZA, VIRTUD QUE URGE PONER DE MODA

Amós 6, 1. 4-7 • Salmo 146 (145) • 1 Timoteo 6, 11-16 • Lucas 16, 19-31

EMPIEZA TU DIÁLOGO CON JESÚS

—Jesús, unas personas dicen que debo gozar de la vida, y otras, que el placer es malo. ¡Francamente no entiendo!

—¿Conoces el dicho: "Ni tanto que queme al santo ni tanto que no lo alumbre"? ¿Qué te digo con él?

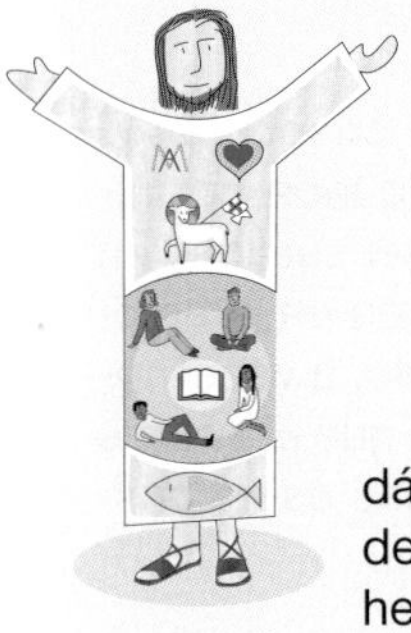

+ PIENSO QUE

—¿Cómo y con qué disfrutas y gozas tú?

+ GOZO TREMENDAMENTE CON ,
Y

—Gozar de la vida es bueno y bello, por eso Dios te hizo sensible, dándote los sentidos. ¡Nunca los atrofies abusando del placer al grado de que te quite el control sobre ti mismo/a y te desensibilice ante tus hermanos!

CONTINÚA ORANDO DESDE TU CORAZÓN

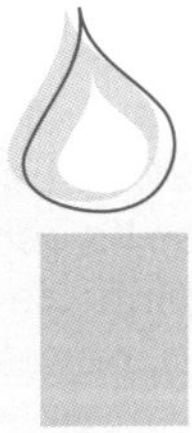

Ayúdame a saber gozar de la vida

Jesús, mi buen amigo,

Gracias por el diálogo inicial, empiezo a ver más claro. Envía a tu Espíritu para que abra mi mente y mi corazón a tu mensaje.

PONGO ANTE TI ESTAS TENDENCIAS A ABUSAR DEL PLACER, QUE ME DESENSIBILIZAN Y ME DISTRAEN DE MIS METAS

Ayúdame a saber gozar de la vida plenamente, sin caer en abusos que me destruyan e incluso hieran a otras personas.

NECESITO GOZAR MÁS CON
BAJARLE LA INTENSIDAD A
Y ACABAR CON

Sé que juntos triunfaremos y aprenderé a gozar bien de la vida. Amén.

CONOCE LA PALABRA DE DIOS

Leer Lucas 16, 19-31

✚ ¿QUÉ DIFERENCIA HAY ENTRE LA VIDA DEL "RICO COMELÓN" Y LA DEL "POBRE LÁZARO" AQUÍ EN LA TIERRA Y DESPUÉS DE LA MUERTE?

En este pasaje Jesús se refiere a los fariseos, como representantes de quienes aman la riqueza y el placer, y se escudan en el cumplimiento estricto de la ley.

La descripción de la vida del rico en contraste con la del pobre es muy gráfica y representa bien lo que sucede en toda sociedad injusta. Al morir ambos, los papeles cambian: el pobre va al seno de Abrahán (el cielo) y el rico al abismo. No se trata de lugares geográficos, sino que manifiestan la justicia de Dios después de la muerte.

El mensaje es fuerte y claro: el pecado está en haber hecho de la riqueza y el placer sus dioses. El camino a la salvación está en la Escritura; sin embargo, el rico sólo se ha centrado en la ley y no ha vivido el espíritu de las bienaventuranzas (Lc 6, 20-32), por eso no encontró la salvación.

ENRIQUECE TU FE Y TU VIDA

No al egoísmo, sí al amor

El egoísmo es raíz de muchos males. Por ese defecto, el rico se aficionó al placer carnal, se olvidó del pobre y fue castigado para siempre. El éxito de nuestra vida terrenal está en superar nuestras tendencias egoístas que dificultan servir a los más necesitados y gozar de la vida presente y la futura con Dios.

Algunos jóvenes fueron criados en el egoísmo por su familia; algunos se iniciaron en los caminos de la sensualidad en la adolescencia; otros cayeron en el amor al dinero al empezar a ganarlo, a veces incluso ilícitamente. Es común que el avance en estas direcciones erróneas es inconsciente y se da poco a poco.

A veces decimos: "sólo quiero probar". Pero es fácil que el experimento, carente de prudencia, cree dependencias, siendo las más peligrosas las que destruyen la capacidad de amar y conocer la verdad, y carcomen la bondad y la voluntad de seguir el camino del bien.

Hace poco una madre decía: "Encontré a mi hijo de dieciséis años haciendo el amor con una amiga. Ellos dicen que es normal y que ya no está mal como en mis épocas, que se están cuidando y con eso basta. ¿Quién tiene la razón?"

No se trata de condenar a quienes pierden el control de sus instintos, pero los valores morales no son cosa de moda, pues en ellos se basa nuestro desarrollo humano. Podrán adaptarse en su expresión, pero el dominio de la voluntad, el respeto, el evitar ocasiones de pecado... ayudan a madurar en el verdadero amor hacia Dios, nosotros mismos, nuestro prójimo y nuestra pareja en el matrimonio.

PRACTICA LA JUSTICIA... EL AMOR, LA PACIENCIA Y LA BONDAD

1 Tim 6 11

TE PRESENTAMOS A...

Matt Talbot (1856-1925)

Matt era hijo de una familia pobre en Irlanda. A los doce años empezó a beber, por influencia del ambiente donde muchos obreros gastaban buena parte de su sueldo en bebida y diversiones. Su madre le suplicaba en vano que no bebiera.

Matt era un buen hijo, alegre y muy amable con las personas. Participaba en las celebraciones litúrgicas y tenía relaciones sociales estables. Sin embargo, no podía controlarse ante al alcohol. Por ello empezó a buscar ayuda espiritual para salir de ese abismo.

Cuando tenía veinticuatro años, al mirarse al espejo y ver el despojo de persona que su vicio había producido, juró no volver a beber. Confirmó su compromiso delate de Dios, en su parroquia.

Sostuvo una lucha heroica contra su necesidad de alcohol después de tantos años de consumo y tuvo que dejar a sus amigos, con quienes compartía trabajo, vecindario y vicio. Consciente de que el enemigo era su propio cuerpo, habituado a los estimulantes durante toda su juventud, estableció una férrea disciplina en el comer y el dormir. Organizó un horario de vida ordenado y lleno: iba a misa temprano, trabajaba su turno en una fábrica y visitaba presos y enfermos en su tiempo libre. Por la noche, se fortificaba con una lectura espiritual.

Ya mayor, donó sus ahorros a cuatro seminaristas misioneros en China para que terminaran sus estudios. Cuando murió, a los setenta años, se reconoció su profunda espiritualidad y cómo se había vencido a sí mismo y entregado completamente a Dios.

En 1973, el papa Pablo VI lo declaró "venerable" por su ejemplo de sobriedad habiendo sido un alcohólico. Pensaba que Dios lo había escogido como modelo para las personas con adicciones.

SIGAMOS LA OBRA DE JESÚS

Viviendo y promoviendo la templanza

La templanza es la virtud que nos ayuda a gozar de la vida. Es fruto del Espíritu Santo y de nuestra respuesta libre, consciente y constante a evitar el desenfreno, sin caer en la insensibilidad.

Nos ayuda a evitar excesos en la experiencia del placer: el abuso de comida, alcohol y tabaco; el libertinaje sexual y en el uso de medicamentos; el exceso de velocidad y uso de cosméticos; el consumo de drogas y sedantes... Como toda virtud, al principio cuesta trabajo, sobre todo a quienes tienen fuertes tendencias al hedonismo o goce exagerado del placer sensual. Con la práctica se convierte en segunda naturaleza, hasta llegar a ser parte de la propia personalidad.

Jesús nos enseñó cómo gozar la vida, participando en fiestas, disfrutando la bondad a su alrededor, comiendo y bebiendo con moderación. Lo que condenó fueron las excesos que insensibilizan a la persona.

+ ¿QUÉ TE ATRAE MÁS DE ESTA VIRTUD Y QUÉ REPRESENTA PARA TI UN DESAFÍO MAYOR? ____________________

____

+ ¿EN QUÉ ASPECTO DE TU VIDA NECESITAS PRACTICAR MÁS LA TEMPLANZA?

____

____

+ SI TUVIERAS QUE PONER A UNA PERSONA COMO EJEMPLO VIVO DE ESTA VIRTUD, ¿A QUIÉN ELEGIRÍAS Y POR QUÉ? ____________________

____

ENRIQUECE TU FE Y TU VIDA

El dominio de sí mismo nos engrandece

Es curioso, por no decir absurdo, la ambivalencia con que manejamos nuestra libertad. Por un lado nos rebelamos ante las reglas de conducta con que tratan de educarnos nuestros padres durante la adolescencia, ante las orientaciones morales de la iglesia que busca nuestra madurez humana, ante las recomendaciones de amigos interesados en que no caigamos en los vicios o salgamos de ellos. Por otro lado, con qué facilidad caemos bajo la esclavitud de la gula, la bebida, los cosméticos, el cigarro, la moda, la pasión por un cuerpo "perfecto"...

¿Por qué tratamos de liberarnos de quienes nos guían hacia el bien, mientras nos dejamos llevar por tendencias, apetitos e impulsos desordenados que nos hacen daño? ¿Por qué no buscar con afán el dominio de nuestro propio cuerpo, cuando el hacerlo nos ennoblece y permite desarrollar nuestro potencial humano?

Dominar nuestro cuerpo es darle su valor como instrumento para desarrollar nuestro potencial humano. De ahí que el dominio de sí mismo debe encontrar su lugar en la cultura actual, la cual lleva a todo tipo de exageraciones. Se gastan grandes presupuestos en comida, para gastar otro tanto en adelgazar; se despilfarra el dinero en drogas y alcohol, para pasar por tratamientos dolorosos y caros con tal de abandonar esas dependencias. Se vive un libertinaje sexual que deja heridas sicológicas y morales, se llega al extremo del aborto o hijos de padres adolescentes o solteros con poca capacidad para educarlos.

¿Vale la pena fomentar la templanza entre los jóvenes? ¿Por qué?

ACTUALICEMOS EL SALMO 146

Para no perder nunca la sensibilidad

1 Leer el Salmo 146. Reflexionar sobre cómo se relaciona el salmo sobre cada uno de los aportes de esta sesión:

- ¿CÓMO ILUMINA EL SALMO LA PALABRA DE DIOS EXPRESADA EN LA PARÁBOLA SOBRE EL RICO COMILÓN Y EL POBRE LÁZARO?

- ¿CÓMO VIVIÓ MATT TALBOT ESTE SALMO?

- ¿QUÉ ASPECTOS DEL SALMO SE PUEDEN RELACIONAR CON CADA UNO DE LOS COMENTARIOS:

  (A) SOBRE EL EGOÍSMO Y EL AMOR

  (B) SOBRE LA TEMPLANZA

  (C) SOBRE EL DOMINIO DE SÍ MISMO

2 Identificar:

- ¿CUÁL ES EL MENSAJE PRINCIPAL DEL SALMO PARA TI?

- ¿CUÁL ES SU MENSAJE PRINCIPAL PARA LA JUVENTUD ACTUAL?

ACTIVIDAD COMUNITARIA

Debate sobre el gozo y el placer

1 Organizar una mesa de debate, según estas normas:

- Asignar a un moderador/a que dé la palabra a los presentadores durante el debate y a un/a cronometrista.
- Empezar preguntando al presentador del grupo 1: ¿cuál debe ser la postura de los líderes jóvenes ante el placer y por qué?
- Abrir el debate a cualquiera de los presentadores durante dos minutos.

2 Formar cuatro grupos y pedir que cada uno prepare su posición en el debate sobre la templanza. Cada grupo tendrá seis minutos para hacer su presentación. Deberán buscar el mejor argumento, sea sicológico, religioso o filosófico, con que defender su posición y asignar a una persona que los exponga asertivamente en dos minutos.

Grupo 1: Defender la posición de quien cree que la vida es para disfrutarse al máximo, sin frenos que inhiban el placer.

Grupo 2: Defender la posición de quien busca el placer para evadirse de la cruda realidad de la vida, sin pensar en las consecuencias que esto conlleva.

Grupo 3: Defender la posición de quien piensa que disfrutar de la vida está mal y que el placer siempre es pecado, y que debemos saber controlar nuestros gustos y sensibilidad.

Grupo 4: Defender la posición de quien promueve la templanza y el dominio de sí mismo como medios para gozar la vida en plenitud.

3 Abrir la reflexión a los espectadores del debate: ¿qué aprendimos mediante este ejercicio?

CELEBRAMOS NUESTRA FE

Orando sobre la templanza en nuestra vida

1 Invitar a entrar en ambiente de reflexión y oración.

2 Empezar con dos o tres oraciones espontáneas sobre el tema de hoy. Todos responden: “Escucha nuestra oración”.

3 Continuar leyendo cada uno de los siguientes párrafos sobre la templanza. Al terminar cada uno, invita a que varios jóvenes hagan una oración relacionada con ese enfoque sobre esta virtud. Pueden ser peticiones de perdón, acción de gracias o petición de ayuda, por ellos mismos u otras personas:

- La templanza produce personas serenas, capaces de gozar con lo grande y lo pequeño, sin necesitar extravagancias o excesos que dañan el cuerpo, embotan el razonamiento y causan conflictos en el espíritu.
- La templanza genera un alma bella y noble, que sabe usar adecuadamente los bienes, porque tiene dominio sobre sus instintos.
- La templanza no es negación ni privación. Es poner a la persona y voluntad por encima de las cosas, gustos y caprichos, dominándolos para construir una verdadera personalidad y no vivir bajo su dependencia.
- La templanza nos permite ser dueños de nuestros actos y agentes de nuestro destino, al ser libres de esclavitudes a las propias pasiones, renunciando al uso de la razón, como pasa en una persona ebria o drogada.

4 Como símbolo de compromiso para practicar la templanza, colocar en el altar algún objeto que traigan puesto. Al hacerlo, decir una oración en silencio sobre cómo ese objeto representa su deseo de gozar la vida con plenitud, al estilo de Jesús.

5 Terminar con una canción adecuada, y recoger sus objetos.

27° Domingo Ordinario

HICIMOS LO QUE TENÍAMOS QUE HACER

Habacuc 1, 2-3. 2, 2-4 • Salmo 95 (94) • 2 Timoteo 1, 6-8. 13-14 • Lucas 17, 5-10

EMPIEZA TU DIÁLOGO CON JESÚS

—A veces empiezas proyectos muy emocionado/a y te desanimas a medio camino. ¿Qué te pasa?

+ UN PROYECTO QUE ME ENTUSIASMÓ MUCHO FUE

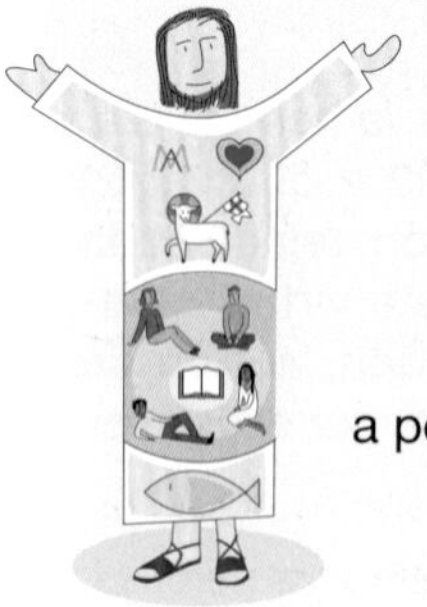

—Y, ¿cómo sigue ese proyecto?

+ TE PLATICO

—¿Hay algún proyecto en particular valioso que hayas abandonado a pesar de creer en él? Si es así, ¿por qué lo dejaste?

+ EN REALIDAD,

—Te comprendo, no sólo a los jóvenes les es difícil la perseverancia. Hoy te invito a reflexionar sobre lo que Dios quiere de ti y los apoyos que te da para ello.

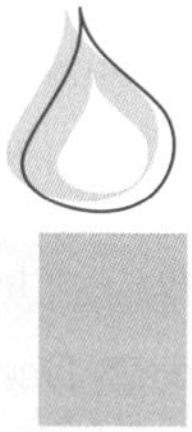

CONTINÚA ORANDO DESDE TU CORAZÓN

Ayúdame a cumplir mis compromisos contigo

Señor, quiero mantener vivo mi compromiso de buscar mi bien y el de los demás.

PONGO EN TUS MANOS MIS IDEALES Y PROYECTOS

Dame fe en ti y en mí.

MI FE EN TI ESTÁ

Y LA FE EN MÍ SE ENCUENTRA

Sé que contigo todo lo puedo, que no me pides nada más allá de mis fuerzas y que me das fuerzas para todo lo que me pides.

También sé que es fácil decirte "sí" y que cumplirlo es la gran tarea del amor. Lléname de amor hacia mi labor, de modo que su cumplimiento sea mi pasión. Amén.

CONOCE LA PALABRA DE DIOS

Leer Lucas 17, 5-10

+ ¿QUÉ TIPO DE FE NECESITAMOS TENER PARA HACER LO QUE DIOS NOS PIDE?

La parábola del siervo campesino tiene dos mensajes complementarios. Al empezar, Jesús emplea una hipérbole o imagen exagerada para indicar el tipo de fe que debemos tener (Lc 17, 5-6).

El grano de mostaza es la semilla más pequeña de las que se sembraban en las huertas. Indica que basta una fe pequeñita, pero auténtica, para que un árbol enraizado en la tierra se trasplante al mar, o sea, para que dejemos atrás lo que nos arraiga a una manera de ser que nos quita la libertad de hacer lo que Dios quiere de nosotros.

A continuación (vv. 7-10), Jesús señala que la labor del siervo, o sea, de sus discípulos, se desprende de esa fe activa, capaz de grandes hazañas, que es un don gratuito de Dios. La misión del discípulo está claramente estipulada en su contrato, por eso no tiene por qué pedir ni exigir tratos especiales ni privilegios; basta con cumplir con su deber.

Al conjugar ambos mensajes, Jesús nos muestra en qué consiste ser persona de fe. Nos dice que, si usamos la fe que Dios nos da con humildad y sin esperar recompensa, podremos hacer grandes obras. La razón es sencilla: Dios es nuestro patrón, a él le interesa que su obra se haga, y si actuamos con toda la fe que nos da, "hicimos lo que teníamos que hacer" (v. 10).

HICIMOS
LO QUE TENÍAMOS QUE HACER

Lc 17 10

VIVE LA PALABRA

Busca siempre una fe auténtica y activa

Los apóstoles piden a Jesús: "Auméntanos la fe" (v. 5) porque saben que su misión es ardua y requieren su ayuda. Es una fe auténtica y activa que:

- Afirma libremente la verdad que Dios nos ha revelado en Jesús, la cual conocemos a través de la Sagrada Escritura y la Tradición de la iglesia: somos hijos de un Padre, quien se entrega a nosotros en Jesús, nos incorpora en su plan de salvación a través de él, y nos une y fortalece con su Espíritu.
- Parte de quienes somos, con nuestras fortalezas y limitaciones, dones y debilidades, y se abre a la obra del Espíritu Santo en nosotros.
- Mantiene el corazón puesto en Jesús y la mirada en el reino de Dios, viviendo el evangelio con gran libertad interior, en medio de las inseguridades y contradicciones de la vida.
- Forja discípulos del Maestro, conscientes de que eso conlleva esfuerzo, constancia y perseverancia.
- Deja que la palabra de Dios cuestione nuestros pensamientos, palabras y obras para abandonar lo que impide seguir sus llamados.
- Confía en la Divina Providencia, poniéndose a su disposición con paz, humildad y gozo interior.

¿Cómo es tu fe? ¿Qué le falta para ser auténtica y activa?

TE PRESENTAMOS A...

Santa Gianna Beretta Molla (1922-1962)

Madre de la familia

Gianna nació en Milán, Italia. Su madre se esforzó por darle una formación cristiana, que ella asumió, poniendo su corazón en la vida, el amor y la alegría que provienen de Dios.

Su espiritualidad la hacía gozar de la vida con intensidad. Le encantaba el esquí y el alpinismo, con los que expresaba su vitalidad y se deleitaba con la creación.

Al avanzar en sus estudios, descubrió su vocación por la medicina, donde encontró su misión en la vida. Se especializó en pediatría; no obstante, también atendía a los ancianos y a las personas pobres de cualquier edad, al tiempo que permaneció activa en la Acción Católica, trabajando sobre todo con jovencitas.

Su sólida vocación al matrimonio la llevó a casarse con el ingeniero Pietro Molla, con quien tuvo cuatro hijos. Llena de entusiasmo, se dedicó a formar una familia auténticamente cristiana. Con sencillez y equilibrio armonizó las exigencias de su vida de esposa, madre, médica y deportista.

Los tres primeros embarazos fueron difíciles, y el cuarto fue muy peligroso. Ella lo reconoció, y su amor a la vida en su seno le hizo pedir a su esposo y a los doctores que salvaran a la criatura aun a costa de su vida. Siguiendo el ejemplo de Jesús, amó hasta el extremo, pues murió a los pocos días de dar a luz.

Pietro, su esposo, y sus hijos han sido bendecidos por la Divina Providencia, como ella aseguraba. Siguen relacionándose con ella en la comunión de los santos, felices de tener una esposa y madre reconocida como santa. El papa Juan Pablo II la nombró "Madre de la familia" al canonizarla en 2004.

SIGAMOS LA OBRA DE JESÚS

Orientando y energetizando la vida con la fe

+ ¿QUÉ ASPECTOS DE TU VIDA ESTÁN ORGANIZADOS O IMPULSADOS POR TU FE EN JESÚS?

+ RECUERDA UNA OCASIÓN EN QUE TU FE TE AYUDÓ A SUPERAR UNA SITUACIÓN DIFÍCIL.

+ ¿CÓMO DEFINIRÍAS TU PROPIA ESPIRITUALIDAD EN TRES PALABRAS?

+ ¿QUÉ PAPEL JUEGA TU FE EN DISCERNIR Y VIVIR TU ESTADO DE VIDA Y TU PROFESIÓN?

+ ¿PUEDES DECIR A JESÚS: "HICE LO QUE TENÍA QUE HACER"?

- Si tu respuesta es afirmativa, ¿cómo has respondido al regalo de tu fe?
- Si tu respuesta es indecisa o negativa, pide a Jesús que aumente tu fe.

HAGAMOS VIDA

2 TIMOTEO 1, 6-8. 13-14

Para contar con la fuerza del Espíritu Santo

1 Leer 2 Timoteo 1, 6-8 y 13-14.

2 Relacionar este mensaje de Pablo con la vida de Gianna. Responder a la primera pregunta abajo.

3 Hacer propio el mensaje de Pablo, respondiendo a las demás preguntas.

¿CÓMO ENCARNÓ GIANNA ESTA ENSEÑANZA DEL GRAN APÓSTOL QUE SÓLO CONOCIÓ A JESÚS POR LA FE?

¿A QUÉ TE MOTIVA ESTE MENSAJE DE PABLO?

¿QUÉ TAN SÓLIDA ES TU FORTALEZA, AMOR Y BUEN JUICIO? ¿CUÁL ESTÁ MÁS DÉBIL Y POR QUÉ?

¿TIENE SENTIDO TENER VERGÜENZA DE NUESTRA FE EN JESÚS? ¿TE AVERGÜENZAS ALGUNAS VECES DE TU FE Y POR QUÉ?

¿QUÉ PASARÍA CON TU VIDA SI PONES EN PRÁCTICA LAS ENSEÑANZAS DE PABLO?

¿SABÍAS QUE...?

La fe desfigurada es estéril

Con frecuencia malas comprensiones e intereses egoístas desfiguran nuestra fe y la hacen estéril. Esto sucede cuando:

- buscamos a Dios por los posibles beneficios que nos pueda reportar, olvidándonos de su mandato de llevar su amor a toda la humanidad
- tratamos de cumplir preceptos y mandamientos para obtener premios y bendiciones, desaprovechando la gracia de Dios que siempre es gratuita
- nos esforzamos por hacer el bien porque está mandado y por evitar el mal porque está prohibido, dejando de lado la buena nueva de salvación traída por Jesús
- fabricamos ideologías y teologías que responden a nuestros intereses egoístas, en lugar de aceptar la revelación de Dios en la Sagrada Escritura, llevada a su plenitud en Jesús.

¿Qué tan desfigurada y estéril es tu fe? Haz un momento de oración y pide a Jesús la fe que necesitas para "hacer lo que tienes que hacer".

REFLEXIONA...

Sobre los proyectos de Dios y los nuestros

Las lecturas nos invitan a cumplir plenamente nuestro deber, sabiendo que dará frutos si tenemos fe en Dios. Esto supone tres tipos de acciones complementarias:

- **Discernir si el proyecto corresponde a los planes de Dios.** Es claro y ha sido comprobado sin cesar que quien sigue los proyectos de Dios se realiza como persona; goza de felicidad, libertad y paz interior, y da frutos de amor a su alrededor. En cambio, los proyectos egoístas pueden tener éxito social, pero nuestra vida interior queda vacía y nuestras acciones corren el riesgo de no sólo no hacer el bien, sino causar daño a las personas y la sociedad.

- **Asegurarnos de que el proyecto corresponde a nuestros dones y los desarrolla.** La fe se encarna en quienes somos. Dios obra a partir de nuestra naturaleza y nos energetiza desde dentro con su Espíritu, para que seamos capaces de emprender sus proyectos y perseverar en ellos. De ahí que necesitemos conocernos bien.

- **Apoyarnos en las crisis y los momentos difíciles.** En la comunidad existen dones complementarios que nos ayudan a superar y equilibrar nuestras limitaciones. El apoyo mutuo ayuda a enfrentar las crisis con esperanza y salir de ellas fortalecidos. La reflexión comunitaria y la corrección fraterna nos permiten ver claramente las opciones y seguir los caminos de Dios.

Revisa un poco los grandes proyectos que traes entre manos apoyado en la siguiente tabla:

1 Empieza por tu plan o proyecto de vida: ¿contiene los tres tipos de acciones complementarias mencionadas arriba?

2 Analiza también los proyectos pequeños más significativos en tu vida actual. Pueden ser proyectos en los que ya estás involucrado/a o que estás por emprender.

	PLAN DE VIDA	PROYECTO 1	PROYECTO 2
¿Corresponde al plan de amor y salvación de Dios?			
¿Toma en cuenta y desarrolla tus dones?			
¿Cuentas con quien te apoye en tiempos difíciles? ¿Quién/es te pueden apoyar si aún no tienes apoyo?			

ACTIVIDAD COMUNITARIA

Sometidos a juicio público por la deserción escolar

Preparación

Obtener estadísticas nacionales sobre la situación económica, de salud pública y de perseverancia académica a nivel de: (a) educación media (secundaria, *junior high*); (b) media-superior (bachillerato, preparatoria o *high school*); (c) universidad. Llevar el reporte en fotocopias o en una cartulina que todos puedan ver.

Actividad

1 Asignar a un juez que opere según los criterios del evangelio en un juicio público sobre la deserción escolar en la juventud. La acusación es que los jóvenes no se están preparando bien y son un lastre para la sociedad.

2 Formar cinco grupos y darles tiempo para organizarse:

Grupo 1: Juez y dos personas para formar el jurado, quienes deberán identificar los criterios del evangelio con los que ejercerán su labor.

Grupo 2: Organizar la defensa de la deserción escolar y nombrar a un defensor/a.

Grupo 3: Organizar la acusación y nombrar a un fiscal.

Grupo 4: Preparar pruebas en favor de la deserción escolar y nombrar a un/a testigo.

Grupo 5: Preparar testimonios en favor de la perseverancia en el sistema escolar y nombrar a un/a testigo.

3 Llevar a cabo el juicio:

- El fiscal presentará la acusación y los argumentos.
- La defensa ofrecerá sus argumentos para desechar esa acusación.
- Ambos llamarán a sus respectivos testigos.
- El jurado delibera y dicta sentencia fundamentando su juicio.

CELEBRAMOS NUESTRA FE

La fe une nuestro corazón al de Jesús

Preparación

En papeles de colores, llevar escritos para todos los participantes los deberes propios de diferentes estados de vida. Por ejemplo: campesinos, políticos, médicos, obreros, sacerdotes, niños, maestros, estudiantes, padres y madres de familia...

Celebración

1 Sentarse alrededor del altar, tocar música de fondo y prepararse para meditar en silencio.

2 Colocar los papeles boca abajo en una canasta y pasarla para que cada joven tome uno al azar.

3 Hacer la siguiente introducción:

El evangelio de hoy empezó con un diálogo entre Jesús y sus apóstoles en el que ellos le pedían que les aumentara la fe y Jesús habló del gran poder de una fe auténtica y activa. Esa fe consiste en unir nuestro corazón al de Jesús; confiar en él, tomarlo como nuestro maestro y aprender a vivir, sentir y pensar como él. Conforme avanzamos en este camino, nuestra fe se purifica de desfiguraciones, transforma nuestra vida y nos convierte en instrumentos de la obra de Dios.

Visualicen la profesión o estado de vida en su papel. Piensen en cómo vivirían y qué harían esas personas si tuvieran su corazón enganchado a Jesús.

4 Preparar una breve oración por las personas en sus tarjetas, pidiendo a Dios que sean y hagan lo que deben ser y hacer.

5 Ponerse de pie, hacer la oración y colocar el papel en el altar. Todos contestan: “Te rogamos, Señor”.

6 Terminar con un canto que hable de la fe y la vida.

28º
Domingo
Ordinario

EL VALOR DE LA GRATITUD

2 Reyes 5, 14-17 • Salmo 98 (97) • 2 Timoteo 2, 8-13 • Lucas 17, 11-19

EMPIEZA TU DIÁLOGO CON JESÚS

—¿Crees que es cierto que "sólo se aprecia lo que cuesta"? ¿Por qué?

+ PIENSO

—¿Qué diferencia hay entre un regalo, un don, una bendición y algo gratuito o gratis, y cómo reaccionas ante ellos?

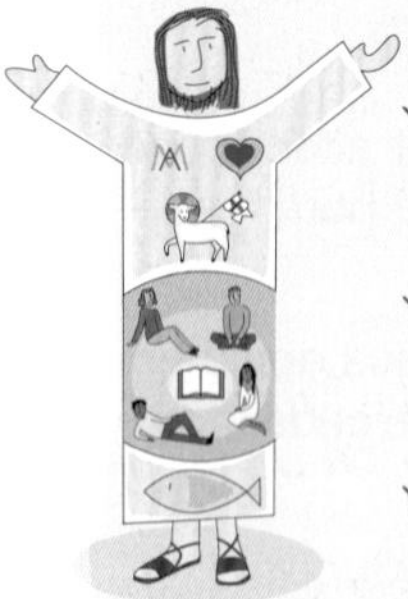

+ UN REGALO ES
Y REACCIONO

+ UN DON ES
Y REACCIONO

+ UNA BENDICIÓN ES
Y REACCIONO

+ ALGO GRATUITO O GRATIS ES
Y REACCIONO

—Pues hoy platicaremos sobre la gratuidad de Dios y tu respuesta a ella.

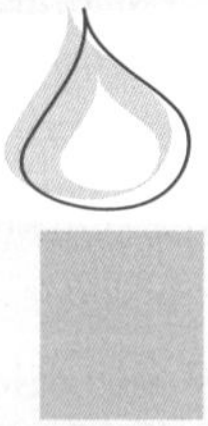

CONTINÚA ORANDO DESDE TU CORAZÓN

Gracias por todas tus bendiciones

Dios mío, muchas veces me levanto rápido y se me olvida agradecerte por la vida, el nuevo día, la salud..., tantas bendiciones que me das.

QUIERO DARTE GRACIAS POR HABERME BENDECIDO CON

Perdona las veces en que no soy agradecido/a contigo.

MUCHAS DE TUS BENDICIONES ME PASAN INADVERTIDAS PORQUE

Y CON FRECUENCIA SOY ORGULLOSO/A Y PIENSO QUE MEREZCO LO QUE ME REGALAS, POR EJEMPLO

NO SÓLO QUIERO SER AGRADECIDO/A CONTIGO, SINO TAMBIÉN CON
POR

Gracias por todos los dones que me has otorgado y por estar conmigo siempre. Amén.

CONOCE LA PALABRA DE DIOS

Leer Lucas 17, 11-19

+ ¿QUÉ TE LLAMA MÁS LA ATENCIÓN AL LEER ESTE EVANGELIO?

La lepra es una enfermedad muy dolorosa física, sicológica y socialmente. Es contagiosa y, en épocas pasadas, era incurable. La persona pierde su capacidad sensorial, su piel se cae a pedazos y va quedando mutilada de la cara, los brazos, las piernas...

En tiempos de Jesús, toda enfermedad era considerada castigo de Dios, en especial la lepra y la epilepsia. Por temor al contagio, los leprosos tenían prohibido acercarse a las personas sanas y eran excluidos de la sociedad y el culto.

Por todo esto, quedar limpios de la lepra significaba no sólo la recuperación de la salud física, sino poder reintegrarse a la sociedad. De ahí que todos se presenten ante los sacerdotes para que comprueben su curación y los reincorporen a la vida normal y al culto.

Sólo el samaritano vio su curación como un regalo, lo apreció en todo su valor y dejó que impactara su vida entera. Por eso su curación no fue solamente física, como en los otros nueve enfermos, sino que le dio una vida nueva, que generó en él su deseo de "volver" a Jesús, lo capacitó para reconocerlo como enviado de Dios y lo llevó a darle gracias y cantar la gloria de Dios. De ahí que fue al único que Jesús le dijera: "tu fe te ha salvado" (Lc 17, 19).

El evangelio no dice qué fue de los nueve judíos. Pero, al resaltar las acciones del samaritano, Jesús denunció su falta de apertura a la obra transformadora de Dios en ellos.

VIVE LA PALABRA

Goza la gratuidad de Dios

Jesús curó a los diez leprosos que le pidieron piedad, movido sólo por su amor y compasión hacia ellos. En eso consiste la gratuidad; en dar lo que uno tiene, sea consuelo, amistad, bienes, cariño..., sin ningún interés hacia sí mismo/a.

Todo lo que recibimos de Dios es gratuito. Dios nos creó por la sola expansión de su amor, sin que nosotros mereciéramos la vida. Nos busca siempre: en épocas buenas y tiempos malos, movido por su amor misericordioso.

Ábrete a la gracia de Dios y gózala. Deja que su amor penetre en tu corazón, lo sane de toda herida y revitalice su bondad, disminuida por tu pecado o por daños sufridos en manos del prójimo.

Sé agradecido/a. ¿Cuántas veces al día te percatas de los dones que Dios te dio y "vuelves" como el leproso samaritano a darle gracias?

¡Gracias, oh Padre bueno! ¡Gracias, Jesús salvador! ¡Gracias, Espíritu Santo fortificador!

TE PRESENTAMOS A...

San Francisco de Asís (1182-1226)

Francisco nació en Asís, Italia, hijo de un comerciante rico y una madre muy caritativa. En su juventud no se interesó ni por los negocios ni por los estudios. Se dedicó a gozar de la vida sanamente.

A los veinte años cayó prisionero mientras combatía con el ejército asisano y aprovechó ese año en la prisión para meditar. Ya libre, en lugar de regresar al campo de batalla, volvió a su ciudad, donde continuó meditando sobre su futuro.

Al tomar conciencia de la gratuidad de Dios, cambió radicalmente. Empezó a regalar las mercancías de su padre y a llevar mendigos a comer a su casa. Al oponerse su padre, Francisco se despojó de sus vestiduras y le dijo: "Hasta ahora he sido el hijo de Pedro Bernardone; a partir de hoy podré decir 'Padre nuestro que estás en los cielos'".

Vestía una túnica con una cruz trazada con tiza y con un cordón en la cintura. Pedía limosna para reconstruir la iglesia de San Damián, a pesar de las burlas y el desprecio de sus conocidos. Consideraba todo como don gratuito de Dios y atendía a los leprosos con gran cariño.

Cuando con doce compañeros pidió al Papa que aprobara su comunidad, un cardenal dijo: "No podemos prohibirles que vivan como mandó Cristo en el evangelio". Con la aprobación papal, volvieron a Asís a vivir en pobreza, oración, alegría y fraternidad. Con Clara, una joven de Asís, fundó la Orden de las Clarisas.

Francisco consideraba que la cima de la gratuidad de Dios está al enviarnos a su Hijo y en la entrega de Cristo en la cruz. Su único deseo era anunciar su amor gratuito, creador y liberador, revelado en Jesús. Antes de morir pidió a sus seguidores: "Ámense siempre como Cristo los ha amado".

SIGAMOS LA OBRA DE JESÚS

Gratuidad de Dios y gratitud nuestra

La dinámica "gratuidad-gratitud" tiene tres momentos de "gracia":

- *Estar abiertos a la gratuidad de Dios* y, a la vez, atentos a los miles de detalles con los que Dios nos manifiesta su amor y su cuidado a lo largo del día y la noche.
- *Recibir los dones o gracias de Dios*, aceptar sus dones y hacerlos trabajar en beneficio de los demás, pues para ello nos los ha dado.
- *Ser agradecidos con Dios*, y expresar nuestra gratitud en la oración, sobre todo en la Eucaristía, que es la acción de gracias por excelencia.

+ AL DESPERTAR, ¿DAS GRACIAS A DIOS POR LA VIDA? ______

¿TE DISPONES A VIVIRLA CON AMOR? ______

+ DURANTE EL DÍA, ¿NOTAS LOS BIENES QUE DIOS TE DA? ______

¿LOS PONES AL SERVICIO DE OTROS? ______

+ EN LAS COMIDAS, ¿AGRADECES A DIOS POR TUS ALIMENTOS? ______

¿ORAS POR LAS PERSONAS QUE LOS HICIERON POSIBLES? ______

+ AL IRTE A DORMIR, ¿EXPRESAS A DIOS TU GRATITUD POR TODO LO BUENO QUE TE TRAJO EL DÍA? ______

+ ¿EN QUÉ PUEDEN NOTAR OTRAS PERSONAS QUE VIVES CONSCIENTE DEL AMOR GRATUITO DE DIOS? ______

¿SABÍAS QUE...?

Eucaristía quiere decir "acción de gracias"

La palabra *eucaristía* viene del griego: *eu,* "bien", y *charizesthai,* "dar gracias". Por medio de ella, bendecimos y agradecemos a Dios por todo lo bueno, bello y justo que ha realizado en la creación y en la humanidad. De hecho, le presentamos a toda la creación a través de la muerte y resurrección de Cristo.

En la parte central de la misa, llamada "Plegaria eucarística", damos gracias al Padre por su amor liberador, manifestado en el amor de Jesucristo gracias a su Espíritu Santo, quien nos hace partícipes de él. El gran don de este amor es el mismo Dios que se entrega a nosotros en el pan y el vino, transformados en el cuerpo y sangre de Jesús.

De ahí que el sacerdote inicia esta gran plegaria diciendo a toda la asamblea: "Demos gracias al Señor, nuestro Dios" y después sigue el prefacio, que siempre es un cántico de gratitud que culmina con el canto del "Santo". En este momento la comunidad entera expresa su gratitud en una alabanza entusiasta y llena de vida.

Esta ofrenda o sacrificio de alabanza es la forma como la iglesia canta la gloria de Dios, en nombre de toda la creación. En la misa, Cristo une a los fieles a su persona, a su propia alabanza y a su intercesión, por lo cual ofrecemos la alabanza y acción de gracias por medio de él. Ésta es la mejor forma para expresar a Dios nuestro agradecimiento por todos los grandes y pequeños sucesos de nuestra vida: nuestros padres y amigos, nuestros esfuerzos y logros, nuestros ideales y esperanzas..., reconociendo que todo lo bueno que tenemos nos viene de él.

ENRIQUECE TU FE Y TU VIDA

Amor con amor se paga

¡La siguiente Eucaristía es tu oportunidad! Date tiempo para reflexionar en las gracias específicas que te brindó esta semana y analiza si las aprovechaste o las desperdiciaste. Pídele perdón si las dejaste pasar y prepárate a recibir las nuevas gracias que te quiere regalar en ella.

Recibe su Palabra, como regalo de él, pues a través de ella te comunicará su sabiduría para vivir esta semana. Vive la plegaria eucarística alabando y cantando a Dios por realizar hoy esta salvación en ti.

Agradécele el convertirse en tu alimento y entregarse a ti gratuitamente. A través de Cristo, Dios te perdona y te comunica su vida gratuitamente; te entrega su Espíritu Santo y te llena de su amor. Así podrás responder con amor a quien amor te da.

Goza al saber que el mismo Dios que te ha creado y salvado se encarna en tu vida, en ti, haciendo posible que realices los mismos actos de amor que él.

Ora para que la gente pueda ver a Cristo vivo en ti y experimentar su amor a través de ti. Así, también podrá recibir su amor, alabarlo, bendecirlo y darle gracias, incrementando el amor recibido gratuitamente, de modo que se multiplique exponencialmente el dicho: "amor con amor se paga".

ACTIVIDAD COMUNITARIA

La acción de Cristo en mi vida

Preparación

Llevar un papel pequeño amarillo y uno azul por participante, y dos cartulinas grandes para pegarlos.

Actividad

1 Un lector/a conduce la siguiente reflexión; hace una pausa después de cada párrafo y pregunta, y da tiempo para dibujar un símbolo.

Volver a Jesús y darle las gracias no es un simple gesto de buena educación. Es reconocer que, al encontrarnos con él, Dios toca nuestra vida para ayudarnos a crecer como hijos suyos.

Volver agradecidos a Jesús es optar por él y por su causa. Es colocarlo en el centro de nuestra existencia y dejar que dé dirección a nuestra vida.

En los últimos meses: ¿cuál fue tu encuentro más significativo con Jesús? En el papel amarillo, dibuja un símbolo que exprese su impacto en tu persona y tu vida.

Ahora piensa de qué "lepra" necesitas ser curado/a. ¿Qué actitudes te impiden ser miembro creativo y dador de frutos en la iglesia y la sociedad? En el papel azul, escribe una palabra que exprese la "lepra" de que deseas ser sanado/a.

2 En parejas, compartir su encuentro con Jesús, al explicar el símbolo. Dialogar para profundizar en el impacto que tuvo en su vida y los frutos que dará en el futuro. Platicar sobre cómo agradecieron a Dios ese regalo y si todavía se sienten agradecidos. Intercambiar sus símbolos.

3 Pasar al frente a describir brevemente lo que representa el símbolo de su compañero/a; pegarlo en la cartulina apropiada. Pegar su propio papel azul en la otra cartulina.

CELEBRAMOS NUESTRA FE

Agradeciendo a Dios sus múltiples regalos

1 Colocarse alrededor del altar, en el cual estarán las dos cartulinas realizadas en la actividad comunitaria.

2 Invitar a entrar en actitud de oración y a personalizar el esquema presentado a continuación, escribiendo los nombres de su familia, amigos, trabajo, ciudad, etc.

3 Un lector/a facilita la siguiente meditación, e invita a que cada persona escriba una oración de agradecimiento en el esquema de la página a la derecha sobre cada aspecto de su vida:

- En tu vida personal: ¿qué experiencias te han ayudado a gozar de Dios y tu prójimo? ¿De qué quieres dar gracias a Dios?
- En tu familia y comunidad de fe: ¿cómo has experimentado el amor de Dios a través de ellas? ¿Qué deseas agradecer sobre su cariño y apoyo?
- En cuanto a tus amigos y familiares: ¿qué has aprendido de ellos? ¿Cómo te han ayudado a lo largo de la vida? ¿Qué momentos vividos con ellos quieres agradecer a Dios?
- En la escuela, el trabajo y otras actividades: ¿qué disfrutas más y qué se te facilita más? ¿Qué oportunidades tienes de madurar y crecer como persona? ¿De qué le quieres dar gracias a Dios?
- En tu vida como ciudadano/a: ¿qué servicios y comodidades disfrutas en tu colonia, pueblo o ciudad? ¿Quiénes los producen? ¿Por quiénes quieres agradecer a Dios?
- En cuanto a tu país: ¿qué bellezas puedes gozar? ¿Qué oportunidades de crecimiento te brinda? ¿Quiénes mantienen el orden cívico y político? ¿De qué le puedes agradecer a Dios por vivir en ese país?

4 Formar un círculo y tomarse de las manos. De manera espontánea, elevar una acción de gracias a Dios por la gratuidad de su amor diciendo:

Te agradezco ______________________________,
porque me lo regalas por el amor que me tienes.

5 Terminar con una oración o canto del *Magnificat* (Lc 1, 47-55), uniéndose a María en su acción de gracias por la obra de Dios realizada en ella y aprendiendo de ella a dar gracias por la acción de Dios en nosotros.

BENDICIONES DE DIOS

MI VIDA

MI FAMILIA Y COMUNIDAD DE FE

MIS AMIGOS Y FAMILIARES

MI ESCUELA, TRABAJO Y ACTIVIDADES

MI AMBIENTE CÍVICO: COLONIA Y PUEBLO O CIUDAD

MI PAÍS

LEVÁNTATE, VETE;
TU FE TE HA SALVADO

Lc 17 19

ORAR CON FE Y PERSEVERANCIA

Éxodo 17, 8-13 • Salmo 121 (120) • 2 Timoteo 3, 14 – 4, 2 • Lucas 18, 1-8

EMPIEZA TU DIÁLOGO CON JESÚS

—Jesús, ¡cómo me cuesta rezar a veces! ¡Y qué decirte sobre mi perseverancia!

—Lo sé y te entiendo..., pero recuerda que orar es simplemente dialogar conmigo. Cuéntame más sobre tu oración.

+ SE ME HACE FÁCIL ORAR CUANDO
+ PERO ME CUESTA MUCHO TRABAJO CUANDO
+ EN REALIDAD GOZO ORANDO CUANDO
+ PERO ME INCOMODA ORAR CUANDO

—Lo importante es que sigas creciendo en tu oración. Recuerda que estoy disponible en todo momento. No necesitas usar teléfono ni correo electrónico para comunicarte conmigo. Te encantará esta sesión, en la que aprenderás a mejorar tu oración.

CONTINÚA ORANDO DESDE TU CORAZÓN

Quiero perseverar en mi oración

Señor Jesús,

Gracias porque te preocupas por enseñarnos a mejorar nuestra relación contigo.

AYÚDAME PARA QUE MI ORACIÓN SEA ____

ENSÉÑAME A ____

DAME FUERZAS PARA COMBATIR LA FLOJERA CUANDO ____

Confío en ti y me abandono a tu cuidado, para seguir siempre creciendo en mi fe y nunca perder la esperanza en la vida que ofreces a tus seguidores.

Regálame la unión contigo por medio de una oración continua. Amén.

CONOCE LA PALABRA DE DIOS

Leer Lucas 18, 1-8

+ ¿POR QUÉ CREES QUE JESÚS USA COMO EJEMPLO A LA VIUDA QUE PIDE AYUDA?

Esta parábola de Jesús, que sólo presenta Lucas, ofrece varios mensajes importantes que tienen como personaje central a una viuda. En época de Jesús, las viudas eran de las personas más vulnerables y marginadas, pues no podían poseer bienes y carecían de un esposo que velara por ellas.

Si la viuda tiene una fe firme en alcanzar la justicia a la que tenía derecho, aunque su defensor fuera un juez injusto, muchas más razones tienen los cristianos de estar seguros de la justicia de Dios. Mantener esta fe, a pesar de que la segunda venida de Jesús se distanciaba en el tiempo, era clave y difícil. De ahí que el comentario final de Jesús fue: "Pero, cuando venga el Hijo del hombre, ¿encontrará fe en la tierra?" (Lc 18, 8).

Dios es el primero que quiere que se sacie el hambre de los pobres y se apague la sed de justicia de los perseguidos, que recobren la libertad los oprimidos y tengan éxito quienes trabajan por la paz. Quiere ver a las personas felices y desea más que nadie que nos comportemos como sus hijos y vivamos como hermanos. Entonces, hay que seguir orando con fe y perseverancia, seguros de que nuestra oración será escuchada.

HAZME JUSTICIA FRENTE A MI ENEMIGO

Lc 18 3

¿SABÍAS QUE...?

La oración y la vida se enriquecen mutuamente

Jesús insiste en que oremos. Nos motiva a buscar, pedir y llamar (Mt 7, 7), pues a través de la oración el Padre nos convierte en instrumentos vivos para realizar su obra; nos hace sus colaboradores, asociándonos a su acción providente y misericordiosa en el mundo.

Dios no necesita nuestra oración para saber lo que nos pasa. Nos conoce mejor que nosotros mismos. Pero nosotros sí tenemos necesidad de dialogar con él, de hacer un alto en el camino para estrechar nuestra relación con él.

La oración está vinculada con la vida y es orgánica como ella. Si no crece, termina por morir. Si tu oración es igual a la de cuando eras niño/a y no es más íntima y abarca más aspectos al pasar el tiempo, es que carece de dinamismo.

Además, la oración auténtica está comprometida con los que sufren, los que buscan perdón y justicia, los pobres y marginados... Si la oración se centra siempre sólo en sí mismo/a, se convierte en un refugio estéril, pues quien no es solidario con los hermanos tampoco puede oír al Padre ni actuar como su hijo/a.

Jesús oró de un modo totalmente nuevo para los judíos: partiendo de la realidad de la vida y hablando al Padre con confianza e intimidad. De igual modo, los cristianos debemos orar sobre las diversas dimensiones de nuestra vida diaria. Así la vida y la oración se enriquecen mutuamente, y la oración llega a convertirse en una actitud continua de contemplación en la acción, apoyada en momentos fuertes de diálogo con el Señor.

TE PRESENTAMOS A...

Charles de Foucauld (1858-1916)

Charles nace en una familia noble francesa. Huérfano a los seis años, vivió con su hermana bajo la tutela de su abuelo. De naturaleza inquieta y aventurera y sin dirección apropiada, a los dieciséis años pierde la fe. Es expulsado de la escuela militar por holgazán e insubordinado.

Derrocha la herencia de su abuelo. Se alistó en el ejército como soldado; se distingue por su servicio, pero es disciplinado por ser mujeriego.

Se dedica a estudiar al pueblo árabe, en el norte de África. La vida dura de sus expediciones, la soledad del desierto y la fe de los musulmanes generan en él una gran inquietud religiosa.

Vive sobriamente, lee mucho, reflexiona y ora, repitiendo esta extraña plegaria: "Dios mío, si existes, haz que te conozca". Dios escucha su oración y él le dedica su vida, aunque tarda en encontrar su vocación personal: pasó seis años en el monasterio de la Trapa, trabajó como obrero con las Clarisas de Nazaret y fue ordenado sacerdote.

Terminó estableciéndose en el desierto del Sahara. Como único cristiano entre los nativos, desarrolla una profunda espiritualidad de "hermano universal", encarnando el amor a través de la amistad y el testimonio silencioso.

Centra su apostolado en la bondad y el servicio a pobres y enfermos. Fue asesinado por haber sido considerado espía, dando testimonio de un amor sacrificado, malentendido y rechazado, al igual que el de Jesús.

Crea la cofradía "Unión de los hermanos y hermanas del Sagrado Corazón de Jesús", compuesta por fieles, sacerdotes, religiosos/as y laicos que siguen su espiritualidad en muchos países. Beatificado en 2005 por el papa Benedicto XVI.

SIGAMOS LA OBRA DE JESÚS

Mejorando nuestra oración

La oración continua es la que mantiene nuestra fe viva y activa. Reflexiona para que puedas mejorar tu oración:

Orar es creer. Es confesar nuestra fe en que la justicia de Dios es la verdadera justicia y triunfará tarde o temprano sobre toda injusticia humana.

+ ¿CUÁNTA FE TIENES EN TU ORACIÓN?

Orar es esperar. Es mantener viva y activa la esperanza, como la viuda, buscando la ayuda que necesitamos, aunque parezca que no somos escuchados.

+ ¿EN QUÉ MEDIDA ACOMPAÑAS TU ORACIÓN CON UNA ESPERANZA ACTIVA?

Orar es abandonarse. Es decirle al Padre que nos ponemos en sus manos, sabiendo que actuará en nuestra vida, a su manera y a su tiempo, porque eso es lo mejor para nosotros.

+ ¿EN QUÉ GRADO CONFÍAS EN DIOS?

Orar es amar. Es agradecer a Dios la vida que nos ofrece y el amor que nos muestra, decirle que queremos corresponder a ellos trabajando por el bien de toda la humanidad.

+ ¿QUÉ TAN SOLIDARIO/A ERES EN TU ORACIÓN?

¡ABBA! ¡PADRE NUESTRO!

VIVE LA PALABRA

Aprende de las parábolas sobre la oración

Lucas presenta tres parábolas en las que Jesús expresó su deseo de que oremos. Para profundizar en tu vida de oración:

- Lee Lucas 11, 5-13 y reflexiona: ¿cuánto aplicas el mensaje central de la parábola del amigo inoportuno?
- Recuerda la parábola que acabas de leer en Lucas 18, 1-8: ¿en qué situaciones tienes que ser perseverante hasta el colmo? ¿Qué mensaje te da Jesús al comparar a Dios con el juez injusto?
- Lee Lucas 18, 9-14: ¿qué aprendes de la parábola del fariseo y el recaudador de impuestos?

Piensa en las circunstancias en que te encuentras y elige el tipo de oración más apropiada:

- ¿Necesitas orar para tomar una decisión o emprender una acción importante?
- ¿Te hace falta pedir la ayuda del Espíritu Santo con más insistencia o hacer tu oración con más confianza y perseverancia?
- ¿Necesitas orar con más humildad?
- ¿Quiere Dios contar contigo como un intercesor por su pueblo? ¿En qué sentido?

CELEBRAMOS NUESTRA FE

Orando con todo el cuerpo

Preparación

Esta semana, la actividad comunitaria y la celebración de nuestra fe se funden en un proceso que nos enseña a orar y nos permite compartir nuestras experiencias de oración con nuestra comunidad de fe. Se necesita un espacio amplio para esta celebración, dado que se practicarán diversas formas corporales de orar.

Empezaremos con la celebración para tener una experiencia viva de oración. Después se dialogará un poco sobre dicha experiencia.

Colocar en el altar sólo un crucifijo grande, la Biblia y un par de velas.

Celebración

1 Invitar a entrar en espíritu de oración y pedir la intercesión de Santo Domingo de Guzmán, quien cuando sentía dificultad para orar le pedía a su cuerpo que le ayudara.

2 El facilitador irá describiendo algunas formas de orar con el cuerpo, mientras todos las practican, dando tiempo para orar con la actitud y el contenido propios de cada posición.

- *Haz una inclinación profunda, hasta las rodillas.* Deja que tu cuerpo te ayude a ponerte en presencia reverente ante Dios... Deja surgir en tu corazón sentimientos y palabras que te relacionen con él... ¿Qué le dices? ¿Qué te responde Dios?
- *Póstrate en tierra, bésala y mantente en ella.* Siente tu unión con la tierra de la cual saliste y en la que te has de transformar... Dialoga con Dios desde esa posición, dejándole que te hable primero: ¿Qué te dice? ¿Cuál es tu respuesta?
- *Arrodíllate con las manos abiertas hacia arriba.* Deja que esta postura te lleve primero a

adorar a Dios... Ahora ponte a su servicio... Platica con Jesús; dile qué oración fue más intensa y pídele que te enseñe a adorar y a servir a su Padre como él lo hizo.

- *Mira atentamente el crucifijo.* Ve repasando mentalmente todo el cuerpo de Jesús... Conforme lo haces, identifica tus ideales, sentimientos y acciones con los de Jesús: ¿qué oración se genera en ti conforme te identificas con Jesús entregado en la cruz?
- *Ponte de pie y toma de las manos a dos compañeros, formando un círculo.* Dirige tu mirada hacia arriba y aprieta las manos de tus compañeros... Toma conciencia de tu dignidad de hijo/a de Dios, con millones de hermanos en todo el mundo: ¿qué te dice Dios al mirar a tus ojos elevados hacia él, y a tus manos unidas a tus hermanos? ¿Qué oración te nace del corazón?
- *Abre los brazos como una cruz.* Mantenlos en esa posición por algunos minutos, sin que se venzan; siente tus músculos tensos... Conversa con Jesús en la cruz. ¿Qué te dice conforme sientes subir el cansancio? ¿Qué le quieres decir tú?
- *Siéntate en el suelo y cruza los brazos sobre tu corazón.* Entra en contacto con el Espíritu Santo que habita en ti... Siente su energía... Recuerda que, gracias a él, eres otro Cristo en la tierra... Pídele lo que quieras... Dale gracias por lo que nazca en tu corazón...
- *Ponte de pie y eleva tu rostro y tus brazos al cielo.* Alaba a Dios con toda tu alma... Canta en silencio las grandezas de Dios y su obra... ¿Qué imágenes contemplas? ¿Cómo te comunican ellas con Dios?
- *Junta tus manos y déjalas descansar hacia abajo.* Empieza a caminar y continúa caminando... Eres peregrino de la fe... Visualízate saliendo de tu casa en la mañana. ¿Qué es lo mínimo que te pide Jesús que hagas cada día? ¿Cómo lo haces? ¿Qué le quieres decir?
- *Vuelve a formar un círculo.* Todos juntos oran lentamente, en voz alta, la oración que Jesús nos enseñó, el "Padre Nuestro".

Actividad comunitaria

1 Formar grupos de cuatro personas, ahí donde están. Compartir lo siguiente:

- ¿Qué los movió más al hacer su oración corporal? ¿Por qué creen que sucedió eso?
- ¿Qué oración sintieron más natural y fácil, y cuál les costó más trabajo? ¿Por qué creen que sucedió eso?

2 Tomar asiento y, en sesión plenaria, invitar a que dos personas respondan a cada una de las siguientes preguntas:

- ¿Cómo se relacionan estas formas de oración con el evangelio de este día?
- ¿Cómo nos ayudan las diversas posturas a relacionarnos con Dios?
- ¿En cuáles de esas posturas oramos durante la misa?
- ¿Qué posturas serían propias en otras partes de la misa?

3 Ponerse de pie y, con los brazos abiertos, en posición de ir a abrazar a alguien, hacer algunas oraciones espontáneas por todo el mundo, pidiéndole a Dios especialmente por todas las personas que se encuentran en situaciones de sufrimiento, por la unidad, la paz y las intenciones del Papa.

4 Terminar con un abrazo de paz entre todos, diciéndose mutuamente: "Ve en paz a perseverar en tu oración". "Con la ayuda del Espíritu Santo, así lo haré".

ABRIR EL CORAZÓN PARA ORAR Y VIVIR

Eclesiástico 35, 12-18 • Salmo 34 (33) • 2 Timoteo 4, 6 – 8. 16-18 • Lucas 18, 9-14

EMPIEZA TU DIÁLOGO CON JESÚS

—Jesús, qué mal me cae la gente que se cree santa, piensa que sólo ella tiene la verdad y hace sentir mal a otros.

—Es muy triste eso, pues va abiertamente en contra de lo que desea mi Padre. ¿Y tú no tomas esa actitud de vez en cuando?

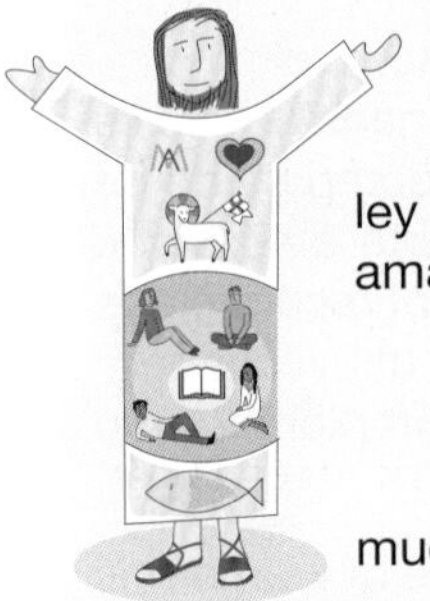

+ PUES FRANCAMENTE

—Recuerda que de nada sirve guardar las apariencias o cumplir la ley al pie de la letra si no se vive según el corazón de Dios. Eso supone amar y ser humildes, y no juzgar ni despreciar a otros.

+ ENTENDIDO. TENGO QUE

—Esta sesión sobre la apertura de tu corazón a Dios te servirá mucho en este aspecto de tu vida espiritual. Te lo aseguro.

CONTINÚA ORANDO DESDE TU CORAZÓN

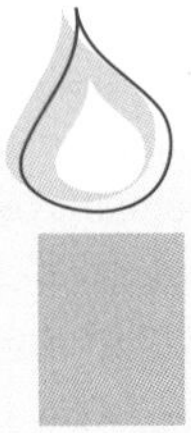

Enséñame a confiar más en ti y menos en mí

Jesús, mi gran amigo y maestro,
Enséñame a confiar más en tu amor, que todo lo puede y todo lo supera.

POR FAVOR, AYÚDAME A SUPERAR CON TU AMOR ESTE PROBLEMA

CON EL CARÁCTER QUE TENGO, SE ME HACE MUY DIFÍCIL

PERO SÉ QUE CON TU AYUDA PODRÉ

Que nunca olvide que tú eres la fuente de mi salvación y que me dedique a hacer día a día lo que me pides.

TE ENTREGO ESTE ASUNTO QUE ME TIENE INTRANQUILO

Ábreme al don de tu Espíritu para tener tu paz y tu amor, y así dar los frutos que esperas de mí. Amén.

CONOCE LA PALABRA DE DIOS

Leer Lucas 18, 9-14

+ ¿QUÉ QUISO RECALCAR JESÚS AL CONTRASTAR LA ORACIÓN DEL FARISEO CON LA DEL PUBLICANO?

En esta parábola, Jesús desenmascara a los fariseos, quienes, al estar convencidos de que cumplían con Dios, despreciaban a los demás. Su actitud tenía cuatro razones, todas contrarias al amor:

- Estaban encerrados en sí mismos, confiaban en sus propios méritos para obtener la salvación, se creían santos y justificaban su conducta con múltiples argumentos.
- Tenían complejo de superioridad, consideraban pecadores a quienes no actuaban como ellos y los despreciaban por eso.
- Reducían su relación con Dios a un intercambio mercantil, ya que, en lugar de darle gracias por sus bendiciones, le pasaban la factura, pidiéndole que les pagara por sus propios méritos.
- Veían la miseria de la vida cotidiana; sin embargo, hacían poca cosa para remediarla, negando así su responsabilidad.

En contraste, los publicanos se acercaban a Dios humildemente, pidiendo su amor, compasión y perdón.

La dinámica es clara: si alguien no necesita de Dios, cada vez estará más lejos de él, por mucho que piense que está cumpliendo su ley. En su oración, el fariseo se engaña, pues cree que habla a Dios, pero su oración no llega a él, ya que habla sólo de sí mismo. En cambio, quien se reconoce pecador desea acercarse a Dios en busca de su amor misericordioso.

VIVE LA PALABRA

Valora lo que Dios valora

Los fariseos se sentían satisfechos con su manera de vivir la fe, pues era difícil cumplir la ley de Dios según ellos la interpretaban. Ayunaban frecuentemente, oraban al menos dos veces al día, observaban las leyes rituales y no aceptaban empleos que mancharan su pureza, como ser cobradores de impuestos.

Pero Jesús les dice que nada de eso es agradable a Dios si no va acompañado de una humildad sincera, abierta a su amor. El cobrador de impuestos, al reconocerse pecador, hace una oración mil veces mejor, pues se acerca a Dios implorando su amor y misericordia.

Además, Jesús nos pide que amemos incluso a nuestros enemigos (Lc 6, 27-38), y los fariseos no amaban a quien pensaba o actuaba distinto a ellos; es más, creían que debían ser excluidos también del amor de Dios. Quizá ésta es la característica de los fariseos que más se contrapone con el mensaje de Jesús.

El amor de Dios es universal, abarca a toda la gente y, si tiene predilectos, son los pecadores y los más vulnerables, hacia quienes vuelca su corazón misericordioso. ¿Valoras tú lo mismo que Dios? ¿Cómo es tu oración?

TE PRESENTAMOS A...

Santa Teresa del Niño Jesús (1873-1897)

Patrona de las misiones y doctora de la iglesia

Teresa nació en Francia. Es conocida como Santa Teresita, para distinguirla de Santa Teresa de Ávila. A los quince años logró ser admitida en el convento de las Carmelitas, pese a su juventud.

Deseaba ardientemente ser una misionera santa y se esforzaba por hacer todo perfecto. Pero le era muy difícil, por lo que sufría debido a su salud.

Al enfermar de tuberculosis, su fragilidad espiritual y física la llevó a abandonarse en manos de Dios y a ofrecerle con sencillez "pequeñas acciones de amor". Empezó a ver el amor como el ascensor para llegar a Dios, quien, al ver los esfuerzos inútiles que hacemos por llegar a él, se pone a nuestro nivel y nos toma en sus brazos para acercarnos a él.

Ese amor mantuvo su corazón abierto a los demás. Siente una gran vocación sacerdotal, que traduce en ofrecer a Dios su oración, sus tareas diarias y su enfermedad por los misioneros y las misiones. Por eso fue nombrada patrona de las misiones, aunque nunca salió del convento.

Su biografía, *Historia de un alma*, escrita por orden de su superiora, revela los tres pilares de su espiritualidad: amor, humildad y confianza. Su "caminito" a la santidad ha inspirado a incontables cristianos, pues está al alcance de todos. De ahí que el papa Juan Pablo II la nombrara doctora de la iglesia.

Consciente de la comunión de los santos y de que la obra de Dios nunca termina, sabía que desde el cielo seguiría intercediendo por la iglesia. Murió a los veinticuatro años, diciendo: "Siempre he ofrecido a Dios amor y sólo amor, y Dios me pagará con amor... Después de mi muerte derramaré una lluvia de rosas".

SIGAMOS LA OBRA DE JESÚS

Abramos el corazón a los demás

Tengamos la parábola y el testimonio de Santa Teresita como marco de referencia para colaborar mejor en la obra de Jesús:

Sólo se acerca a Dios quien lo necesita de verdad: ¿eres consciente de tus limitaciones y pecado, y de que sólo con Dios puedes amar de verdad?

+ ¿QUÉ APRENDISTE DE SANTA TERESITA A ESTE RESPECTO?

Toda comunidad cristiana tiene un corazón: ¿han descubierto el corazón de su comunidad? ¿A qué dedican sus dones y recursos, en qué invierten su tiempo y esfuerzos, hacia quiénes proyectan el amor de Dios?

+ ¿CÓMO PUEDEN RESPONDER MEJOR AL AMOR DE DIOS EN EL AMOR A LOS HERMANOS?

La palabra de Dios cuestiona y motiva: ¿cómo reciben su Palabra semana a semana? ¿Se sienten superiores por ser un grupo de jóvenes que se reúne periódicamente para vivir mejor su fe?

+ ¿QUÉ NECESITAN HACER PARA ALCANZAR UN ESPÍRITU COMUNITARIO REALMENTE CRISTIANO?

ENRIQUECE TU FE Y TU VIDA

Que tu corazón se parezca al de Dios

La Sagrada Escritura usa el término "corazón" (*leb* en hebreo) para designar lo más íntimo de Dios y del ser humano. De ahí brotan los sentimientos más profundos, que van más allá del afecto.

Al crearnos Dios a imagen y semejanza suya, los seres humanos somos por naturaleza buenos, pero al usar mal nuestra libertad, Dios siente un gran dolor en su corazón y se arrepiente de habernos creado (Gn 1, 27-31; Gn 6, 6). Lo grandioso es que Dios nos tiene misericordia, cariño y compasión, convirtiendo su dolor en nueva vida para nosotros, pues Dios no se aflige por sí mismo, sino porque ama a su pueblo y desea transformar nuestros corazones de piedra en corazones de carne (Is 7, 13; Os 11, 8-9; Jr 31, 20; Is 49, 15-16; Miq 6, 3; Ez 36, 26).

El corazón es fuente de alegría y de alabanza; de apertura para escuchar a Dios y de arrepentimiento por no responderle; de aceptación y cumplimiento de su ley en el cuidado amoroso a las personas (Sal 13, 6; 22, 15; 45, 2; 57, 8; 40, 9; Cant 2; Prov 7, 3). Jesús dice que en el corazón residen nuestros sentimientos y actitudes, de ahí brota la bondad o la maldad de nuestros actos, y es en él donde radica la fe, nace la duda y anida el temor (Mt 6, 21; 9, 4; 12, 34; 15, 19; Jn 14, 1).

Jesús desafía continuamente a sus discípulos, para que de su corazón nazcan los sentimientos del Padre. ¿En qué aspectos tienes un corazón de piedra y en cuáles un corazón de carne, capaz de dar frutos de amor?

¿SABÍAS QUE...

Sentirse pecador/a no es una desgracia

¡Buena noticia! ¡Sentirse pecador/a no es una desgracia, sino un gozo!

Para Dios es una desgracia que nuestro pecado haga daño. Pero que nos sintamos pecadores es un gozo, pues de ahí parte nuestro arrepentimiento, petición de perdón y propósito de enmienda. De ahí que en la Vigilia Pascual exclamemos con júbilo y alegría: "¡Feliz pecado que mereció tal Redentor!"

Lo que también es una desgracia es que, al sentirnos pecadores, nos derrumbemos y sigamos el camino del mal. Toda tentación tiende a ser doble: somos tentados para caer en el pecado y para desesperarnos por haber caído.

La segunda tentación es quizás más grave que la primera. Tras ella se esconde el orgullo que nos lleva a apiadarnos de nosotros porque somos débiles y, al ver nuestra debilidad, caemos en la desesperación o en más tentaciones. Esto sucede cuando sentimos más dolor por no haber cumplido nuestro proyecto de realización personal que por haber ofendido a Dios y a nuestros hermanos.

¡Felicidades porque te sientes pecador/a! Confía en Dios y verás que tus pecados son peldaños en la escalera que te permite subir hacia él. Acércate a Jesús, quien te ama con todo y tus fallas, y es capaz de transformarte con su amor, para que puedas corresponderle de la abundancia de tu corazón.

GUSTEN Y VEAN
QUÉ BUENO ES EL SEÑOR
Sal 34 9

ACTIVIDAD COMUNITARIA

Actos pequeños de amor = gran amor

1 Formar grupos pequeños y hacer la siguiente introducción:

> En esta actividad identificaremos oportunidades diarias para actuar según el corazón de Dios. A lo largo de la vida es posible que no hagamos obras grandes o pequeñas a nuestro alcance, cometiendo así "pecados de omisión". Este ejercicio nos ayudará a ablandar nuestro corazón para que, al sumar pequeños actos de amor, desarrollemos un gran amor, al estilo de Jesús y Santa Teresita.

2 En silencio, cada persona hace cuatro columnas en una página blanca, las cuales serán trabajadas en pares:

- Titular las columnas: (1) Personas en mi vida diaria, (2) Muestras de amor, (3) Causas de Jesús y (4) Actos que ofrecer. Hacer una lista de diez elementos correspondientes al título de las columnas 1 y 3. Por ejemplo: mamá...; Lucy...; paz...; perdón...
- En la columna 2, anotar un acto de amor que puedes hacer con frecuencia por cada persona. En la columna 3, anotar una actividad que haces a diario y que podrías ofrecer por esa causa de Jesús; por ejemplo: saludar de buena manera, ser amable... Marcar con una "S" lo que ven sencillo de hacer y con una "V" lo que ven valioso.

3 Compartir sus listas y dialogar sobre las consecuencias de llevar a la práctica las acciones sencillas y valiosas.

4 En sesión plenaria, algunos jóvenes comparten el valor de esta reflexión.

CELEBRAMOS NUESTRA FE

Abriendo el corazón para ver qué bueno es el Señor

Preparación

Dos jóvenes prepararán la oración, siguiendo estos pasos: (1) hacer la oración según el proceso que seguirán todos, de modo que al haberla vivido puedan guiarla bien; (2) dividir el salmo en seis u ocho fragmentos que tengan lógica interna; (3) asignar los fragmentos para ser proclamados en voz alta, alternando las dos voces.

Celebración

1 Entrar en ambiente de oración personal. Cada joven ora lentamente y en silencio el Salmo 34 durante diez minutos, siguiendo este proceso:

- La mitad del grupo empieza su oración a partir del versículo 2, y la otra a partir del versículo 12.
- Orar con tres o cuatro versículos a la vez. Identificar el versículo que más expresa su sentir en ese momento. Repetir ese versículo varias veces desde el fondo del corazón, elevando cada vez más su oración a Dios.

2 Proclamar los fragmentos del salmo, según fueron preparados, haciendo una pausa entre trozo y trozo, e invitar a que algunos jóvenes eleven su oración con el versículo que escogieron de esa sección.

3 Terminar entonando todos juntos el "Padre Nuestro" y dándose un abrazo fraternal de paz al final.

31° Domingo Ordinario

EL ENCUENTRO TRANSFORMADOR CON JESÚS

Sabiduría 11, 22 – 12, 1 • Salmo 145 (144) • 2 Tesalonicenses 1, 11 – 2, 2 • Lucas 19, 1-10

EMPIEZA TU DIÁLOGO CON JESÚS

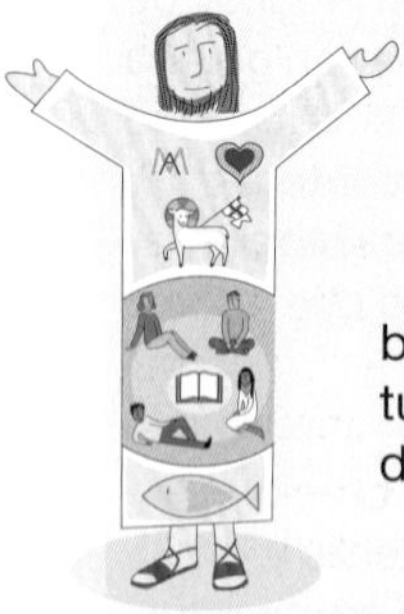

—Jesús, a veces ansío encontrarme contigo, pero otras veces te saco la vuelta y me aparto de ti, ¡perdóname!

—¡Claro que te perdono! Pero platiquemos un poco al respecto.

+ TE BUSCO

Y TE SACO LA VUELTA

—Yo te busco todo el tiempo. Aparezco ante ti en las personas que buscan tu bien, en quienes necesitan tu cariño y ayuda, en el fondo de tu corazón, en la Eucaristía… ¿Cuándo te es más fácil y cuándo más difícil encontrarme, y por qué?

+ TE ENCUENTRO MÁS FÁCIL EN

PORQUE

Y ME ES MÁS DIFÍCIL EN

PORQUE

—Continuemos este diálogo en oración.

CONTINÚA ORANDO DESDE TU CORAZÓN

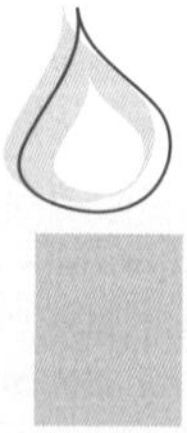

El mejor encuentro contigo

JESÚS, MI ENCUENTRO MÁS SIGNIFICATIVO CONTIGO FUE

TE DOY GRACIAS PORQUE

TAMBIÉN TE PIDO PERDÓN PORQUE

SIN MENOSPRECIAR ESA OCASIÓN, TE NECESITO EN MI VIDA PARA

AYÚDAME A QUITAR
QUE ME IMPIDE ABRIR MI CORAZÓN Y MI MENTE PARA RECIBIRTE.

Llámame la atención cuando te esté evitando, pues quiero ser siempre fiel seguidor/a tuyo. Amén.

CONOCE LA PALABRA DE DIOS

Leer Lucas 19, 1-10

+ ¿QUÉ DETALLES DE ESTA NARRACIÓN TE ADMIRAN MÁS?

Desde el capítulo 15, Lucas presenta una y otra vez el mensaje de Jesús sobre la conversión, su predilección por los pobres y pecadores, y la salvación universal. En su encuentro con Zaqueo se ve la íntima relación entre todos estos temas.

Zaqueo intuía que debía conocer a Jesús y fue a buscarlo, superando su limitación personal. Jesús, quien sabía la sinceridad de su búsqueda, salió a su encuentro, venciendo el impedimento que significaba la gente.

Jesús le pide hospedarse en su casa, pues sólo al convivir como amigos se le puede conocer bien. Zaqueo siente la felicidad de la vida nueva que le trae y lo recibe muy contento.

Su conversión fue radical y sencilla. Sin violencia ni agresión, reconoce que Dios es padre de ricos y pobres por igual. El dinero no es lo que más le importa, sino seguir a Jesús y sus enseñanzas, pues ve el valor de éstas para la humanidad.

Así, sin aspavientos ni mediocridades, regala la mitad de su riqueza a los pobres. Después, de la mitad que le queda, repone con creces el daño hecho con sus engaños y fraudes.

Jesús le da la salvación que buscaba, rompiendo una vez más las leyes y expectativas judías sobre quienes la merecían. También deja muy claro que la salvación no se encuentra en la riqueza, sino en la solidaridad con los pobres y el arrepentimiento del pecado, y que el poseer dinero no es mal visto por Jesús, pues aunque la fortuna de Zaqueo disminuyó sustantivamente, el evangelio no dice que entregó todo a los pobres.

VIVE LA PALABRA

Recibe a Jesús en todas tus casas

Jesús te visita en *cuatro casas* para darte su salvación y hacerte su aliado para crear un mundo mejor. ¿Están abiertas todas tus casas? ¿Hay alguna donde no lo dejas entrar por miedo a que desafíe tu modo de vivir?

En tu hogar: ¿cómo dialogas con él en la intimidad de tu habitación? ¿Está presente cuando platican como familia? ¿Le comentas lo que ves en la televisión? ¿Qué le platicas cuando haces quehaceres, arreglas el automóvil o disfrutas del jardín o de tu sillón preferido?

En tu parroquia o iglesia: ¿sabes que la historia de Zaqueo se lee cuando se consagra una iglesia porque Jesús entra por primera vez en ella? ¿Cómo te encuentras con Jesús durante la misa? ¿Lo saludas al llegar y lo tienes presente durante toda la liturgia?

En tu "casa" del cuerpo: Jesús ha tomado carne en ti desde el bautismo y renueva su presencia cada vez que comulgas: ¿qué le platicas y qué te dice él después de comulgar? ¿Cómo dialogas con él en la calle, en el trabajo, en donde estés, ya que está encarnado en ti mismo/a?

En la "casa" de tu comunidad de fe: ¿cómo son tus diálogos semanales con Jesús? ¿Lo sientes presente, alternando su diálogo con cada uno personalmente y con todos juntos?

ACTIVIDAD COMUNITARIA

Surtido de respuestas a Jesús y su evangelio

Preparación

Buscar en Internet la biografía de los siguientes personajes famosos convertidos al Señor y llevar suficientes fotocopias: Raoul Follereau, escritor y poeta francés; Rigoberta Menchú, Premio Nobel de la Paz, guatemalteca; Tatiana Goritcheva, filósofa rusa; José Mojica, cantante y actor de cine, mexicano. También pueden buscar en otros diálogos con Jesús a personas que ejemplifiquen distintos tipos de conversión.

Actividad

1 Hacer grupos de cuatro personas y asignar una persona a cada grupo, aunque se repitan.

2 Reflexionar en comunidad:

- ¿De qué forma salió Jesús a su encuentro?
- ¿Qué cambios positivos hicieron las personas en su vida?
- ¿Qué impacto ejercieron dichas personas en su comunidad o la sociedad?
- ¿Qué semejanzas hay entre su situación y las circunstancias en que viven ustedes?
- ¿Qué ejemplo de su conversión pueden seguir?

3 Compartir en sesión plenaria sobre el personaje que analizaron, centrándose en el tipo de conversión que tuvo, la similitud que encontraron con su medio ambiente y las diferentes maneras como pueden seguir su ejemplo.

HOY HA LLEGADO LA SALVACIÓN A ESTA CASA

Lc 19 9

CELEBRAMOS NUESTRA FE

Dejándonos transformar por Jesús

Preparación

Llevar una imagen de Jesús vivo, hojas de papel de colores, tijeras, alfileres y colores.

Celebración

1 Tocar música suave, repartir los materiales y conducir la meditación:

Hoy Jesús te invita a dejarte transformar por él. Dibuja un árbol grande y la palabra "Jesús" a lo lejos. [En una rama, dibuja una oruga de tamaño suficiente para escribir en ella.]

Esa oruga eres tú. Tu belleza y capacidad de vuelo están por desarrollarse... y para lograrlo tienes que centrarte en ti mismo/a. [Dibuja un capullo cubriendo la oruga.]

Entra al fondo de tu corazón: ¿qué fuerzas del bien mantienes atadas dentro de ti? [Escríbelas en la oruga]... Penetra ahora en el mundo de tus ideas: ¿qué verdades no te has atrevido a vivir? [Escríbelas en la oruga]... Con letras grandes y gruesas, escribe la palabra "Jesús" encima del capullo.

Al reverso de la página dibuja una mariposa. Escribe en su cuerpo tu nombre entrelazado con el de Jesús... Abre la puerta de tu interior a Jesús. Deja que libere tu energía y te impulse a vivir la verdad... Dibuja en una de las alas un símbolo que represente tu vida con tu energía puesta al servicio de Jesús. En la otra, dibuja un símbolo de la verdad hecha vida... Platica con Jesús mientras recortas la mariposa.

2 Colocar la mariposa junto a la imagen de Jesús diciéndole: "Jesús, tu encuentro conmigo me lleva a...". Todos contestan: "¡Señor, que su transformación sea completa!".

3 Terminar con un canto de conversión.

32°
Domingo
Ordinario

CREO EN LA RESURRECCIÓN DE LOS MUERTOS

2 Macabeos 7, 1-2. 9-14 • Salmo 17 • 2 Tesalonicenses 2, 16 – 3, 5 • Lucas 20, 27-38

EMPIEZA TU DIÁLOGO CON JESÚS

—Jesús, el otro día nos metimos en un lío al hablar de la resurrección...

—Y tú, ¿cómo ves la cuestión?

+ PARA MÍ, RESUCITAR SIGNIFICA

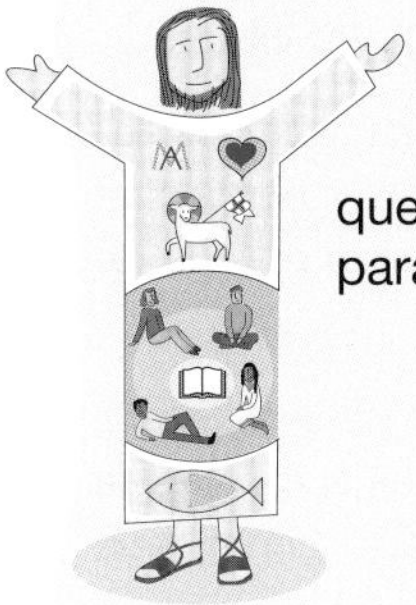

—¿Crees que da lo mismo o que hace una diferencia vivir sabiendo que hay una vida futura, que vivir pensando que al morir termina todo para siempre?

+ QUIEN CREE EN LA VIDA FUTURA

+ QUIEN PIENSA QUE TODO SE ACABA AL MORIR

—Hoy conocerás un poco más sobre la resurrección y verás que está íntimamente ligada a la mía. ¡Ojalá la valores como el gran regalo que es!

CONTINÚA ORANDO DESDE TU CORAZÓN

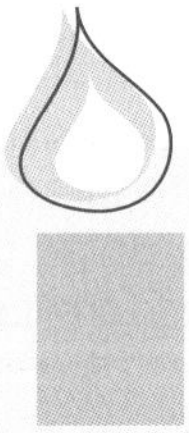

¡Fortalece mi fe y vivifica mi esperanza!

Señor,

¡Cuántas veces he rezado, "creo en la resurrección de los muertos"!

LO QUE MÁS ALEGRÍA Y PAZ ME DA AL PENSAR EN QUE RESUCITARÉ ES

TENGO ESTAS DUDAS SOBRE LA RESURRECCIÓN

ME PREOCUPA

ESTOY SEGURO/A DE QUE QUIERO PARTICIPAR DE TU RESURRECCIÓN PORQUE

Fortalece mi fe y vivifica mi esperanza en la vida eterna, y ayúdame a vivir preparado/a para morir en tus brazos e irme directamente a la gloria. Amén.

CONOCE LA PALABRA DE DIOS

Leer Lucas 20, 27-38

+ ¿QUÉ TE LLAMA MÁS LA ATENCIÓN EN ESTE PASAJE?

Los saduceos eran un grupo aristocrático político-religioso que abarcaba la nobleza sacerdotal de Jerusalén. Se atenían estrictamente a la ley escrita en el Pentateuco, sin valorar a los profetas, la tradición oral y otros escritos, por lo que negaban la resurrección de los muertos.

Los fariseos creían en la inmortalidad del alma y la resurrección de los cuerpos. Pensaban que los resucitados tendrían todo en abundancia y vivirían igual que en la tierra (2 Mac 12, 38-46).

Los saduceos desafiaron a Jesús y la creencia en la resurrección, basándose en la "ley del levirato". Esta ley obligaba al hermano del muerto a casarse con la viuda para continuar la línea patriarcal, al dar su nombre al primogénito.

Jesús afirma la resurrección y aprovecha para enseñar que en la vida futura las personas vivirán como hijos del Dios de la vida, tendrán un cuerpo espiritual y participarán de su gloria para siempre. Las relaciones familiares se vivirán a otro nivel.

¿SABÍAS QUE...?

Al vivir en Cristo iniciamos nuestra vida futura

Proclamar a Dios como fuente y señor de la vida parte de la creación. La salvación traída por Jesús nos permite participar plenamente de la vida de Dios, al incorporarnos en su resurrección. Es una fe activa, que incluye la fidelidad a la "ley del amor" y genera cuatro creencias vitales:

- *El carácter sagrado de la vida,* que nos lleva a respetar toda la creación, a bendecir a Dios por ella y a cuidarla como un don de Dios.
- *Seguir con fidelidad a Jesús y sus enseñanzas,* conscientes de que él es el camino, la verdad y la vida, y nos lleva a la comunión eterna con Dios.
- *Nuestra resurrección en Cristo,* para vivir siempre en el amor de Dios, en lugar de ser condenados a pasar el resto del tiempo en ausencia de quien es el amor y la bondad infinitos.
- *La comunión de los santos,* donde todas las personas resucitadas viviremos como hijos de Dios, sin barreras sociales ni rivalidades causadas por el egoísmo.

Nuestra participación en la vida de Dios empieza al encarnar estas cuatro creencias en nuestra vida temporal. Así, al vivir la fe en el Dios de la vida y en Cristo resucitado, los cristianos nos vamos conformando y convirtiendo en seres nuevos, quienes al resucitar esperamos alcanzar la comunión perfecta con Dios y nuestros hermanos.

Nuestra resurrección será completa; no sólo nuestro espíritu (alma) seguirá vivo, sino también nuestro cuerpo, de forma gloriosa o espiritual como el de Jesús resucitado. De ahí el respeto al cadáver y el uso del incienso en las liturgias funerarias.

TE PRESENTAMOS A...

Damián de Veuster, SS.CC (1840-1889)

Apóstol de los leprosos

Damián era campesino en Bélgica. Al descubrir su vocación, pensó en ser religioso misionero, pero el Señor le pidió más y se decidió por el sacerdocio. Antes de ordenarse se fue a Hawai, donde necesitaban sacerdotes, y se dedicó a atender la salud de los nativos, quienes no tenían hospitales o clínicas; pero de nuevo el Señor le pediría más.

Como en las islas Hawai existían muchos leprosos, para evitar el contagio los desterraban a la isla de Molokai, donde estaban totalmente abandonados.

Damián se fue a Molokai y se entregó a mejorar las condiciones humanas de los enfermos y a llevarles la buena nueva de Jesús. Construyó casas, clínicas, escuelas e iglesias; ofreció catequesis y los sacramentos; gestionó ayudas financieras; creó fuentes de trabajo; eliminó el alcoholismo y la superstición, instituyó normas de higiene y capacitó a los más sanos como enfermeros de los más delicados. En resumen, dio a los leprosos una mejor calidad de vida al permitirles vivir con ciertas comodidades, alegría y esperanza.

Damián nunca salió de la isla ni tenía permitido subir a los barcos que llevaban las provisiones. Un día, al meter el pie en una vasija de agua caliente, no sintió nada y se dio cuenta de que se había contagiado de lepra. De rodillas ante un crucifijo aceptó su enfermedad y expresó su alegría al pensar que cada día se acercaba a la vida eterna con Dios.

El cuerpo de este "leproso voluntario" quedó desfigurado; sin embargo, su caridad llenó su vida de belleza y de Dios para la eternidad. El papa Juan Pablo II lo declaró beato, y patrono de quienes trabajan por el bienestar de los leprosos.

SIGAMOS LA OBRA DE JESÚS

La vida de Dios en nosotros y para otros

El padre Damián, consciente de que la vida futura empieza al adquirir la vida nueva en Jesús, se dedicó a dar vida a los leprosos de Molokai. Al entregar su vida a ellos sabía que se contagiaría de lepra y que valía la pena su sacrificio por Cristo y sus hermanos. ¿A qué te impulsa su ejemplo: sólo a aplaudir su inmenso amor o a hacer algo por quienes viven en condiciones infrahumanas?

+ ¿QUIÉNES SON LOS "LEPROSOS" EN TU PAÍS: LAS PERSONAS POBRES, SIN HOGAR, CON HAMBRE Y SIN SERVICIOS ESCOLARES, SALUD O EVANGELIZACIÓN? ____________________

____

+ ¿QUÉ TIPO DE VIDA QUISIERAS PARA TI SI FUERAS UNO DE ELLOS? ____________________

____

+ ¿CÓMO ENFRENTAS EL SUFRIMIENTO HUMANO? ____________________

____

El servicio a los hermanos en condiciones infrahumanas puede hacerse en miles de lugares y cientos de formas. Deja que Jesús mueva tu corazón y te muestre lo que Dios quiere de ti.

+ ¿TE PIDE JESÚS ALGO MÁS QUE A LA MAYORÍA DE LOS JÓVENES, COMO HIZO CON DAMIÁN? ____________________

____

¿QUÉ TE PIDE? ____________________

____

COMPRENDE MEJOR

+ Revisa el significado de la palabra RESURRECCIÓN en el vocabulario bíblico de la *BCJ,* p. 1689, o en otro diccionario bíblico o teológico. Compáralo con el significado de las palabras RESUCITACIÓN, INMORTALIDAD y REENCARNACIÓN, en un diccionario ordinario. Anota las similitudes y las diferencias.

RESURRECCIÓN

RESUCITACIÓN

INMORTALIDAD

REENCARNACIÓN

ENTRA EN ORACIÓN

Creo en la resurrección día a día

Creo, Jesús, que resucitar es tarea de cada día y que mi vida como discípulo/a tuyo es un caminar hacia la resurrección definitiva, yendo de resurrección en resurrección en la vida cotidiana.

Creo que ayudar a alguien con amor y luchar por que se aprecie la vida humana... es resucitar.

Pedir perdón al ofender a alguien y luchar por quienes sufren opresión... es resucitar.

Sonreír a alguien en la calle y acompañar a quienes sufren soledad... es resucitar.

Sacrificar por mi hermano un gusto, una comodidad, un tiempo libre, una compra... es resucitar.

Cumplir con nuestro trabajo responsablemente y esforzarme por crear una cultura más ética... es resucitar.

Creo, Jesús, que todo esto es resucitar porque, con cada uno de estos actos, me uno a ti, Señor de la vida y primicia de nuestra resurrección. Amén.

ACTIVIDAD COMUNITARIA

La generación joven aporta a la vivencia de la fe

1 Formar cuatro grupos y asignar las siguientes temáticas de reflexión a cada uno de ellos:

Grupo 1: *La degradación en el aprecio a la vida humana,* traducida en la defensa del aborto y aun del infanticidio, la eutanasia disfrazada de "piedad" y revestida de legitimidad aun en instalaciones médicas, y la pena de muerte.

Grupo 2: *La falta de respeto ecológico,* que está llevando a una situación insostenible en el uso de los recursos naturales, la degeneración de la capa de ozono y la desaparición de múltiples especies animales y vegetales.

Grupo 3: *La ingeniería biológica sin ética,* que reduce a los seres humanos a material de laboratorio, sin apoyarse en una bioética sustentada por valores cristianos. Resaltan los experimentos con embriones y la clonación humana, realizados a costa de la vida o con alto riesgo de llevar a situaciones abiertamente destructivas de la vida humana.

Grupo 4: *La violencia doméstica contra la mujer,* incluso antes de nacer, cuya gravedad es comparable con el SIDA, pues cerca de cuatro millones de mujeres son agredidas anualmente por sus esposos, novios, compañeros o amantes, 20% de ellas embarazadas, lo que es un problema aún más serio. Esta violencia va más allá del abuso físico, causando terribles daños sicológicos, sexuales y espirituales por el trauma que ocasionan.

2 Leer el siguiente texto sobre la ética cultural actual, reflexionar sobre el tema que les tocó a la luz de él y dar las razones por las cuales se trata de antivalores. Escribir en un papelógrafo los aspectos más relevantes de su reflexión.

LA ÉTICA CULTURAL ACTUAL

En su carta encíclica, *El evangelio de la vida (Evangelium vitae)*, el papa Juan Pablo II alerta sobre lo que llama la "cultura de la muerte", o sea, los antivalores o decadencia de la cultura de occidente. La cultura está asociada con los valores positivos en la vida de un pueblo; es signo de su identidad y camino de su humanización.

La cultura abarca la manera como un pueblo integra su visión del mundo, el ser humano y Dios, sus ideales y sistema de valores, sus instituciones sociales, tradiciones y costumbres. Incluye las formas de comunicación verbal y no verbal, los símbolos con que comunica sus sentimientos e ideas, las formas y contenidos al transmitir sus conocimientos, así como los medios para desarrollar nuevos conocimientos.

La meta de toda cultura es ofrecer un conjunto de valores, principios, actitudes y prácticas necesarios para la convivencia pacífica y el bien común de cada pueblo y de la humanidad. La cultura da al grupo sus raíces y configuración propia, lo que le aporta su identidad cultural. Crea un sistema de normas sociales que guían y dan sentido a la vida, y que limitan la incorporación de elementos disruptivos o ajenos a la cultura.

La persona y los grupos sociales son agentes activos de la cultura. Ellos son los que transmiten la cultura tradicional y los que gestan nuevas formas culturales propias en cada generación.

Los antivalores culturales son vicios o comportamientos destructivos, a nivel colectivo o institucionalizados. Nacen de un individualismo y egocentrismo extremos, mal interpretados como libertad, o de visiones limitadas o equivocadas sobre la naturaleza humana.

3 Leer el siguiente texto sobre la libertad humana y cristiana; reflexionar sobre el tema que les tocó y dar dos recomendaciones para transformar esos antivalores en cada una de las instituciones sociales principales: (a) la familia, (b) el sistema escolar, (c) el gobierno y (d) la iglesia. Escribir las recomendaciones en el papelógrafo.

LA LIBERTAD HUMANA Y CRISTIANA

La libertad auténtica está íntimamente ligada a la vida y a la verdad, pues las tres son dimensiones esenciales de la naturaleza humana. Jesús nos trajo el don de la "libertad interior" y del Espíritu Santo, para que la guíe y fortifique de modo que podamos vencer las fuerzas del mal en nosotros, como hijos e hijas de Dios, creados a imagen y semejanza suya.

La libertad es la facultad de elegir el bien entre dos o más alternativas de manera consciente, teniendo presentes tanto el bien personal como el del prójimo. La libertad siempre va de la mano con la responsabilidad personal y social.

Cuando la libertad se desintegra de la vida y la verdad, ya no se puede hablar de "libertad", sino de "libertinaje". El libertinaje es la decisión consciente o inconsciente de actuar de manera desenfrenada, con consecuencias destructivas hacia sí mismo/a y hacia los demás.

4 Compartir sus reflexiones en sesión plenaria. Después reflexionar juntos:

- ¿Qué recomendaciones de las que dimos para otras instituciones sociales son válidas para nuestro grupo, comunidad o movimiento juvenil?
- ¿Cuáles de estas recomendaciones ya estamos viviendo y cuáles deberíamos implementar a partir de hoy?

CELEBRAMOS NUESTRA FE

Fortaleciendo nuestra fe en la vida eterna

Preparación

Llevar un cuadro de Cristo resucitado o hacer un póster fotocopiando la imagen a la derecha.

Celebración

1 Entrar en ambiente de oración y hacer la siguiente introducción:

> Estamos reunidos ante Cristo resucitado para alabarlo, bendecirlo y pedirle que fortalezca nuestra fe en el don de la resurrección y la vida futura. Escucharemos la Palabra de Dios sobre nuestra participación en la resurrección de Jesús y meditaremos sobre nuestra vida futura con Dios.

2 Proclamar Romanos 6, 3-11. Después de una pausa larga, leer el siguiente texto:

> Por el Bautismo, morimos con Cristo para vivir una vida nueva. Nuestra muerte física, si estamos en la gracia de Cristo, nos incorpora a él en su acto redentor y en su resurrección. ¿Ves la continuidad de tu vida temporal en la tierra y tu vida futura en intimidad perfecta con Dios?

3 Proclamar Filipenses 3, 20-21. Después de unos minutos, leer el siguiente texto:

> En Cristo, la muerte es el paso a nuestra participación plena en la vida de Dios. ¿Qué balance hay entre tu vida actual y tu esperanza en la vida eterna?

4 Invitar a ponerse cómodos, cerrar los ojos y hacer la siguiente meditación:

> Visualízate en un lugar donde pasas mucho tiempo en tu vida diaria. Vas caminando con Jesús hacia el Padre, que te espera con los brazos abiertos. Una luz te guía, te transforma de cuerpo y alma, y mantiene con vitalidad en tu caminar: es el Espíritu Santo, reconoce su presencia.
>
> Sal del lugar donde estás. Visualízate en un espacio enorme, con un horizonte abierto y lejano: el mar, praderas, montañas muy altas, el cielo... Jesús sigue contigo, el Padre está en el horizonte; el Espíritu Santo te sigue acompañando... estás entrando glorificado a la vida eterna con Dios.
>
> Deja que esta imagen se transforme en sentimientos en lo más profundo de tu corazón.
>
> Exprésale a Jesús, al Padre o al Espíritu Santo lo que sientes.

5 Terminar con un canto de resurrección y un abrazo mutuo celebrando tu fe en la vida eterna con Dios.

NO ES UN DIOS DE MUERTOS, SINO DE VIVOS

Lc 20 38

MANTENGAN UNA ESPERANZA ACTIVA

Malaquías 3, 19-20 • Salmo 98 (97) • 2 Tesalonicenses 3, 7-12 • Lucas 21, 5-19

EMPIEZA TU DIÁLOGO CON JESÚS

—Hoy platicaremos de mi segunda venida al final de los tiempos. ¿Qué imágenes y sentimientos vienen a tu mente al pensar en ella?

✚ ME IMAGINO

Y SIENTO

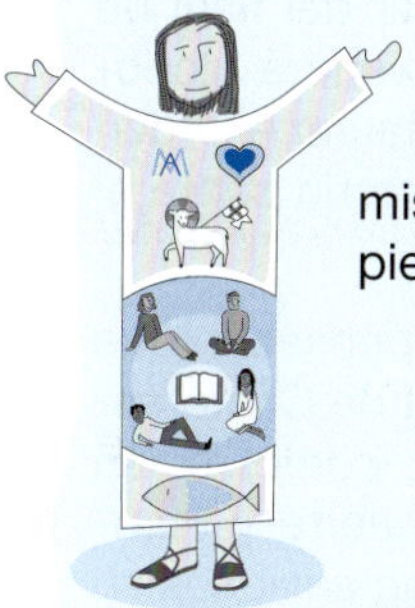

—Sé que hablar de este tema suele causar desazón, aunque todos mis seguidores deberían verlo con paz, esperanza y alegría. ¿Por qué piensas que sucede eso?

✚ HABLAR DEL FINAL DE LOS TIEMPOS

—Sigue esta sesión con tu mente y corazón abiertos. Te ayudará a vivir con más paz, al tiempo que espero que incremente en ti una esperanza realmente activa.

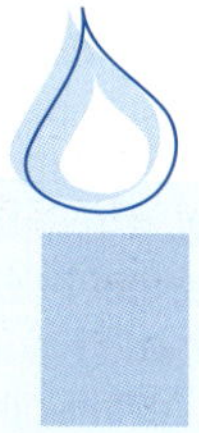

CONTINÚA ORANDO DESDE TU CORAZÓN

Prepárame para tu llegada

Padre, tú eres mi creador y salvador; me conoces hasta el fondo de mi ser y sabes lo que me alegra y lo que me angustia, lo que me da esperanza y lo que me hunde.

EN ESTE DÍA EN QUE HABLAREMOS DEL FINAL DE LOS TIEMPOS, TE PIDO

Abre mi mente y corazón para recibir tu mensaje.

LO QUE SUELE CERRAR MI MENTE A TU PALABRA ES

Y LO QUE MÁS TIENDE A ENDURECER MI CORAZÓN ES

Ilumíname, fortaléceme, incrementa mi fe. No dejes que me inquiete ante lo que no debo y guárdame de todo mal. Amén.

CONOCE LA PALABRA DE DIOS

Leer Lucas 21, 5-19

✚ SEGÚN TÚ, ¿CUÁL ES EL MENSAJE MÁS IMPORTANTE EN ESTE PASAJE?

En este pasaje de Lucas, Jesús habla del final de los tiempos. Señala que, con la destrucción del templo de Jerusalén, termina la etapa de la fe de Israel centrada en éste y empieza una nueva era, en la que los cristianos deberán mantenerse siempre firmes, pues sólo "si perseveran se salvarán" (Lc 21, 19).

¿Perseverar en qué? Jesús pide a sus discípulos que sigan sus enseñanzas y no se dejen llevar por falsos profetas que interpretan erróneamente los signos de los tiempos: las catástrofes, guerras, persecuciones... Deberán dar testimonio del Reino y enfrentar con la sabiduría de Dios los desafíos que vienen.

En adelante, ya no será importante el templo, el edificio bello y grandioso hecho de materiales, sino la comunidad de fe. Unida a Cristo, la comunidad seguirá encarnando la Buena Nueva, segura de que al hacerlo hace la voluntad de Dios, aunque sufra persecución. Esto deberá continuar siempre, en una esperanza activa hasta el final de los tiempos.

ENRIQUECE TU FE Y TU VIDA

La parusía es motivo de esperanza

La palabra *parusía* viene del griego *parousia,* que quiere decir "presencia que se acerca o regresa". Se usaba para comunicar la llegada de delegados de los reyes con una misión oficial. De ahí que los cristianos la usemos para hablar del final de los tiempos, cuando Jesús vendrá glorioso, como rey de reyes, a restaurar el orden del universo entero, y su victoria sobre el poder del mal será total.

Los primeros cristianos pensaban que la parusía o segunda venida de Cristo estaba por suceder. Además, como recién habían experimentado la muerte y resurrección de Jesús, esperaban ansiosos su regreso para que estableciera en plenitud su gloria como Señor del universo. De ahí que algunos de ellos ya no quisieran trabajar (2 Tes 3, 7-12).

Conforme pasaban los meses y los años, al reflexionar sobre el acontecer de la vida a la luz del evangelio, los cristianos se dieron cuenta de que estaban equivocados en su expectativa de la parusía. Lo bello para nosotros, dos milenios después, es que contamos con la Sagrada Escritura para fortalecer nuestra fe y mantener viva nuestra esperanza.

¿Cómo te gustaría recibir a Jesús si llegara mañana a terminar su obra redentora? ¿Le quisieras ayudar? Pon manos a la obra..., pues no sabemos cuándo vendrá; lo importante es vivir y hacer lo que nos enseñó hasta el final de los tiempos, creando así un mundo mejor para todos los seres vivientes.

TODA LA TIERRA HA VISTO
LA VICTORIA DE NUESTRO DIOS
Sal 98 3

TE PRESENTAMOS A...

San Giuseppe Moscati (1880-1927)

El médico santo de Nápoles

Giuseppe nació en una familia ejemplar italiana de la clase media. Su padre, un juez al servicio del gobierno, nunca se rindió ante las presiones para renegar de su fe, en el ambiente gubernamental ateo y liberal de la época.

Giuseppe estudió medicina y su fe también fue desafiada en el ambiente anticlerical y anticatólico universitario. Para dar razón de ella, reflexionó en profundidad sobre la vida terrenal y la muerte como el paso a la vida eterna, reflexiones que aprovechó para brindar esperanza a sus pacientes y a sus familiares.

Cuando el hospital público iba a caer por el peso de la ceniza al hacer erupción el volcán Vesubio, ayudó a desalojarlo hasta que el último de los enfermos fue salvado. Inmediatamente, el edificio se desplomó y la gente empezó a hablar de su santidad.

Participaba en la misa diaria y atendía a los enfermos más pobres, quienes encontraban en él tanto la salud del cuerpo como la del alma. También atendió al famoso cantante Enrico Caruso, a quien le sugirió que consultara al "mejor médico de todos"; cuando accedió, llamaron a un sacerdote, quien lo confesó y preparó para bien morir.

Giuseppe demostró que la vocación de un buen científico y un buen creyente son compatibles. Fue director del Instituto de Anatomía Patológica, y enseñaba anatomía patológica y química fisiológica en la Universidad de Nápoles. Alcanzó la fama por sus descubrimientos médicos, que fueron publicados en varios idiomas.

Murió como vivió: trabajando y atendiendo a los enfermos más pobres. El papa Juan Pablo II lo canonizó en 1987.

SIGAMOS LA OBRA DE JESÚS

Apoyando a nuestros amigos en su caminar

Giuseppe escribió varios consejos a otras personas. Lee los dos que aparecen abajo y escribe uno similar a algún amigo/a joven que necesite ánimos para vivir con una esperanza activa.*

A un compañero médico, 1921: Persevera con Dios en el corazón, con las enseñanzas de tu padre y tu madre siempre en la memoria, con amor y piedad por los desamparados, con fe y entusiasmo, sordo a los elogios y a las críticas, cerrado a la envidia y dispuesto sólo al bien.

A una estudiante, 1922: Cultiva y revisa a diario tus conocimientos; el progreso descansa en una crítica constante de lo que aprendemos, pues la única sabiduría inalterable es la revelada por Dios. En todas tus obras, mira al cielo y a la eternidad de la vida y el alma; así tus acciones estarán siempre inspiradas por el bien y no sólo por consideraciones humanas.

**Con adaptación al lenguaje actual*

A MI AMIGO/A: ______________________

____

____

¿SABÍAS QUE...?

Urge una visión auténticamente cristiana ante el final de los tiempos

En la Biblia, los textos sobre el final de los tiempos están escritos en lenguaje apocalíptico. Los especialistas en exégesis bíblica, o interpretación de un texto para darle el mismo significado que le dio el autor, han dejado claro que los textos apocalípticos del Nuevo Testamento no son signos anticipados del fin del mundo, sino un modo de expresar la fe en que, al final, el bien triunfará sobre el mal. De ahí nuestra fe en que Dios garantiza el buen fin de la historia, aunque se cayeran las estrellas del cielo y chocaran las energías cósmicas.

También hay personas que piensan que las grandes tragedias son preludios del fin del mundo y así lo anuncian. La realidad es que la situación actual parece indicar el final de los tiempos. Por primera vez tenemos armas químicas, biológicas y nucleares capaces de destruir el mundo entero. Ya vimos lo que pasó a las personas y la extensión de tierra que quedó inhabitable para los seres humanos, por las bombas atómicas sobre Hiroshima y Nagasaki, y por el accidente de la planta nuclear de Chernobil.

De ahí que los cristianos, en particular las personas adultas y jóvenes, que tenemos en nuestras manos la construcción de la historia, debamos reflexionar y actuar seriamente al respecto:

- ¿Queremos llevar a los seres humanos a una destrucción lenta y dolorosa, a través del uso de armamentos altamente destructivos, y de la degeneración y aniquilación de los recursos naturales?
- ¿Estamos dispuestos a manejar esta crisis como una etapa de transición a la Civilización del Amor, creada a través de un renacimiento cultural basado en los valores de Jesús?

¡Hay que aceptar el desafío! Unidos por el Espíritu Santo y con Jesús a la cabeza, los cristianos podemos hacer la diferencia.

VIVE LA PALABRA

Expresa tu esperanza actuando con seguridad y alegría

La mejor expresión de nuestra esperanza es actuar con seguridad y alegría. Los cristianos no sufrimos por el pasado, porque en Cristo encontramos el perdón a nuestros más grandes errores y pecados. No nos angustiamos ante el presente, porque hemos puesto la vida en manos de Dios. Tampoco nos asustamos ante el futuro, por trágico que parezca, pues sabemos que gozaremos eternamente en el amor y la gloria de Dios.

Ésta es la paz que nos ofrece Jesús, una paz activa, captada mejor en la palabra hebrea *shalom*, que significa "paz, armonía, descanso, integridad, prosperidad...", en pocas palabras, "completo, perfecto, pleno". Poseedores de este tipo de paz, podemos crear, con la ayuda de Dios, la Civilización del Amor.

¿Te pide Dios que construyas este mundo en el diario acontecer del hogar, la fábrica, la escuela? ¿Seremos capaces de dejar que nuestro mundo camine hacia el final de los tiempos, en una degeneración progresiva, o nos dejaremos guiar por el Espíritu y lograremos la renovación cultural y espiritual con dimensiones globales que urge en nuestra generación?

ACTUALICEMOS EL SALMO 98

Para cantar nuestra alegría ante la salvación final

Después de las reflexiones anteriores, alimentaremos nuestro espíritu actualizando el Salmo 98. Para hacerlo, hay que considerar que el hebreo sólo usa dos tiempos en los verbos: el "acabado", o sea, el pasado, y el "no acabado", o sea, el presente y futuro combinados; por ejemplo "vino — viene/vendrá".

1 Proclamar el Salmo 98 para dejarse impactar por su mensaje.

2 Analizar el salmo, identificando las acciones de Dios "acabadas" y las que están "sucediendo y terminarán de suceder en el futuro". Hacer una lista de cada tipo de acción.

3 Volver a proclamar el salmo, sintiendo admiración, entusiasmo y gratitud por la bondad, providencia y salvación de Dios, al unir su corazón a la alabanza del salmista.

4 En grupos de tres o cuatro personas, escribir una estrofa para un salmo que cante las maravillas de Dios que ustedes han vivido y su fe en la salvación final, en lenguaje juvenil actual. Para ello:

- Identificar una acción especial de Dios por la que sienten gratitud y felicidad, preferentemente una experiencia común a todos.
- Mencionar por qué sienten esa gratitud y felicidad, y anotar las palabras clave.
- Usar esas palabras en la estrofa de su salmo.

5 En sesión plenaria, compartir las estrofas que escribieron, ordenarlas de manera lógica y escribir el salmo de forma clara para proclamarlo en la celebración de fe.

* A partir del Concilio Vaticano II, la Iglesia llama "signos de los tiempos" a los acontecimientos históricos vistos a la luz de la fe, para responder a ellos según el plan de amor de Dios.

ACTIVIDAD COMUNITARIA

Respuesta activa a los signos de los tiempos

1 Formar grupos de seis u ocho jóvenes y leer la siguiente introducción:

> La Oración colecta de este domingo es un faro luminoso para mantener la esperanza activa. En ella pedimos a Dios: "concédenos vivir siempre alegres en tu servicio, porque en servirte a ti, creador de todo bien, consiste el gozo pleno y verdadero".
>
> Al servir a Dios con su mismo amor, vamos camino seguro a la vida eterna. Nuestras acciones y nuestra reflexión nos ayudarán, como a Giuseppe, a vivir lo ordinario y lo eventual en nuestra vida de manera extraordinaria.

2 En un papelógrafo, escribir algunos signos de los tiempos* que requieren atención especial de los cristianos, sea algo eventual, como una catástrofe natural, o una situación histórica, económica, política..., propia de la época.

3 Elegir los dos signos de los tiempos que exigen una respuesta de fe más urgente. Formar dos subgrupos para hacer el siguiente análisis sobre cada uno:

Grupo 1: Identificar "acciones extraordinarias" para responder: (a) personalmente, (b) como comunidad juvenil, (c) con otros grupos de su parroquia.

Grupo 2: Identificar "acciones extraordinarias" para responder (a) como iglesia diocesana, (b) como iglesia universal, (c) en unión con otras iglesias y personas de buena voluntad. Anotar las acciones de cada tipo en el papelógrafo.

4 En sesión plenaria, presentar su análisis y reflexionar: ¿qué aprendimos al hacer este ejercicio?

5 Llevar su trabajo para presentarlo a Dios, como una ofrenda y oración en la celebración de la fe.

CELEBRAMOS NUESTRA FE

Meditando sobre el final de los tiempos

Preparación

Asignar a dos personas para que proclamen el salmo actualizado y a otras dos para que proclamen el salmo bíblico, alternando las estrofas.

Celebración

1 Entrar en procesión entonando un canto alegre. Llevar como ofrenda el salmo actualizado y el análisis de los signos de los tiempos, y depositarlos en el altar.

2 Conducir la siguiente meditación, haciendo una pausa después de cada párrafo, puntos suspensivos o preguntas.

> Proclamar la llegada del reino de Dios a la tierra y su plenitud al final de los tiempos es la misión de la iglesia, el servicio cristiano por excelencia. Esto supone una continua conversión para que broten de nuestro corazón acciones de amor, justicia, servicio..., pues así es como se mide la autenticidad de nuestra fe.
>
> Éste es el examen para todo cristiano y grupo de iglesia. Si los cristianos se repliegan sobre sí mismos, ya no son la comunidad de Jesús, sino un círculo de amigos que acumulan egoísmos, incluso de índole religioso.
>
> Reflexiona un poco sobre la semana pasada: ¿a quiénes serviste como tus hermanos en Cristo? ¿Por qué valores del evangelio luchaste?
>
> Ciertamente, al pensar en la parusía, la imagen de este mundo deformada por el pecado desaparece. Podemos visualizar el universo entero restaurado a su gloria original antes de ser estropeado por el mal uso de nuestra la libertad..., mucho más bello y esplendoroso que hoy.
>
> Imagina tu vida durante la próxima semana, sin deformación alguna por el pecado. ¿Cómo sería tu vida familiar..., en el trabajo o la escuela..., en tu pueblo o ciudad..., en tu país..., en el mundo?
>
> También podemos visualizarnos junto con nuestros seres queridos en una nueva morada..., conviviendo íntimamente con el Padre, el Hijo, el Espíritu Santo, María y todos los santos. Es un paraíso en el que abundan el amor y la justicia, donde la felicidad es plena y supera todos los deseos de paz en nuestros corazones. ¡Estamos en la gloria!
>
> Deja que esta visión penetre hasta el fondo de tu ser. Imagínate así el final de los tiempos para todas las personas que aceptaron la salvación que nos trajo Jesús. ¡Qué nos queda hacer sino dar gracias a Dios, alabándole y cantándole con alegría sin par!
>
> Ahora, en este ambiente de gratitud y esperanza, cantaremos nuestras alabanzas a Dios.

3 Proclamar primero el salmo actualizado y después el Salmo 98.

4 Como signo del deseo de mantener siempre una esperanza activa, pasar a firmar en los papelógrafos en que anotaron las acciones que se podrían hacer ante los signos de los tiempos hoy día. Si hubo una acción a la que se sintieron especialmente llamados, poner su firma ahí. Al firmar, hacer una breve oración pidiendo a Dios su fuerza para colaborar en la construcción de la Civilización del Amor.

5 Terminar cantando el “Gloria” u otro canto de alabanza a Dios.

DOMINGO DE JESUCRISTO, REY DEL UNIVERSO

2 Samuel 5, 1-3 • Salmo 122 (121) • Colosenses 1, 12-20 • Lucas 23, 33-43

EMPIEZA TU DIÁLOGO CON JESÚS

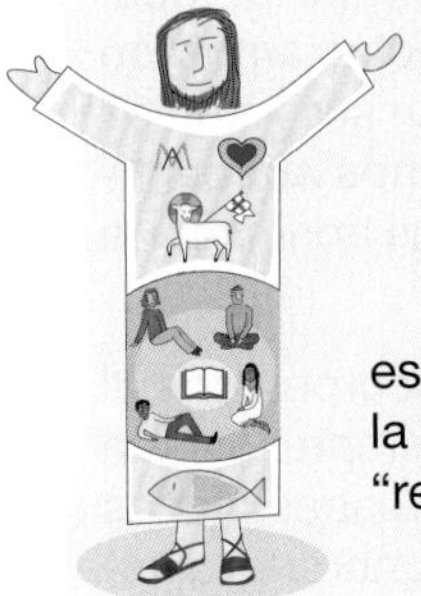

—Jesús, ¡no he visto muchas imágenes tuyas como Rey!

—¿Recuerdas las iniciales INRI en la parte de arriba de los crucifijos? Son las siglas en latín de "Jesús de Nazaret, el rey de los judíos". ¿Qué piensas sobre esta manera de expresar que soy Cristo Rey?

+ MI PRIMERA REACCIÓN ES

Y, REFLEXIONANDO UN POCO MÁS, TE DIRÉ QUE

—Antes de crucificarme como a un malhechor, me coronaron con espinas y se burlaron de mí por haber proclamado de palabra y obra la llegada del reino de mi Padre a la tierra. Por cierto, ¿qué es para ti el "reino de Dios"?

+ PARA MÍ, EL REINO DE DIOS ES

CONTINÚA ORANDO DESDE TU CORAZÓN

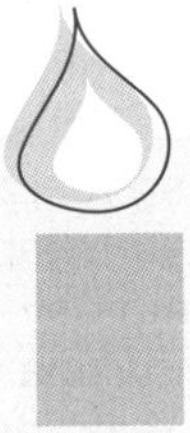

Jesús, te acepto como mi Rey

Señor Jesús, tú eres mi único y verdadero Rey.

LO QUE MÁS ME FASCINA Y AGRADEZCO DE TU REINADO ES

Perdóname porque no te dejo reinar en mi corazón.

EN ESPECIAL TE PIDO PERDÓN POR

Lléname de tu Espíritu Santo para que mis acciones sean muestra clara de que eres mi Rey, haciendo lo que deseas de mí.

NECESITO QUE ME FORTIFIQUES PARA

Ayúdame a buscar siempre cómo hacer tu Reino presente a mi alrededor. Amén.

CONOCE LA PALABRA DE DIOS

Leer Lucas 23, 33-43

✚ ¿QUÉ TE IMPRESIONA MÁS EN EL RELATO DE LUCAS SOBRE LA CRUCIFIXIÓN DE JESÚS Y POR QUÉ?

Lucas inicia su relato de la crucifixión con la Buena Nueva de Jesús: "Padre, perdónalos, porque no saben lo que hacen" (Lc 23, 34). Pero no todos aceptan la misericordia de Dios.

Los dos malhechores crucificados al lado de Jesús simbolizan las dos actitudes posibles ante la salvación que nos entrega. Uno la rechaza burlándose de Jesús y desafiándolo a usar su poder para beneficio propio en lugar de para cumplir su misión. El otro se abre a la Buena Nueva, asume su pecado, reconoce el poder de Jesús y obtiene la vida eterna antes de morir.

Los diálogos intermedios se centran en el reconocimiento de Jesús como "rey de los judíos", pues los reyes tenían el poder de perdonar a sus vasallos por las faltas cometidas. Durante toda su vida pública, Jesús predicó la llegada del reino de Dios y realizó signos claros de que este Reino ya estaba entre la gente. En estos momentos en que entrega su vida por el Reino, da una vez más testimonio vivo de que el reino de Dios se alcanza aceptándolo a él y su evangelio.

Las palabras de Jesús al malhechor arrepentido revelan su poder como el Mesías prometido. Al asegurarle: "Hoy estarás conmigo en el paraíso" (v. 43) indica que el "hoy" de la salvación se da al abrir nuestro corazón a la gracia de Dios. Nunca es tarde para aceptar el gran regalo que nos hace Jesús.

VIVE LA PALABRA

Reconoce a Cristo como Rey

A lo largo del año hemos conocido la vida, palabras y actos de Jesús, e ido descubriendo la personalidad del Mesías y la naturaleza de su Reino. Para cerrar el ciclo litúrgico, la iglesia nos ofrece una última reflexión sobre Jesús y el reino de Dios.

¿Qué actitud tenemos ante ambos: perseguimos a Jesús y rechazamos su Reino porque nos incomodan sus valores? ¿Lo aceptamos como Rey, nos arrepentimos de nuestro pecado y nos abrimos a la salvación que nos entrega?

Al bautizarnos fuimos incorporados al reino de Dios, pero Jesús siempre respeta nuestra libertad y deja en nuestras manos la decisión de aceptarlo, ignorarlo o rechazarlo. ¿A cuál de los dos malhechores te pareces? ¿Tienes tu corazón abierto o cerrado al amor salvador de Jesús? ¿Lo aceptas como el centro de tu vida? ¿Dejas que sus valores gobiernen tu corazón, tu mente y tus acciones?

Hoy puede ser "tu hoy". Jesús siempre está dispuesto a darnos vida nueva; no deseches la oportunidad de vivir en unión con Dios, en paz contigo mismo, en armonía con tus hermanos y alcanzar el gozo eterno con Dios.

TE PRESENTAMOS A...

Miguel Agustín Pro (1891-1927)

Miguel Agustín nació en México. A los veinte años ingresó en la Compañía de Jesús, pero, debido a la gran persecución anticatólica que sufría el país, siguió sus estudios en Estados Unidos y se ordenó en Europa.

Con problemas de salud graves fue enviado a México para morir en su patria. En esta situación realiza su anhelo de viajar a Lourdes, donde por intercesión de la Virgen su salud fue fortificada.

El padre Pro convirtió la ciudad de México en su parroquia y planificó el funcionamiento de una iglesia de catacumbas. Organizó la celebración de la Eucaristía y "estaciones de comunión" en casas de la comunidad, al amanecer; se apostaban vigilantes por si llegaba la policía y tenían claves que por precaución cambiaban constantemente.

De día confesaba, daba pequeños retiros y atendía espiritualmente a la gente. Se apoyó en sus dotes de actor, usando cuanto disfraz y truco se le ocurría para evadir a sus perseguidores. Su fe lo mantenía activo y su enfermedad apenas lo molestaba.

Fue acusado falsamente de un atentado contra el general Obregón. Para evitar que mataran a varios católicos que tenían presos, el padre Pro se entregó a la policía. Aunque el autor del atentado declaró la inocencia del padre Pro, le dieron sentencia de muerte sin proceso judicial alguno y lo fusilaron públicamente.

Antes de morir perdonó a sus verdugos, reafirmó su inocencia, se encomendó al Señor y gritó: ¡Viva Cristo Rey!, el lema de la resistencia católica mexicana ante la persecución. El papa Juan Pablo lo proclamó beato y le dio el título de mártir.

SIGAMOS LA OBRA DE JESÚS

Siendo servidores del Reino

Jesús y el padre Pro fueron perseguidos por haberse dedicado a atender a los necesitados. A ti te corresponde hacer lo mismo, aunque a veces incomode a otras personas. Reflexiona sobre cómo atiendes tú a quienes tienen necesidades a tu alrededor y en los sectores más pobres de la sociedad:

+ AYUDO A LOS QUE NO TIENEN CASA NI COMIDA ______________________

+ APOYO A QUIENES LES CUESTA TRABAJO APRENDER ______________________

+ VISITO A LOS ENFERMOS ______________________

También estás llamado/a a responder a las injusticias contra otras personas y contra la iglesia, con el mismo espíritu que Jesús y el padre Pro: activamente y usando tus dones para apoyar a quienes las sufren, tratando de superar las injusticias con pasión e inteligencia, sin violencia.

+ LAS INJUSTICIAS CONTRA LAS QUE LUCHO SON ______________________

+ Y LO HAGO ASÍ ______________________

Si aún no has asumido algún apostolado a favor de la justicia, pide a Jesús que te ayude a descubrir qué causa quiere que abraces. Pregúntale si te quiere en la lucha abierta contra esa injusticia, en el servicio diario a quien la sufre, o en ambos.

PADRE, PERDÓNALOS, PORQUE NO SABEN LO QUE HACEN

Lc 23 34

¿SABÍAS QUE...

La revelación sobre el reino de Dios es paulatina

Como toda revelación a través de la historia de salvación, la naturaleza del reino de Dios se dio paulatinamente, pudiéndose ver cuatro etapas claras:

Etapa 1: Los judíos esperaban a un Mesías de índole político. Deseaban que dicho Mesías uniera los territorios del reino de David, divididos por la injusticia del poder del Sur contra las tribus del Norte al terminar el reinado de Salomón, y que cayeron posteriormente en manos de varios imperios extranjeros.

Etapa 2: El resto fiel —los judíos que mantenían la alianza con Dios y escuchaban a los profetas— esperaba un Mesías que restaurara el reino de David según el corazón de Dios. Estaban convencidos de que el Mesías haría brillar el amor, la justicia y la paz mediante la conversión del pueblo de Israel.

Etapa 3: Los primeros cristianos descubrieron el Reino anunciado por los profetas en las palabras y actos de Jesús. Después de su ascensión, pensaban que regresaría pronto a instalar el reino definitivo de Dios.

Etapa 4: Conforme vivieron y maduraron en su fe, las primeras comunidades fueron descubriendo poco a poco en qué consiste el reino de Dios. Se dieron cuenta de que Jesús lo instauró con su llegada, y que alcanzará su plenitud en la vida eterna con Dios. El siguiente comentario presenta nuestra fe en el reino de Dios.

ENRIQUECE TU FE Y TU VIDA

Vivencia y esperanza del reino de Dios

El reino de Dios consiste en participar en la vida de Dios al incorporarnos en Cristo por nuestro bautismo e irnos conformando a él mediante la acción del Espíritu Santo. Esta vivencia es don de Dios y supone la fe en el misterio pascual.

Jesús instauró el reino de Dios y reveló sus características mediante signos claros, entre los que destacan el amor a todos, incluso a los enemigos; el perdón de los pecados y la confrontación de la injusticia; la liberación de opresiones y la resurrección de los muertos. Los milagros manifiestan de manera especial la llegada del Reino.

La comunidad cristiana es semilla de este Reino y experimenta sus primeros frutos al identificarse con Jesús y seguir sus enseñanzas. Tiene la misión de proclamar la buena nueva del Reino, bajo la autoridad de Pedro y los apóstoles, quienes son responsables de orientar siempre a la iglesia con los valores de Jesús.

Nuestra vivencia temporal del Reino es limitada por las fuerzas del mal en nosotros y en la sociedad en general. De ahí que los cristianos, como cuerpo místico de Cristo, tengamos la misión de extender el Reino con el poder del Espíritu Santo.

Individualmente, esperamos alcanzar la plenitud del Reino al resucitar con Cristo, después del juicio particular y la purificación de cualquier cosa que nos separe de la perfecta amistad con él. Junto con toda la humanidad, esperamos la plenitud del reino de Dios al final de los tiempos, con la gloriosa y segunda venida de Cristo (parusía), la cual no sabemos cuándo será. Entonces el amor y la justicia de Dios reinarán plenamente sobre la muerte y el pecado, y el universo entero será renovado en Cristo Jesús.

ACTIVIDAD COMUNITARIA

Somos promotores del reino de Dios

1 Formar grupos de seis a diez personas y dividirlo en dos grupos pequeños: (a) Grupo promotor: analizará cómo usan los jóvenes su energía y dones para promover el reino de Dios; (b) Grupo destructor: analizará cómo al caer los jóvenes en diversos tipos de tentaciones dificultan o impiden el desarrollo del Reino.

2 Analizar cómo la juventud promueve o destruye el reino de Dios, según el enfoque que les tocó:

- En un papelógrafo, hacer seis secciones y titularlas: (1) Reino de amor, (2) Reino de justicia, (3) Reino de paz, (4) Reino de verdad, (5) Reino de libertad y (6) Reino de santidad. Después, hacer una lluvia de ideas, anotando en cada sección lo que les viene a la cabeza.
- Identificar las dos fuerzas más poderosas en cada característica del reino de Dios. Después, comparar las fuerzas positivas con las negativas en cada característica: Indicar con "CJ" la fuerza más poderosa en su comunidad juvenil y con "JG" la más poderosa en la juventud en general.
- Reflexionar: ¿qué les dice Jesús a través de su análisis?

3 Compartir su reflexión en plenaria.

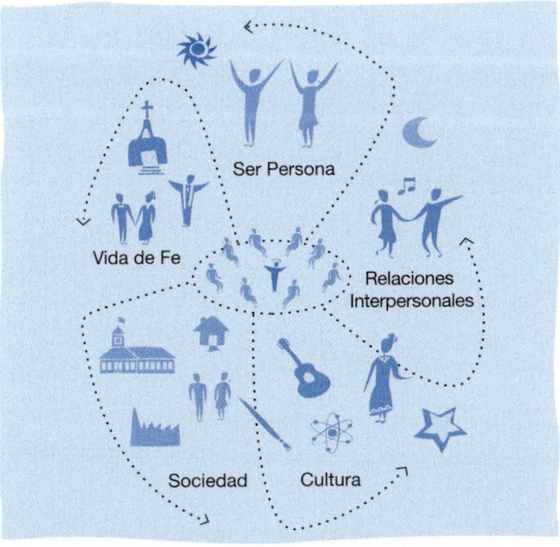

CELEBRAMOS NUESTRA FE

Siguiendo a Cristo Rey

Preparación

Llevar dos recipientes y aceite para el rito de envío, y una fotocopia del esquema a la izquierda. Preparar un altar alegre y festivo que represente el reino de Dios. Contar también con un pastel para celebrar la llegada del reino de Dios a sus vidas.

Celebración

1 Entrar en procesión cantando "Vamos a la casa del Señor" (Sal 122) y repartir el esquema para la meditación.

2 Tocar música de fondo y hacer la siguiente introducción dando al final diez minutos para meditar:

> Queremos terminar el año litúrgico dando gracias a Dios por las vivencias de su Reino en nosotros y entre nosotros. Recuerden dos experiencias en cada dimensión de su vida y escríbanlas en el lugar adecuado.

3 Marcar con un sol la vivencia del Reino por la que quieren dar gracias a Dios.

4 Invitar a dar gracias en voz alta sobre las vivencias en la dimensión personal. Todos responden: "Te damos gracias, Señor". Hacer lo mismo con las otras cuatro dimensiones.

5 En parejas, formarse en procesión para el rito de envío. Dos personas toman el aceite y se hacen mutuamente la señal de la cruz en la frente, diciendo: "En nombre de Jesús, te unjo para que el Espíritu Santo te fortifique para hacer presente el reino de Dios a tu alrededor". La otra persona responde: "Así sea". Después pasan el aceite a la siguiente pareja, hasta que todos han sido enviados.

6 Terminar con un canto de celebración y compartir el pastel en honor de Cristo Rey.

ÍNDICES

TEMÁTICOS DETALLADOS

CICLO C
LIBROS 5 Y 6

HECHOS Y ENSEÑANZAS EN LA SAGRADA ESCRITURA

Antiguo Testamento

Pentateuco e históricos

Profetas

Sapienciales

Hechos de los Apóstoles

Epístolas o cartas

APORTES PARA COMPRENDER Y VIVIR MEJOR LOS SACRAMENTOS

Bautismo

Confirmación

Eucaristía

Reconciliación

Unción de los enfermos

Orden sacerdotal

Todos

Celebraciones especiales

Sacramentales

APORTES PARA LA FE Y LA VIDA

A

B

C

MARZO
12

TESTIGOS DE LA FE

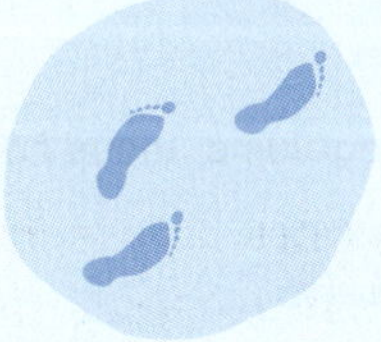

CELEBRACIONES DE LA FE

ORACIONES Y MEDITACIONES

Acción de gracias

Adoración y alabanza

Apoyo ante las debilidades

Compromiso cristiano

Fe y confianza

Meditaciones

Ofrenda

Para el perdón

Petición, intercesión

Unión con Dios

Oración de diversos tipos en una

ACTIVIDADES COMUNITARIAS

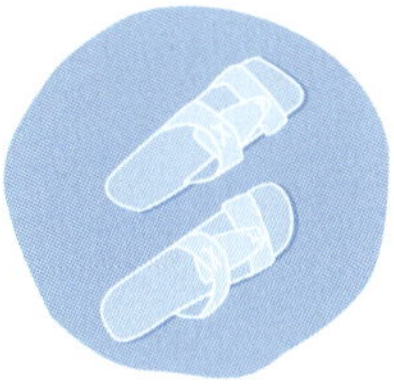

PRÁCTICAS DE PIEDAD POPULAR

Libro 5

SÍMBOLOS BÍBLICOS

CÍRCULO PASTORAL

LECCIONARIO CICLO C

DOMINGO 1 DE ADVIENTO	JR 33 14-16 SAL 24 1 TES 3 12 – 4 2 LC 21 25-28.34-36
DOMINGO 2 DE ADVIENTO	BAR 5 1-9 SAL 125 FLP 1 4-6.8-11 LC 3 1-6
INMACULADA CONCEPCIÓN	GN 3 9-15.20 SAL 97 EF 1 3-6.11-12 LC 1 26-38
DOMINGO 3 DE ADVIENTO	SOF 3 14-18 IS 12 FLP 4 4-7 LC 3 10-18
12 DICIEMBRE NUESTRA SEÑORA DE GUADALUPE	ZAC 2 14-17 SAL 95 LC 1 39-45
DOMINGO 4 DE ADVIENTO	MIQ 5 1-4 SAL 79 HEB 10 5-10 LC 1 39-45
25 DICIEMBRE NAVIDAD MISA DEL DÍA	IS 52 7-10 SAL 97 HEB 1 1-6 JN 1 1-18
LA SAGRADA FAMILIA	ECLO 3 2-6.12-14 SAL 127 COL 3 12-21 LC 2 41-52
1º ENERO SANTA MARÍA MADRE DE DIOS	NM 6 22-27 SAL 66 GAL 4 4-7 LC 2 16-21
EPIFANÍA DEL SEÑOR	IS 60 1-6 SAL 71 EF 3 2-6 MT 2 1-12
DOMINGO 1 BAUTISMO DEL SEÑOR	IS 42 1-4.6-7 SAL 28 HCH 10 34-38 LC 3 15-16.21-22
DOMINGO 2 ORDINARIO	IS 62 1-5 SAL 95 1 COR 12 4-11 JN 2 1-11
DOMINGO 3 ORDINARIO	NEH 8 2-4.5-6.8-10 SAL 18 1 COR 12 12-30 LC 1 1-4; 4 14-21
DOMINGO 4 ORDINARIO	JR 1 4-5.17-19 SAL 70 1 COR 12 31 – 13 13 LC 4 21-30
DOMINGO 5 ORDINARIO	IS 60 1-2.3-8 SAL 137 1 COR 15 1-11 LC 5 1-11
DOMINGO 6 ORDINARIO	JR 17 5-8 SAL 1 1 COR 15 12.16-20 LC 6 17.20-26
DOMINGO 7 ORDINARIO	1 SM 26 2.7-13.22-23 SAL 102 1 COR 15 45-49 LC 6 27-38
DOMINGO 8 ORDINARIO	ECLO 27 4-7 SAL 91 1 COR 15 54-58 LC 6 39-45
MIÉRCOLES DE CENIZA	JL 2 12-18 SAL 50 2 COR 5 20 – 6 2 MT 6 1-6.16-18
DOMINGO 1 DE CUARESMA	DT 26 4-10 SAL 90 ROM 10 8-13 LC 4 1-13
DOMINGO 2 DE CUARESMA	GN 15 5-12.17-18 SAL 26 FLP 3 17 – 4 1 LC 9 28-76
DOMINGO 3 DE CUARESMA	EX 3 1-8.13-15 SAL 102 1 COR 10 1-6.10-12 LC 13 1-9
SAN JOSÉ	2 SM 7 4-5.12-14.16 SAL 88 ROM 4 13.16-18.22 MT 1 16.18-21.24
DOMINGO 4 DE CUARESMA	JOS 5 9-12 SAL 33 2 COR 7 17-21 LC 15 1-3.11-32
DOMINGO 5 DE CUARESMA	IS 43 16-21 SAL 125 FLP 3 8-14 JN 8 1-11
DOMINGO DE RAMOS	IS 50 4-7 SAL 21 FLP 2 6-11 LC 22 14-23.56
JUEVES SANTO	EX 12 1-8.11-14 SAL 115 1 COR 11 23-26 JN 13 1-15
VIERNES SANTO	IS 52 13 – 53 12 SAL 30 HEB 4 14-16; 5 7-9 JN 18 1 – 19 42
DOM. DE PASCUA RESURRECCIÓN DEL SEÑOR	HCH 10 34.37-43 SAL 117 COL 3 1-4 JN 20 1-9
DOMINGO 2 DE PASCUA	HCH 5 12-16 SAL 117 AP 1 9-13.17-19 JN 20 19-31
DOMINGO 3 DE PASCUA	HCH 5 27-32.40-41 SAL 29 AP 5 11-14 JN 21 1-19
DOMINGO 4 DE PASCUA	HCH 13 14.43-52 SAL 99 AP 7 9.14-17 JN 10 27-30
DOMINGO 5 DE PASCUA	HCH 14 21-27 SAL 144 AP 21 1-5 JN 13 31-35
DOMINGO 6 DE PASCUA	HCH 15 1-2.22-29 SAL 66 AP 21 10-14.22-23 JN 14 23-29
LA ASCENSIÓN DEL SEÑOR	HCH 1 1-11 SAL 46 EF 1 17-23 LC 24 46-53
DOMINGO DE PENTECOSTÉS	HCH 2 1-11 SAL 103 1 COR 12 3-7.12-13 JN 20 19-23
LA SANTÍSIMA TRINIDAD	PROV 8 22-31 SAL 8 ROM 5 1-5 JN 16 12-15
FIESTA DEL CUERPO DE CRISTO	GN 14 18-20 SAL 109 1 COR 11 23-26 LC 9 11-17
DOMINGO 9 ORDINARIO	1 RE 8 41-43 SAL 116 GAL 1 1-2.6-10 LC 7 1-10
DOMINGO 10 ORDINARIO	1 RE 17 17-24 SAL 29 GAL 1 11-19 LC 7 11-17
DOMINGO 11 ORDINARIO	2 SM 12 7-10.13 SAL 31 GAL 2 16.19-21 LC 7 36 – 8 3
DOMINGO 12 ORDINARIO	ZAC 12 10-11; 13 1 SAL 62 GAL 3 26-29 LC 9 18-24
DOMINGO 13 ORDINARIO	1 RE 19 16.19-21 SAL 15 GAL 5 1.13-18 LC 9 51-62
DOMINGO 14 ORDINARIO	IS 66 10-14 SAL 65 GAL 6 14-18 LC 10 1-12.17-20
DOMINGO 15 ORDINARIO	DT 30 10-14 SAL 68 COL 1 15-20 LC 10 25-37
DOMINGO 16 ORDINARIO	GN 18 1-10 SAL 14 COL 1 24-28 LC 10 38-42
DOMINGO 17 ORDINARIO	GN 18 20-32 SAL 137 COL 2 12-14 LC 11 1-13
DOMINGO 18 ORDINARIO	ECL 1 2; 2 21-23 SAL 89 COL 3 1-5.9-11 LC 12 13-21
DOMINGO 19 ORDINARIO	SAB 18 6-9 SAL 32 HEB 11 1-2.8-19 LC 12 32-48
ASUNCIÓN DE MARÍA	AP 11 19; 12 1-6.10 SAL 44 1 COR 15 20-27 LC 1 39-56
DOMINGO 20 ORDINARIO	JR 38 4-6.8-10 SAL 39 HEB 12 1-4 LC 12 49-53
DOMINGO 21 ORDINARIO	IS 66 18-21 SAL 116 HEB 12 5-7.11-13 LC 13 22-30
DOMINGO 22 ORDINARIO	ECLO 3 17-18.20.28-29 SAL 67 HEB 12 18-19.22-24 LC 14 1.7-14
DOMINGO 23 ORDINARIO	SAB 9 13-18 SAL 89 FLM 9-10.12-17 LC 14 25-33
DOMINGO 24 ORDINARIO	EX 32 7-11.13-14 SAL 50 1 TIM 1 12-17 LC 15 1-32
DOMINGO 25 ORDINARIO	AM 8 4-7 SAL 112 1 TIM 2 1-8 LC 16 1-13
DOMINGO 26 ORDINARIO	AM 6 1.4-7 SAL 145 1 TIM 6 11-16 LC 16 19-31
DOMINGO 27 ORDINARIO	HAB 1 2-3; 2 2-4 SAL 94 2 TIM 1 6-8.13-14 LC 17 5-10
DOMINGO 28 ORDINARIO	2 RE 5 14-17 SAL 97 2 TIM 2 8-13 LC 17 11-19
DOMINGO 29 ORDINARIO	EX 17 8-13 SAL 120 2 TIM 3 14 – 4 2 LC 18 1-8
DOMINGO 30 ORDINARIO	ECLO 35 12-14.16-18 SAL 33 2 TIM 4 6-8.16-18 LC 18 9-14
DÍA DE TODOS LOS SANTOS	AP 7 2-4.9-14 SAL 23 1 JN 3 1-3 MT 5 1-12
DOMINGO 31 ORDINARIO	SAB 11 22 – 12 2 SAL 144 2 TES 1 11 – 2 2 LC 19 1-10
DOMINGO 32 ORDINARIO	2 MAC 7 1-2.9-14 SAL 16 2 TES 2 16 – 3 5 LC 20 27-38
DOMINGO 33 ORDINARIO	MAL 3 19-20 SAL 97 2 TES 3 7-12 LC 21 5-19
JESUCRISTO, REY DEL UNIVERSO	2 SM 5 1-3 SAL 121 COL 1 12-20 LC 23 35-43

Año	Ciclo	1er Domingo de Adviento	Epifanía-Reyes*	2º Domingo del Tiempo Ordinario	Miércoles de Ceniza	Pascua	Pentecostés	Tiempo Ordinario (3er Domingo después de Pentecostés)	Jesucristo, Rey del Universo
2005	A	28 Nov-04	2 Ene	16 Ene	9 Feb	27 Mar	15 Mayo	10º Dom Ord - 5 Jun	20 Nov
2006	B	27 Nov-05	8 Ene	15 Ene	1 Mar	16 Abr	4 Jun	12º Dom Ord - 25 Jun	26 Nov
2007	C	3 Dic-06	7 Ene	14 Ene	21 Feb	8 Abr	27 Mayo	11º Dom Ord - 17 Jun	25 Nov
2008	A	2 Dic-07	6 Ene	20 Ene	6 Feb	23 Mar	11 Mayo	9º Dom Ord - 1 Jun	23 Nov
2009	B	30 Nov-08	4 Ene	18 Ene	25 Feb	12 Abr	31 Mayo	12º Dom Ord - 21 Jun	22 Nov
2010	C	29 Nov-09	3 Ene	17 Ene	17 Feb	4 Abr	23 Mayo	11º Dom Ord - 13 Jun	21 Nov
2011	A	28 Nov-10	2 Ene	16 Ene	9 Mar	24 Abr	12 Jun	14º Dom Ord - 3 Jul	20 Nov
2012	B	27 Nov-11	8 Ene	15 Ene	22 Feb	8 Abr	27 Mayo	11º Dom Ord - 17 Jun	25 Nov
2013	C	2 Dic-12	6 Ene	20 Ene	13 Feb	31 Mar	19 Mayo	10º Dom Ord - 9 Jun	24 Nov
2014	A	1 Dic-13	5 Ene	19 Ene	5 Mar	20 Abr	8 Jun	13º Dom Ord - 29 Jun+	23 Nov
2015	B	30 Nov-14	4 Ene	18 Ene	18 Feb	5 Abr	24 Mayo	11º Dom Ord - 14 Jun	22 Nov
2016	C	29 Nov-15	3 Ene	17 Ene	10 Feb	27 Mar	15 Mayo	10º Dom Ord - 5 Jun	20 Nov
2017	A	27 Nov-16	8 Ene	15 Ene	1 Mar	16 Abr	4 Jun	12º Dom Ord - 25 Jun	26 Nov
2018	B	3 Dic-17	7 Ene	14 Ene	14 Feb	1 Abr	20 Mayo	10º Dom Ord - 10 Jun	25 Nov
2019	C	2 Dic-18	6 Ene	20 Ene	6 Mar	21 Abr	9 Jun	13º Dom Ord - 30 Jun	24 Nov
2020	A	1 Dic-19	5 Ene	19 Ene	26 Feb	12 Abr	31 Mayo	12º Dom Ord - 21 Jun	22 Nov
2021	B	29 Nov-20	3 Ene	17 Ene	17 Feb	4 Abr	23 Mayo	11º Dom Ord - 13 Jun	21 Nov
2022	C	28 Nov-21	2 Ene	16 Ene	2 Mar	17 Abr	5 Jun	13º Dom Ord - 26 Jun	20 Nov
2023	A	27 Nov-22	8 Ene	15 Ene	22 Feb	9 Abr	28 Mayo	11º Dom Ord - 18 Jun	26 Nov
2024	B	3 Dic-23	7 Ene	14 Ene	14 Feb	31 Mar	19 Mayo	10º Dom Ord - 9 Jun	24 Nov
2025	C	1 Dic-24	5 Ene	19 Ene	5 Mar	20 Abr	8 Jun	13º Dom Ord - 29 Jun+	23 Nov

* Se celebra en domingo; la fecha tradicional es el 6 de enero

\+ Se celebra la misa de San Pedro y San Pablo

ABREVIATURAS BÍBLICAS

Libro	Abreviatura
Abdías	Abd
Ageo	Ag
Amós	Am
Apocalipsis	Ap
Baruc	Bar
Cantar de los Cantares	Cant
Carta de Jeremías	CJr
Colosenses	Col
1 Corintios	1 Cor
2 Corintios	2 Cor
1 Crónicas	1 Cr
2 Crónicas	2 Cr
Daniel	Dn
Deuteronomio	Dt
Eclesiastés	Ecl
Eclesiástico	Eclo
Efesios	Ef
Esdras	Esd
Ester	Est
Éxodo	Ex
Ezequiel	Ez
Filemón	Flm
Filipenses	Flp
Gálatas	Gal
Génesis	Gn
Habacuc	Hab
Hebreos	Heb
Hechos de los Apóstoles	Hch
Isaías	Is
Jeremías	Jr
Job	Job
Joel	Jl
Jonás	Jon
Josué	Jos
Juan	Jn
1 Juan	1 Jn
2 Juan	2 Jn
3 Juan	3 Jn
Judas	Jds
Judit	Jdt
Jueces	Jue
Lamentaciones	Lam
Levítico	Lv
Lucas	Lc
1 Macabeos	1 Mac
2 Macabeos	2 Mac
Malaquías	Mal
Marcos	Mc
Mateo	Mt
Miqueas	Miq
Nahum	Nah
Nehemías	Neh
Números	Nm
Oseas	Os
1 Pedro	1 Pe
2 Pedro	2 Pe
Proverbios	Prov
1 Reyes	1 Re
2 Reyes	2 Re
Romanos	Rom
Rut	Rut
Sabiduría	Sab
Salmos	Sal
1 Samuel	1 Sm
2 Samuel	2 Sm
Santiago	Sant
Sofonías	Sof
1 Tesalonicenses	1 Tes
2 Tesalonicenses	2 Tes
1 Timoteo	1 Tim
2 Timoteo	2 Tim
Tito	Tit
Tobías	Tob
Zacarías	Zac